“十三五”应用型本科旅游管理专业精品规划教材
北京市专升本考试指定教材

旅游学概论

主　编　马　亮
副主编　张　鲸　李　烨

中国财富出版社

图书在版编目（CIP）数据

旅游学概论／马亮主编．—北京：中国财富出版社，2015.8
（“十三五”应用型本科旅游管理专业精品规划教材）

ISBN 978－7－5047－5726－5

Ⅰ.①旅…　Ⅱ.①马…　Ⅲ.①旅游学—高等学校—教材　Ⅳ.①F590

中国版本图书馆 CIP 数据核字（2015）第 113022 号

策划编辑　王淑珍　　**责任编辑**　王淑珍
责任印制　何崇杭　　**责任校对**　梁　凡　　**责任发行**　斯　琴

出版发行　中国财富出版社
社　　址　北京市丰台区南四环西路 188 号 5 区 20 楼　　**邮政编码**　100070
电　　话　010－52227568（发行部）　　010－52227588 转 307（总编室）
　　　　　　010－68589540（读者服务部）　　010－52227588 转 305（质检部）
网　　址　http://www.cfpress.com.cn
经　　销　新华书店
印　　刷　北京京都六环印刷厂
书　　号　ISBN 978－7－5047－5726－5/F·2393
开　　本　787mm×1092mm　1/16　　**版　　次**　2015 年 8 月第 1 版
印　　张　17.5　　**印　　次**　2015 年 8 月第 1 次印刷
字　　数　363 千字　　**定　　价**　36.00 元

“十三五”应用型本科旅游管理专业精品规划教材编审委员会

前　言

自1978年我国改革开放以来，旅游业取得快速发展。旅游已经从少数人的奢侈享受，发展成为大众化、经常性消费的生活方式。境内游客从1984年约2亿人次增长到2014年的36亿人次，增长了17倍。入境游客从1978年的180.92万人次增长到2014年的1.28亿人次，增长了近71倍。出境游客更是从无到有，2014年首次突破1亿人次大关，达到1.09亿人次。可以说，中国已经进入了大众旅游时代，旅游日益成为现代人类社会主要的生活方式和社会经济活动，旅游业已成为我国经济发展中势头强劲的产业之一，日益凸显它在国民经济中的重要地位。根据世界旅游组织的预测和有关数据，至2020年中国将成为世界第一大旅游目的地国和第四大客源输出国。

作为国民经济重点行业之一，旅游业对国民经济发展的贡献，不仅是拉动消费，还对投资和出口都有着越来越强劲的拉动作用。旅游不仅是消费热点，也是投资热点、出口热点。据国家旅游局预测，旅游直接投资将超过3万亿元。而且，按照1∶5的带动系数计算，未来三年将带动15万亿元以上的综合投资。旅游业在我国将迎来巨大的发展机遇和广阔的发展前景。旅游业的发展和旅游产业地位的不断提高，带动了旅游教育事业的发展，对相应的旅游专业人才的需求量也将会越来越大。随着人才市场需求的变化，旅游高等教育开始占据越来越重要的地位，具有较高素质的应用型人才更是供不应求。

旅游学概论是旅游系列专业的入门课程，是研究旅游发展规律、培养学生从事旅游工作所需基本素质的必修专业基础课程。通过本课程的学习，学生可以了解旅游的本质，明确旅游活动的内容、种类和表现形式，了解旅游和旅游业的组成及发展趋势，系统地掌握从事旅游工作所必需的基本理论和基础知识，成为适应我国旅游业发展需要的优秀高素质人才。

本书从旅游管理类专业教学实际和培养目标出发，以科学发展观为指导，充分考虑旅游专业学科实践性强的特点，在内容的选择上，力求理论阐述准确，并充分考虑到旅游行业快速发展变化的现状，用最新研究成果、数据、资料、案例穿插于理论之中，以激发学生的学习兴趣；在结构编排上，注重结构的层次性和逻辑性，力图做到脉络清晰，条理分明；在文字表述上，坚持深入浅出和通俗易懂的原则，语言力求精练、准确，努力使其符合学生的认知能力。

为方便教学，本书配备电子课件，凡选用本书作为教材的教师均可登录中国财富出版社网站（http：//www. cfpress. com. cn/）免费下载。

本书共分八章，分别是旅游活动的发展历史、旅游活动的本质、旅游者、旅游资源、旅游业、旅游组织、旅游市场、旅游的影响。

本书由北京农学院旅游管理系马亮任主编，负责大纲的设计和最后的统稿；北京农学院旅游管理系张鲸和天津商业大学饭店管理系李烨任副主编。具体分工如下：第一章、第八章由张鲸编写；第二章、第五章由马亮编写；第三章由张莹莹编写；第四章由王润编写；第六章由黄凯编写；第七章由李烨编写。在编写过程中得到了有关领导和相关专业教师的大力支持，在此表示衷心的感谢。

由于编者水平有限，加上时间紧迫，书中难免有疏漏，恳请读者批评指正。

编　者

2015 年 4 月

目 录

第一章　旅游活动的发展历史

教学目的

了解人类旅行和旅游活动产生的过程；掌握人类旅行和旅游活动发展的各阶段、发展背景及其特点。

教学内容

1. 人类早期的迁移活动；
2. 古代旅行的发展及特征；
3. 近代旅游的产生、发展及特征；
4. 现代旅游的发展及特征。

重点难点

教学重点：国内外旅游活动的发展历史及各阶段特点。

教学难点：旅游业的开端；现代旅游业迅速发展的原因及其发展特点。

第一节　人类早期的迁移活动

一、问题的提出

旅游，顾名思义，含有“旅行”和“游览”两层含义。虽然国内外旅游学界对于“旅游活动古已有之”的说法一直存有异议，但目前，人们已经形成的一个基本共识是：人类现今意义上的旅游活动是从早期的旅行活动发展和演进而来的，即人类最初的旅游活动主要以旅行的形式表现出来。因此，要考证旅游起源于何时，必须先探讨旅行究竟产生于什么时间。

目前，国内外学术界对旅行出现的时间的看法，主要有两种观点。第一种，即国内人们常说的旅行“自古已有之”的观点，“自古有之”也就意味着旅行活动自有人类之日起便无条件地存在着。如有学者认为，“人类自诞生以来，就总是不满足于周围环境对自身的束缚，并总是力图拓宽自身的视野，扩大自身的活动范围和生存空间；同时，迫于洪水、大火、干旱、地震等各种自然灾难的威胁，原始人群因此而开始了反复的迁徙。从某种意义上说，这就开始了人类历史上最早的旅行。”第二种观点，则是流行于国外的“旅行产生于近代”的观点。如西方新社会文化史的代表人物之一安东尼·马克扎克在其撰写的著作《旅行社会史》中，认定指导19世纪中叶的托马斯·库克创办世界上第一家旅行社，真正意义上的人类的旅行活动才开始。那么，旅行究竟产生于何时呢？为了客观地认识人类旅行活动产生和发展的背景和过程，我们首先有必要简单地回顾一下人类早期的生产和社会活动。

二、原始社会早期的人类迁移活动

众所周知，原始社会主要分为旧石器时代和新石器时代。在旧石器时代，即原始社会的前期，人类主要使用天然或打制的石块等简陋的生产工具，在自然分工的基础上，靠渔猎和采集为主。由于生产工具的落后和生产力的低下，人类的生存无时无刻不处在饥饿和自然灾难侵袭的威胁之下，根本不会产生消遣和愉悦旅游的需求。到了新石器时代，随着磨制石器的出现，生产效率有了很大的提高，原始饲养业和原始农业开始出现，制陶术和弓箭已经发明，并最终导致了人类历史上第一次社会分工的出现，即农业部落和游牧部落从狩猎、采集者中的分离。但尽管如此，所有这些进步的出现都未能有效地改变当时社会生产的落后面貌。人们的劳动所得，除了供自己食用之外，几乎没有什么剩余。人们的社会活动基本上也只限于在自己所属的氏族部落范围之内进行。

因此，截至新石器时代中期，由于物质基础的匮乏和社会生活范围的制约，人类并不存在有意识地自愿外出旅行的需要。

当然在这一时期中，有关史实显示，人类确实有从一个地方转移到另一个地方生活的迁移活动，但这些活动都是迫于某些自然因素或特定的人为因素的威胁而被迫进行的。如美洲早期的人类就是亚洲猎人为追逐动物而定居下来的。还有考古学家们在古代村落遗址的研究中发现，早在远古时代，人类就培养了依据气候和季节的变化，寻找更好的、适宜生存的地方居住的习性。一些季节性的古代村落的出土，就证实了这一点。那时，人类几乎没有任何抵御自然灾害的能力，一旦气候变化或天灾对生存环境造成破坏，人们唯一的办法就是逃往别处避难。我国20世纪中期出土的距今6000年前的仰韶文化遗址已经具有明显的“环境选择”的倾向，表现为：一是靠近水源，不仅有利于取水，且有利于农业耕作；二是位于河流交汇处，交通便利；三是处于河流阶地上，不仅土壤肥沃，而且还能免遭洪水袭击；四是处在山的阳坡上。此外，在原始社会，部落之间为争夺领地而引发的战争时有发生。到了新石器时代晚期，随着农业、畜牧业的发展以及手工业的进步，人们有了剩余产品，部落之间为了争夺土地和人口的战争更加频繁，人们为了逃避战乱，不得不远走他乡，其性质仍属于不得已而为之的求生活动。

综上所述，首先，所有这些迁移活动都是迫于气候变化、重大自然灾害等因素的影响或战争等人为因素的威胁而发生的，因而具有被迫性的特点；其次，所有这些迁移活动的发生都是出于谋求生存的需要，因而具有求生性的特点。

三、结论

因此在原始社会的早期，由于社会经济条件的限制，人们客观上没有开展旅行活动的物质基础，主观上也不存在外出旅行的愿望。虽然当时的人们的确有迁移活动发生，但这些活动具有被迫性和求生性的特点，而非真正意义上的自愿旅行，更不属于现今意义上的旅游活动。

第二节 古代旅行的发展及特征

一、人类旅行需要的产生

在原始社会晚期，生产工具和生产技术的进步使生产效率得到了提高。金属工具的问世，使农业和畜牧业有了较快的发展，并且随着金属工具的推广和改良，手工业也开始逐渐发展起来。到了原始社会末期，手工业逐渐成为专职性的行业，并从家庭生产中分离出来，从而出现了人类历史上的第二次社会分工，即手工业与农业和畜牧业的分离。社会分工的扩大促进了劳动生产率的进一步提升，劳动剩余产品随之增多，从而使以物易物的交换行为变得普及，并使产品交换的品种、规模和地域范围不断得到扩大。原始部落之间和原始部落内部，开始出现以商品交换为目的的商品生产。最终，随着产品生产与交换的发展，到了原始社会瓦解和奴隶社会开始形成之际，出现了专门从事易货贸易的商人阶级，商业逐渐从农业、畜牧业和手工业中分离出来，成为一种新型行业，这便是人类社会发展史上的第三次社会分工。

社会分工的发展使得劳动剩余产品更加丰富，商人们为了交换自己的产品以及了解其他地方的产品生产和需求情况，必须走出自己生活的地域，向新的、更广的地域拓展，于是，人们有了自觉的、有意识的旅行活动。因而可以说，人类早期旅行活动的萌芽，是源于商人们从事商品交换的“商贸旅游”。比如在公元前4000年前发明货币并将其用于商品交换的苏美尔人（古巴比伦人），就被西方旅游学家看作是旅游业的奠基者。

二、奴隶制时代的旅行发展

在原始社会晚期，随着生产力的进一步提高，人们有了剩余产品，家庭私有制开始出现。为增加劳动人手，生产更多的剩余产品，人们把战俘变为奴隶，于是出现了奴隶制。奴隶制社会是人类历史上第一个有阶级的社会，在人类社会发展的历史上，奴隶制是一种相当残酷的社会制度。然而，“在当时的条件下，采用奴隶制是一个巨大的进步”①。由于奴隶社会大规模地利用奴隶劳动，使社会生产力比原始社会前进了一大步，实现了社会生产各行业之间、体力劳动和脑力劳动之间深入而细密的分工，生产力水平有了进一步的提高，交换范围进一步扩大，商人阶级的经商旅行活动得到了进一步的发展，同时，艺术、科学、宗教等得以萌芽，从而为旅行的兴起和发展起到了推动作用。

（一）西方奴隶制时代的旅行发展

在西方社会的奴隶制时代，奴隶制国家的发展与繁荣客观上为当时旅行尤其是经商旅行活动的发展提供了便利的物质条件。因此，人类的旅行和旅游活动首先在古埃及、古巴比伦、古印度、古中国、古希腊和古罗马等这些最早进入文明时代的国家兴起。

古埃及在公元前3000多年建立了一个统一的国家，古王国时代（约为公元前27世纪—公元前22世纪）确立了以法老为主的中央专制政体，并大规模兴建金字塔和神庙，每年都要举行几次重大的宗教集会，从而吸引了大批前来参观游览的人。这些到访的游客在金字塔上刻上自己的名字，留下了许多物证。据记载，古埃及到新王国时期（公元前1570—公元前1085年）已成为地中海区域著名的旅游胜地。此外，据卢克索神庙墙壁上的记载，公元前1490年荷塞普赛特女王访问庞特（Punt）地区（今索马里）是世界上第一次以和平与观光为目的的国际性海上旅行活动。

公元前8世纪以后，随着古希腊的兴盛，城邦通货的交换和希腊语的广为传播，为当时的旅行提供了客观便利条件。根据希腊的宗教和神话传说，古希腊人认为诸神都居住在奥利匹斯山上，宙斯是万神的首领。因此，古希腊人从公元前776年起，每四年要对奥林匹斯山上的宙斯神像进行一次大祭。每次集会，人们都来此朝拜宙斯神庙并观看角斗、赛车、赛跑等各种竞技运动。这项世界上最早以寻求乐趣为目的的群众性旅游活动，后来逐渐演变为四年一次的奥运会，直至公元394年被罗马人废除，前后共延续了1000多年。公元前5世纪，古希腊的公

① 《马克思恩格斯选集》第3卷，人民出版社1974年版，第220页。

务、经商、宗教考察旅行者络绎不绝。希腊著名历史学家希罗多德曾游历了中东、南欧、北非的广大地区，广泛收集了各时代、各民族有关古代旅游和旅行的情况，被称为旅游文学之父。

波斯帝国（公元前553—公元前330年）是较早兴起商务旅行的国家，公元前6世纪中叶，帝国修建了两条公路，为人们外出旅行提供了便利的交通。第一条公路被称为“御道”，从首都苏萨直抵地中海，全长约2400公里，有驿站和旅舍110座。另一条道路起自巴比伦城，横贯伊朗高原，直达大夏和印度边境，成为后来“丝绸之路”西段的基础。

古罗马帝国时期是世界奴隶制时期旅行的全盛时期。其帝国疆域辽阔，社会秩序相对稳定，从而促进了社会经济在原有基础上的进一步发展。地中海成为帝国的内海，海上运输十分畅通。全国境内修建了许多宽阔的大道，为人们沿路旅行提供了方便。罗马帝国时期在政府所设驿站的基础上产生了旅店，接待往来旅客。同时，由于国力的强大，经常发生国际性的经商，我国的丝绸就经过著名的“丝绸之路”远销于古罗马帝国各地。这个时期，罗马人已经在希腊的温泉和矿泉地建立了度假村。

但是，随着公元5世纪罗马帝国的衰亡，社会秩序的动荡使旅行发展的条件相继消失。一是国内各地贸易量缩小，商务旅行者数量急剧下降；二是道路路面无人管理，导致日渐毁坏；三是沿途盗匪横生，导致安全无保障。正如诺沃尔（A. J. Norval）1936年在其所著《旅游业》一书中所指出的那样，欧洲“有可靠的证据表明，从罗马帝国衰落直到20世纪中叶为止，是没有多少人外出旅行的”。

此外，在西方古代旅行历史中，有一个不得不提的名字就是腓尼基人。腓尼基是地中海东岸的古国，公元前2000年年初，腓尼基人建立了若干奴隶制城邦。他们以航海、经商、贩运奴隶而闻名。到公元10世纪前后，其活动范围已达今塞浦路斯、西西里岛、撒丁岛、法国、西班牙及北部非洲，并建立了许多殖民地。腓尼基人与埃及、“两河流域”有长期的贸易往来，并形成了以现在黎巴嫩沿岸的繁荣城市为中心、环地中海的贸易网络。因此，腓尼基人的商业旅行在世界古代旅行历史中占有极为重要的地位。

（二）中国奴隶制时代旅行的发展

中国奴隶制社会时期，旅游发展的情况同西方奴隶制社会中的大部分国家旅行发展的情况基本相同，当时，研制各种交通工具、开拓交通路线是旅游发展的基本前提之一。中国的奴隶社会从公元前21世纪至公元前476年，经历了夏、商、西周和春秋四个时期。公元前2033—公元前1066年的夏商时期，中国已经有了车，当时车的种类很多，有运货的车、乘坐的车、作战的戎车、狩猎的田车。道路的修建，在西周时已有水路，分为沟、洫、浍、川，陆路有遂、径、畛、涂。道路修得不仅平坦，而且植有行道树，建立了维修制度。西周和春秋战国时期，在大路上每隔一定距离设置邮传舍与馆舍，以供游客住宿之用。

周王朝是中国奴隶社会政治、经济和文化最发达的时期，因此，帝王巡游、政治旅行和商务旅行在这一时期基本都已经出现并获得了较快发展。中国历史典籍《穆天子传》（又称《周王传》或《周王游行记》）就形象地描述了中国早期以帝王贵族享乐旅游为素材的神话故事，是我国最早的有文字记载的旅游活动，周穆王姬满也被认为是中国最早的旅行家，《穆天子传》则被认为是我国最早的游记。与此同时，自周初开始，士大夫阶层的朝聘之旅①、游学、游说、游猎等之风极盛，至春秋战国时期享乐之风愈加盛行，消闲、娱乐、狂欢等活动成为一时风气。此外，商贾的远程贸易自商代发展起来后，其足迹东北达渤海沿岸乃至朝鲜半岛，东南达今日浙江，西南达今日之皖鄂乃至四川，西北达到了今日之陕甘宁甚至远及新疆。至周，商贾被纳入“四民”（士、农、工、商）之列，远程贸易的商务旅行也十分盛行。

三、封建时代的旅行发展

人类进入封建社会以后，由于生产技术、科学技术的进步，使封建社会的政治、经济、文化都得到了进一步的发展和繁荣，从而为人类旅游活动的发展奠定了新的物质基础。但在欧洲的封建社会初期，欧洲的封建生产关系发展得比较缓慢，因此，这一时期，西欧的旅行发展情况较当时的中国而言是相对落后的。

（一）西方封建时代的旅行发展

从公元5世纪罗马帝国衰亡开始，一直到公元11世纪，这段时期是欧洲历史上最黑暗的时代。在政治方面，国家林立，民族纷争；在经济方面，封建的自给自足经济生产率低下，商业受到压制，人民生活十分贫困；在科学文化方面，罗马教廷禁锢自由思想和文化艺术，反对科学。在这段漫长的时间里，整个欧洲的社会经济和商品贸易一直不发达，也很少有人外出旅游。因此，西欧的旅行活动在这一段时期不但没有发展，反而倒退了。

到公元11世纪时，欧洲的社会经济有了明显的发展。生产力有了一定的提高，劳动剩余也逐渐增多。此外，随着社会分工的发展，产品交换活动逐渐变得经常化。一些手工业者和商人聚集的港湾、道口、堡垒、寺院等地方逐渐发展成为工商业城市。

① “朝聘礼”是《周礼》中所载的吉、凶、军、宾、嘉五礼之一——宾礼中的一种，宾礼又包括朝见礼、聘问礼、会盟礼，是天子与诸侯之间、诸侯与诸侯之间的礼节性往来。

特别是到了13世纪、14世纪，欧洲的社会经济有了较大的进步。主要表现在：农业技术的改进和荒地的开垦使得农产品数量得以增加；城市人口逐渐增多，城市工商业也随之日渐兴盛。但是，由于封建主间的频繁混战，这一时期的旅行活动远不及古罗马帝国时期的水平。

其中值得注意的一点是，虽然这一时期欧洲的旅行活动规模没有出现真正的进展，甚至出现了倒退，但是，欧洲各地间朝觐旅行或宗教旅行活动仍然存在。当时有不少修道院都为往来的朝觐者提供住宿，并由专人负责。另外，在十字军东征后，一批以马克·波罗①为代表的威尼斯商人涌现出来，他们逐渐取代了拜占庭商人和阿拉伯商人，架起了东西方商贸和文化交流的桥梁。

公元15世纪到18世纪时期，资本主义生产关系萌芽，刺激人们进行探险旅行和科学考察，进入了“地理大发现”时代。意大利航海家哥伦布（1451—1516年），于1492年发现新大陆，开辟了由欧洲到美洲的新航线。1497年，葡萄牙航海家达·伽马（1460—1524年）从欧洲出发，绕过非洲南端的好望角到达印度，开辟了由欧洲通往印度的新航线。1519—1522年，英国的麦哲伦（1480—1521年）横渡大西洋，环绕地球一周，证明了地圆说。探险旅行不仅扩大了人们的眼界和活动范围，加强了世界各地人民的联系，而且就其本身来说，也是一次伟大的旅行活动，对旅游的发展产生了深远的影响。

自1558年英国女王伊丽莎白一世继位起，直到西欧封建社会结束为止的这段时期内，欧洲的旅行发展出现了一些新的气象，以保健疗养为主要目的的温泉旅行和以教育为目的的“大游学”在这一时期开始发展。1562年，有一位名叫威廉·特纳的医生发表了一本著作，谈到英格兰、德国和意大利的天然温泉对身体的各种痛症都有疗效，一时间引发了温泉旅行的潮流。至18世纪，温泉浴在上流社会已经变得非常时髦。这一潮流一直延续了近两个世纪才开始逐渐向海水浴转移。与此同时，欧洲17世纪至18世纪开始流行以教育或求知为目的的旅行活动。这种活动按照惯例通常历时三年，游学路线是：先是在法国（尤其是巴黎）停留很长时间，继而在意大利停留将近一年，然后去访问德国以及各低地国家。

另外，需要特别指出的是，就在欧洲处于发展历史上最黑暗时期的同时，公元7世纪至8世纪，却是阿拉伯帝国的最鼎盛时期。由于伊斯兰教的朝觐制度，使得该国的宗教旅游规模不断扩大。

---

① 马克·波罗（1254—1324年），意大利旅行家。因经商来到中国，得到元世祖忽必烈的信任，先后在元17年，曾到过新疆、甘肃、浙江、福建等十几个地区，出使印度、菲律宾等国，著有《马克·波罗游记》。该书对促进东西方文化交流以及15世纪欧洲航海事业的发展都起到了一定的促进作用。

（二）中国封建时代的旅行发展

中国的封建社会从秦朝统一至清朝垮台，共有2000多年的历史。在这长达2000余年的封建社会中，不仅封建政治制度随着朝代的更迭而得到不断的完善，科学技术和社会经济也在不断进步和发展，从而使近代以前的中国在科学技术和社会经济方面均领先于西方世界，这也使中国封建社会中各种形式、各种目的的旅游活动迅速发展起来。

1. 发展背景

众所周知，旅行活动的发展与交通运输条件有着密不可分的关系。因此，中国封建社会时期社会经济的发展和水、陆交通条件的改善，为当时旅行活动的发展提供了必要的经济基础和物质条件。

在水路交通方面，隋代的贡献最大。隋文帝时期首先开凿山阳渎，打通了淮水连接长江的水路。到隋炀帝时期，又相继开通了通济渠、邗沟、永济渠和江南河，从而形成了连通华北与江南地区的运河网。由此水路交通日盛。至元、明、清时期，因三朝均建都北京，为了弥补内河漕运之不足，遂又发展海运。在陆路交通建设方面，秦朝修建了“驰道”“直道”“五尺道”“新道”等，形成了以咸阳为中心的四通八达的道路网。随着历朝道路的建设，驿站制度不断发展。比如唐代每隔30里设一驿，共有驿站1639所，设有驿站的道路里程近25000公里。到清朝时，驿站的设置范围以扩大到蒙古、新疆和西藏地区。

2. 秦汉时期的旅行发展

秦始皇建立统一的中央集权封建国家后，随着政局的巩固、经济的发展、交通的开拓，旅游活动比先秦时代更加频繁。其主要旅游类型如下。

（1）帝王外出巡游

据史书记载，秦始皇曾率领文武百官五次出巡，周游全国，南至洞庭，北到碣石，东到芝罘、蓬莱，最后在第五次巡游中死去。汉武帝也曾游历碣石、泰山等全国名山大川。

（2）学者墨士游学

以西汉历史学家和文学家司马迁的游历活动最为著名。他的行踪几乎遍及整个西汉帝国的版图。

（3）使者公务旅行

公元前139年，汉武帝为联合西域的大月氏夹击匈奴，派张骞出使西域。张骞西行开辟了中原通往西域的旅行路线，实际就是后来历史上所称的“丝绸之路”。这条道路东起长安，途经陕西、甘肃、新疆，越过帕米尔高原，再经中亚、西亚，最后抵达地中海东岸，是古代中国通往中亚乃至欧洲的最早的旅行路线。自公元 2 世纪始一直到 13 世纪、14 世纪，它一直是中国和印度、两河流域、埃及、古希腊和古罗马等国家和地区进行物资交换、经济文化交流的重要通道。

（4）海上商贸旅行

这一时期，海上交通已相当发达，我国沿海经商贸易旅行已很频繁，与日本、朝鲜、越南、印度的海上往来也日益增多。比如东汉末期，东吴派康泰和朱应从海路出使南洋诸国，并撰《扶南传》，记载了南洋一带风物。

3. 中世纪时代的旅行发展

魏晋南北朝、隋唐、宋元时期是我国历史上大分裂、民族大融合的时期。在这 1000 多年中，既有封建社会鼎盛的阶段（如隋唐时期），又有科学技术硕果累累的时代（如宋朝）。这一时期旅游活动的类型主要有以下几种。

（1）士人漫游

士人漫游是指一些以名士骚客为代表的知识分子出于逃避和排忧的目的而四处游历的旅行活动。魏晋南北朝时期，由于社会政局动荡不定，统治者荒淫糜烂，引起一些士大夫对现实的不满和失望，于是这些人把注意力转向大自然，寄情于山水。到了唐宋时期，这种漫游更为兴盛，一些官僚地主、文人学士由于在仕途上遭受挫折或者受宗教思想的影响而居游于田园山林，以求取精神上的解脱，或者是处于对自然山水的爱好而四处漫游。如著名的文学家和诗人李白、杜甫、柳宗元、苏东坡、欧阳修、陆游等都是其中的突出代表。他们行吟南北，走遍了各地的名山大川，留下许多千古名篇。

（2）宗教旅行

宗教旅行是以朝觐、求法为目的进行的旅游活动。西汉末年，佛教传入中国，至唐代达到鼎盛阶段，其时佛教寺庙可见于全国各地。僧侣和香客的宗教旅行活动也屡见不鲜，其中尤以玄奘和鉴真两位高僧的宗教旅行活动最为后人称颂。他们的行迹当时已经越出国界，分别远及印度和日本。以他们为代表的宗教旅行对促进当时中国与印度、日本等国的文化交流起到了积极的推动作用。

（3）国际旅行

至唐宋时期，外国来华访问的人数也空前增多。据史书记载，唐代时，日本曾先后十几次派遣使团来中国学习，吸收唐文化。遣唐使团的人数每次少则一两百人，多则五六百人。除了这些官方的遣唐使团之外，还有为数众多的日本留学生和学问僧前来中国学习和考察。与此同时，唐朝也有以政治和文化交流为目的的出国考察团，如唐代的杜环、元代的航海家汪大渊等。此外，还有从阿拉伯地区前来中国访问的商人，他们以香料换取中国的茶叶、瓷器和丝织品。至宋代，我国还特别在广州、杭州、泉州、明州等港埠开辟了一些专供阿拉伯商人客居的“番坊”。

4. 明清时期的旅行发展

明清是我国封建社会发展的最后时期，这一时期，中国已出现资本主义萌芽，社会生产力有了进一步的提高，旅行活动的发展也较之前更为兴盛。在这一时期的旅行活动中，表现最为突出的当属航海旅行和科学考察旅行的发展。

（1）航海旅行

至明成祖朱棣统治时期，中国已拥有世界先进的造船技术和配备航海图和罗盘针的航海技术，海上交通十分发达。著名的郑和下西洋便是这一时期航海旅行方面的典型代表。1405—1433 年，郑和先后 7 次率船队“下西洋”远航，纵横于太平洋和印度洋上，涉海 10 余万里，遍历亚非 30 多个国家和地区。其壮举比葡萄牙人迪亚士发现好望角，以及哥伦布发现新大陆的海上远航都要早半个多世纪，其对中国和南洋、西亚、北非之间的经济、文化交流做出了伟大贡献。

（2）科学考察旅行

明代以前已出现以文史考察为目的的科考旅行，但到了明清时期，受社会经济发展对自然科学需要的影响，专业性较强的自然科学考察活动在旅行发展中表现得十分突出。明代医学家李时珍的药物考察和地理学家徐霞客的地学考察是这一时期旅行者中的典型代表。李时珍（1518—1593 年）自 1565 年起为编写《本草纲目》，先后到湖北、湖南、安徽、河南、河北等地采集药物标本，收集药方，历经 27 年终成巨著。明代旅行家徐霞客（1586—1641 年），从 22 岁起，先后在外考察 30 多年，遍游全国名山大川，留下一部极为珍贵的地理学文献《徐霞客游记》，享有“世间真文字、大文字、奇文字”的美誉。

四、古代旅行发展的特点

（1）旅游活动的发展与社会的政治经济状况有着直接的关系。就整个世界的情况而言，人类有意识的自愿外出旅行活动始于原始社会末期，并在奴隶社会时期得到了迅速的发展。所有这些变化的出现，都与当时的社会经济背景有关，而世界各地在旅行发展方面的差异也源于此。具体地讲，在国家政治安定、社会经济繁荣时期，旅行活动萌芽并迅速发展；反之，则会出现停滞甚至倒退。比如，在封建社会初期，欧洲的封建生产关系发展得比较缓慢，因此，这一时期，中国的旅行发展水平领先于西方。

（2）人类早期有意识的自愿外出旅行活动，起源于原始社会末期人们外出易货经商的需要。虽然在奴隶社会时期，尤其是封建社会时期，旅行活动的规模和类型有了新的发展和扩大，但商贸旅行仍占据主导地位。

（3）就非经济目的或消遣性质的旅行活动而言，参加者多为统治阶级及其附庸阶层，在西方奴隶社会中，仅有为数很少的一部分自由民参与其中。他们人数不多，在人口中所占比重很小，因而他们的消遣旅行活动并不具有普遍的社会意义。

在奴隶社会时期的中国，这类消遣型旅行活动的存在集中表现为以“天子”为代表的少数奴隶主阶级的享乐旅行。在当时的社会中，生产力发展所带来的劳动剩余大都被奴隶主阶级所占有。这些物质财富主要用于祭祀活动和供奴隶主阶级生活享用(其中就包括供其外出消遣游历)。由于自商朝开始至清朝灭亡，中国的历代皇帝和朝廷都注重敬神，因此，古代很多的旅行活动的开展都是奴隶主阶级出于朝圣的目的而开展的。

与中国相比，由于西方奴隶制的社会阶层中，除了奴隶制、奴隶之外，还有一个有一定人身自由的“自由民阶层”，因此，在西方奴隶制社会时期消遣型旅行活动中，除了奴隶主阶级的享乐旅行外，还有一些自由民也加入了这个行列。不过，据史料记载，在当时，这些消遣目的地的外出旅行者多为求医或节日庆典活动的赴会者，纯粹因个人喜好而外出旅行的人数量很少。由此可见，当时能够参加消遣型旅行活动的自由民绝非一般的体力劳动者，且他们在当时的人口中也只是为数很少的一部分。

(4) 这一时期的旅行活动是自发形成的，活动内容较为单一，旅游活动的支出主要是满足基本的生活需要，以自我服务为主，因而尚未出现专门为旅游活动提供服务的旅行接待业。这是这一时期旅行活动区别于现代旅游活动的一个基本特征。

第三节 近代旅游的产生、发展及特征

就整个世界而言，在19世纪初，旅行活动的发展在很大程度上开始具有了今天意义上的旅游活动的特征。其中一个最重要的变化是，人们因消遣性目的而离家外出的观光或度假活动，在规模上开始超过传统的商贸旅行，从而使这种活动开始具有较为普遍的社会意义。

一、世界旅游业的开端

(一) 产生背景

在进入19世纪后的欧美地区，旅游活动的规模，包括国内旅游以及出国旅游，都取得了突破性的发展。这一情况的出现，很大程度上与产业革命的影响有着密不可分的关系。近代旅游的产生首先源自欧美地区的产业革命。产业革命是指资本主义机器大生产代替工场手工业的过程，是资本主义政治经济发展的必然产物。它始于18世纪60年代的英国，至19世纪30年代末在英国基本完成。随后，美国、法国、德国、日

本等国家也在19世纪内先后完成。产业革命深刻地影响着生产关系的变革，给人类社会的各个方面带来了巨大的影响，同时对人类旅游活动的发展也具有划时代的意义。

（1）产业革命加速了城市化的进程，并且使人们工作和生活地点的重心从农村转移到工业城市。人们产生了逃避节奏紧张、嘈杂拥挤的城市生活，返回自由宁静的大自然的需要，从而成为旅游发展的刺激因素。

（2）产业革命带来了阶级关系的新变化，扩大了旅游者的规模。资本主义机器大生产使整个社会的生产能力大大提高，促进了社会财富的增加，从而产生了一批新生的资产阶级，使社会财富不再只流向封建贵族和大地主，也使相当部分的财富分流到了资产阶级的口袋中。同时，工厂产业工人的收入水平也明显增加，从而扩大了有财力外出旅游的人群数量。

（3）产业革命改变了人们的工作性质和生活方式，为旅游的大众化创造了条件。随着大量人口进入城市工作，他们原先随农业生产变化而忙闲有秩的多样性农业劳动，开始为枯燥、重复、单一性的机器大工业劳动所替代。这种变化引起了劳动者强烈要求休假，以获得喘息和休整的机会。

（4）产业革命推动了交通工具的变革，从而使大规模的人员流动在技术上成为可能。1769年，法国工程师尼古拉斯·古诺（N. Jcugnot）制造出了世界上第一辆以蒸汽机为动力的前三轮汽车；1885年，德国工程师卡尔·奔驰（Karl Benz），制造了世界上第一辆以汽油为燃料，以内燃机为动力，主要用于人员乘坐的现代汽车“奔驰一号车”，开始了汽车业的发展；1814年，英国工程师斯蒂芬森（Stephenson）造出了在铁轨上行走的蒸汽机车，正式发明了火车，铁路客运问世；同时，轮船海上航行业在此阶段也得到了迅速普及和发明。火车和轮船的出现，缩短了人们出行的交通时间，扩大了人们旅行活动的范围，降低了外出旅游的费用，从而大大推动了旅游活动的发展。

（二）旅游业的诞生

随着产业革命后社会经济的发展和旅行条件的变化，使得希望或有可能外出旅游的人数有了很大的增加，但其中绝大多数的人都因为对陌生环境的畏惧、语言障碍、旅行手续的不了解等原因而不敢外出旅游。在这种情况下，提供这些方面的帮助，已不只是某些个别人的需要，而是一种社会需要了。在英国，有一些嗅觉敏锐之士率先注意到了这个巨大的市场商机，决定开办相应的旅游服务业，从而开创了近代旅游业的先河。这其中，对旅游业发展影响力最大的代表人物当属托马斯·库克（Thomas Cook，1808—1892年）。

1841年7月5日，这位担任南米德兰戒酒协会秘书的英国人利用包租火车的方式，组织了一次从莱斯特前往洛赫伯勒的团体旅游。参加这次活动的人多达570人，目的地是参加禁酒大会，当时的往返车费是 1 个先令。这一活动在当时被媒体称为“伟大的创举”，后来被普遍看作是近代旅游业的开端。原因有三点：第一，这次活动具有广泛的公众性，参加者来自各行各业，甚至包括家庭妇女和儿童。这与现代旅行社组织的旅行团的情况基本相同；第二，托马斯·库克本人不仅发起、筹备和组织这一活动，而且从始至终随团照顾。这可以说是现代旅行社全程陪同的最早体现；第三，托马斯·库克组织的这次禁酒活动是历史上第一次包价旅游，这次事件也成为旅行社产生的萌芽。

1845 年，托马斯·库克决定开办商业性的组团业务。他于该年夏季组织了 350 多人从莱斯特出发去利物浦进行为期一周的旅游活动。这次活动是其首次有意识的商业活动，旅游目的是纯粹为了观光消遣，并且托马斯·库克本人的工作包括了从策划和勘定旅游线路一直到提供全程陪同与导游的一整套的工作内容。此次活动开创了后来旅行社组团业务的基本模式。之后，托马斯·库克继续在旅游业开展了许多开创性的工作。其中，最为重要的是，1865 年，“托马斯·库克父子公司”正式成立，成为世界上第一家旅行社，并且是当时英国乃至欧洲最大的旅游代理商。随后，其将业务拓展到了美洲、非洲和亚洲等地。此后，欧洲和世界其他国家也成立了许多类似的旅游组织。

托马斯·库克旅行社的问世标志着近代旅游业的诞生，托马斯·库克本人也被誉为世界旅游业的创始人。到 20 世纪初，托马斯·库克父子旅游公司、美国运通公司、比利时铁路卧车公司成为世界旅行代理的三大公司。

二、中国近代旅游业的产生

（一）产生背景

中国近代旅游业指 1840—1949 年的旅游发展情况。在古代，中国旅游处在世界领先地位，而近代中国旅游业却落后于西方国家。中国近代旅游业是在受到外力政治、经济和文化入侵的影响下而产生的。由于受到社会矛盾复杂、时局动荡、经济落后等因素的影响，中国的近代旅游业没有全面发展起来。

当欧洲正在进行思想解放的文艺复兴运动和贸易开放的产业革命时，中国却逐渐走向闭关锁国。人们的思想被封建思想所禁锢，全面走向保守，民族心态从自大走向自负和自卑，生产力发展落后，经济基础薄弱。1840 年，英国发动鸦片战争，中国被迫打开了自己封闭已久的大门，西方列强纷纷将触角伸到中国，中国沦为半殖民地半封建社会。同时，国内封建统治进入最没落、最腐朽、最黑暗的时期。国内各种矛盾突出，战争成为近代中国的常态。全国规模的战争就超过 1/3 的时间，局部战乱从未停歇。在这样的大背景下，近代中国仍以自给自足的小农经济为主，同时受外来资本的剥削和控制，城市化速度慢、水平低，机器大工业生产发展远远落后于西方，生产力水平低下，从而导致旅游业发展缓慢。

（二）旧中国的旅游业

19 世纪中叶，随着英国发动鸦片战争以及远洋航运业的发展，西方的商人、传教士、学者和冒险家纷纷来到中国，在中国建立租界、修筑别墅。外国来华人数逐年上升，于是在 20 世纪初，美国、日本、英国、法国等外国公司先后在中国香港、上海、南京、北京等地开设了旅行社。同一时期，中国人也开始大批走出国门：到各国出使者、赴东西方留学者、出国考察游览者、被迫出洋的政治流亡者……日益增长的旅游需求也使国内的有识之士萌生了开办本国旅行代理业务的想法。

1923 年 8 月，经当时北洋政府交通部的批准，上海商业储蓄银行总经理陈光甫在其银行内创办了旅行部，并于 1927 年从银行中分离出来，更名“中国旅行社”，这是第一家由中国人自己开办的旅行社，它标志着中国旅游业从此进入了一个新的历史时期。随着业务范围的扩大和业务量的增长，中国旅行社曾先后在国内各大城市设立了办事机构，甚至在新加坡、马尼拉、加尔各答、仰光等国外城市也设立了驻外办事机构。随后，类似的旅游组织在国内也纷纷出现，比如铁路游历经理处、公路旅游服务社、现代旅行社、航空讯美空游、中国汽车旅行社等，但规模都不大。

这一时期，除了旅行社行业之外，住宿业的发展也较为普遍。主要有外资经营的西式饭店、民族资本经营的中西结合式饭店和铁路沿线的招商客栈等。西式饭店是由外国资本家在中国沿海及大中城市建设并经营的饭店，是帝国主义列强侵略中国的产物。这些饭店规模宏大、装饰豪华、设施完备，并且采用新式的管理经营方式，其经理人员皆来自英国、美国、法国、德国等国家，有不少在本国受过旅馆专业的高等教育。其接待对象主要是来华的外国人及上流社会人物、达官贵人。1840—1939 年在北京、上海、广州等 23 个城市建有这类酒店近 80 家。建于 1863 年的天津利顺德大饭店和建于 20 世纪初的六国饭店、北京饭店就是这种饭店的典型代表。中西结合饭店是由中国民族资本家投资建设经营的饭店，是西式酒店对近代中国酒店业具有很大影响的一个重要方面。该饭店既深受西方旅馆的影响，又继承了中国的历史传统。如北京 1912 年的长安春饭店，1918 年的东方饭店，1922 年的中央饭店，天津 1923 年的国民饭店，上海的中央饭店、大中华饭店、扬子饭店、国际饭店。招商客栈则沿袭了民间旅店的传统方法，但在规模上、服务内容上、设施和装潢上都较以往有了较大的改善。据有关部门统计，1934 年重要铁路线上见于记载的旅馆和客店约有 1000 家，主要接待过往旅行者和客商。总的来说，这一时期住宿业取得了一定的发展，但多为传统的旅馆或旅店，高档次的住宿设施数量仍然很少。此外，有少数投资者在庐山、北戴河、莫干山、鸡公山等地开发和经营避暑度假区。

这一时期，由于外有列强侵略，内有政府腐败，加之连绵的战事，尽管旅游业作为一个新的经营领域在当时已经出现，但是无论从游客接待量上还是从经济规模上看，中国的旅游业都尚未全面发展起来。

（三）近代旅游发展的特点

由于这一时期中西方社会经济发展状况出现较大差异，中国的社会生产力水平与欧美相比存在很大差距，中国的旅游业尚未真正发展起来。因此，这一时期旅游业在西方获得了迅速的发展。以托马斯·库克旅行社的诞生为标志，西方从 19 世纪中叶到 20 世纪中叶的近代旅游发展相对于以前的旅游表现出了新的特点。

（1）以消遣为目的的旅游规模不断扩大，这是近代旅游的显著特点。产业革命带来了生产力的进步，社会总财富的增加，新兴资产阶级的出现和壮大，使更多的人外出旅游成为可能；产业革命导致人们的生活环境、工作环境以及工作性质发生变化，使人们普遍有了外出旅游的需求。这些以消遣为目的的外出观光、度假的旅行者数量的增加，使旅游活动具有了现代旅游的意义，并对社会产生较大的影响。

（2）旅游参与者的层次更为广泛。新生的资产阶级、部分产业工人成为旅游活动的参与者，并在旅游者中的比重不断增加，旅游不再仅仅是贵族的活动了。当然，受近代社会整体经济发展水平的制约，参加旅游的人数还是少数，主要是上层社会和中产阶级，占社会绝大多数的平民百姓还不具备参加旅游的主、客观条件。

（3）旅游业促使旅游活动商业化。在旅游需求逐渐达到一定规模后，近代旅游业开始形成并发展起来。旅游业使得旅游活动走向商业化和社会化，旅游消费需求和旅游服务供给不断出现并迅速增长，旅行社、商业饭店和旅游目的地开始发展起来。但旅游业在国民经济中的地位尚未凸显，没有处于较为重要的地位。

（4）旅游活动的形式更加多样化。交通条件的改善，使旅游活动的距离进一步增大，带来了新的旅行方式，改变了人们的时空观。新的交通方式价格合理，舒适快捷，使人们旅游范围扩大，国际旅游人数有了增加，甚至出现了环球旅游。

第四节 现代旅游的发展及特征

就欧美国家而言，现代旅游通常是指第二次世界大战结束之后，特别是 20 世纪 60 年代以来，迅速普及于世界各地的社会化旅游活动。第二次世界大战后，世界旅游得到了前所未有的大发展，进入了大众旅游时代。旅游业已发展成为当今世界上最大的产业。旅游是当今世界参与人数最多的活动之一，它对世界和平稳定发展、加强人民之间的友好往来起到了重要作用，对现代经济和社会发展产生了深刻影响。

一、现代旅游的发展原因

第二次世界大战后，现代旅游得以迅速发展的关键，在于世界的稳定与社会生产力水平的极大提高。前者是后者的先决条件，后者是现代旅游迅速发展的根本原因。

（一）国际形势的和平与稳定是现代旅游迅速发展的前提

1945 年第二次世界大战结束后，世界回归和平，世界环境以和平和发展为主，虽然局部战争不断，但人民要求民主、和平与发展的愿望，促使各国政府将注意力放到维护和平与发展经济方面，有效地抑制了大规模战争的爆发。尤其是在“冷战”结束后，多元政治格局代替了昔日“两大阵营”的对立格局，民主取代独裁，先进取代落后，这为战后世界经济的增长和旅游的发展提供了必要的前提和保证。

（二）科技进步是旅游业得以迅速发展的巨大推动力

科学技术是社会经济发展的第一推动力。第二次世界大战结束后，很多科学技术转为民用，特别是自动化、智能化，使劳动生产率大为提高，社会财富迅速增加，从而使得很多国家家庭的平均收入迅速增加。这为旅游业发展创造了非常良好的客观条件。尤其是 20 世纪下半叶出现的信息技术革命，对旅游业产生了巨大影响。饭店业开始使用电子预订系统，旅游企业开始利用网络开展旅游交易，甚至开始出现无实体经营的在线旅游服务提供商或组织，从而使旅游交易更加便捷，成本大幅度降低。

（三）交通工具的进步引发了旅游方式的变革

第二次世界大战后，虽然火车和轮船在不少国家——例如中国、印度、前苏联——仍是人们重要的旅行方式，但在另外很多国家，特别是在西方发达的工业化国家，这些传统的旅行方式逐渐为飞机和汽车所取代。第二次世界大战后，一些军用航空和雷达导航技术被应用于民航运输，这使得人们有机会能够在较短的时间内进行远程旅行，加之节能技术的进步和航空公司之间的竞争，使得机票价格降低，从而使得航空旅行成为人们最重要的远距离旅行方式。与此同时，第二次世界大战后，欧洲、美国、日本汽车工业的迅猛发展和高速公路网的建设，使自驾车旅游以惊人的速度取代了中短途火车旅游和客车旅游。至 20 世纪 70 年代，美国平均每两人拥有一辆汽车。汽车在改变人们的旅游方式的同时，也促进了城市和郊区生活模式的发展。

（四）城市化进程的加快有力促进了休闲度假旅游的普及化

所谓城市化，简言之就是城市人口占总人口的比重加大。第二次世界大战后，世界各地的城市化进程普遍加快。例如，到了20世纪70年代初，美国的农村人口已下降至不足全国人口的1%。在以美国为代表的发达国家中，绝大多数人口都居住在城市。例如，在20世纪80年代中期，意大利、法国、日本、英国的城市人口占总人口的比重分别为71%、80%、70%、91%。这些生活在城市的人们，绝大多数都在从事单调乏味重复性的工作，由此带来的身心紧张，使人们向往能有机会逃避城市的喧嚣，向往有机会重返没有工业污染的大自然，向往能够给人带来新鲜感受的异域环境。因此，这一情况成为促使战后旅游需求迅速增长的重要社会心理原因之一。

（五）生产自动化程度的提高和带薪休假制度的实行为旅游活动提供了时间保证

第二次世界大战后，随着科技发展所带来的生产技术进步，特别是自动化、智能化程度在不断提高，生产效率的提高使得人们的劳动时间大为减少，人们的休闲时间增多。同时，自1936年法国第一个以立法形式规定就业员工实行带薪休假以来，至20世纪90年代，除了个别国家之外，几乎所有的西方经济发达国家都制定了不同程度的带薪休假制度。少则2周，多则4~5周。这一制度使广大劳动者享有了较多的休闲时间，并且使出游距离和停留时间的延长成为了可能。

（六）教育事业的发展和通信技术的进步是激发旅游需求增长的又一推手

第二次世界大战后，随着各国教育事业的发展和国民受教育程度的提高，人们对异国他乡事物的了解不断增多，好奇心不断增强。同时，加之通信技术的进步，使人们获取信息和把握机会的能力也大为提高，恐惧心理因此也逐渐减少。这些情况对于促成第二次世界大战后旅游需求的增长，无疑也有着不可忽视的积极作用。

此外，有必要指出的是，第二次世界大战后全球旅游活动的迅速增长，不仅仅只是上述推动性因素（Push Factors）的作用的结果，还有很多拉动性因素（Pull Factors）的作用。其中，较为突出的主要有：一是旅游目的地政府在旅游业的发展和为旅游者来访提供便利方面所采取的支持态度、鼓励措施和相关的法律法规；二是很多旅游目的地在景点开发、旅游设施建设、旅游服务方面所做的努力和投入；三是各级旅游管理组织及与之配套的旅游教育等。

二、世界现代旅游的大发展

就全世界的总体情况而言，随着第二次世界大战的结束，人们的旅游活动不仅开始恢复，而且需求规模出现了前所未有的快速发展。据统计数据显示，在第二次世界大战后的1950—1960年中，无论是全世界的国际旅游活动人次数量，还是国际旅游消费额，都增长了大约3倍。作为这一发展的结果，到了20世纪60年代，大众化旅游现象在经济发达国家中开始率先出现，并在整个20世纪60年代，呈持续性逐年增长。到了1970年时，全世界国际旅游活动的人次数和消费总额已分别达到1.6亿人次和179亿美元。此后，旅游业逐渐成长为世界经济中的"巨人"。自1992年开始，世界旅游业已取代石油工业、汽车工业成为世界第一大产业。其发展势头之强劲、速度之快，潜力之巨大是任何产业都无法比拟的。

三、中国现代旅游的发展历程

中国的现代旅游是指1949年新中国成立以后的旅游历史，大致可分为两个时期。

（一）政治接待时期

这一时期是从1949年新中国成立至1978年改革开放之前。在新中国成立之后的前30年中，由于长期以来受国内战争的创伤、抗美援朝战争、各项政治运动、天灾人祸、外国经济的封锁和"文化大革命"等事件的影响，当时我国基础薄弱，加之政治和经济政策的制约，使我国的生产力水平非常落后，经济短缺，基本不具备开展现代旅游活动的条件。与此同时，迫于当时所处的国际政治环境，旅游部门的任务主要是服务于我国外交工作的需要，承担接待国际友人来华访问的政治任务。虽然当时旅行社、宾馆、航空公司等服务单位事实上都已存在，但是企业性质非商业经营，经营管理不计成本，国家补贴。因此，这一时期也是中国旅游业的性质扭曲时期。

尽管如此，有必要指出的是，这一时期中国旅游业发展中有三件大事对中国旅游业的发展产生了一定的影响。第一，华侨服务社的建立。新中国成立后，局域巩固新政权、扩大统一战线和贯彻华侨政策的需要，华侨服务社作为新中国成立后的第一家国营旅行社，于1949年11月在福建省厦门市成立，专门负责接待海外侨胞归国探亲和观光旅游。后来，这些服务社大都更名为华侨旅行社，服务对象也扩大为来中国内地访问的海外华侨、港澳同胞和外籍华人。第二，中国国际旅行社的创立。1952年，"亚洲及太平洋区域和平会议"在我国召开。由于这次国际会议的影响，此后来华公务和旅游的外国宾客逐渐增多。考虑到接待工作的需要，在周恩来总理的提议下，经当时的政务院批准，中国国际旅行社总社于1954年4月15日成立，并分别在上海、天津、杭州、南京、汉口、广州、沈阳、哈尔滨、安东、大连、满洲里、南宁、凭祥、南昌建立了14家分社。该社长期为事业单位，直到1984年才改制为国有企业。第三，中国旅行游览事业管理局的诞生。1964年，周恩来总理访问亚非14国，中法建交，中国和古巴通航，来自第三世界国家的访问者数量明显增加，为我国旅游业发展提供了契机。为了加强对旅游工作的领导和管理，同年 6 月 5 日，国务院决定设立中国旅行游览事业管理局。同年 12 月 1 日，该局与中国国际旅行总社合署办公，即两套牌子，一套人马。该局的创立标志着我国旅游业进入了一个新的发展时期。

20 世纪 60 年代中期，世界大众旅游兴起，世界旅游业以空前的速度蓬勃发展，而我国的旅游业却因政治运动的影响而跌入低谷。“文化大革命”的发生使得旅游工作近乎瘫痪。直到 1971 年 10 月，我国在联合国的合法席位得以恢复，周恩来总理亲自部署召开全国旅游工作会议，中国旅游业开始有了转机。此后，中美、中日恢复建交，美国、日本以及其他西方国家来华访问人数开始增长。由于形势的需要，1973 年中国华侨旅行社总社恢复运营，并于 1974 年更名为中国旅行社总社。

（二）全面发展时期

自 1978 年开始，随着改革开放政策的实施，中国旅游业的发展开始步入正轨，并逐渐进入了一个全面振兴的大发展时期。这是中国旅游业具有历史性、战略性的转折时期，也是中国旅游业快速发展的重要时期。这一时期可以分为三个阶段。

1. 1978 年至 20 世纪 80 年代中期：入境旅游为主的发展阶段

改革开放之初，经历了“文化大革命”的国家经济百废待兴，急需外汇支持。同时，在经过多年的闭关锁国之后，随着国门初开，很多外国人对前来中国访问都表现出了极大的兴趣。因此，我国选择了优先发展入境旅游。而对于国内旅游，由于国内旅游需求市场尚未形成足够的规模，则主要实施“不提倡、不鼓励、不反对”的政策。因此，打开国门后的第一个效应，就是大批海外旅游者蜂拥而至。1978 年，来华旅游入境人数达 180.9 万人次，其中，外国旅游者 23 万人次，海外华侨、港澳台同胞回乡探亲旅游人数 157.9 万人次，均创造了新中国成立以来的最高纪录，超过以往 20 多年旅游接待人数的总和。此后，尽管由于国际旅游入境人数连年迅速增长，旅游基础设施出现了严重供不应求的局面，引起海外旅游者的不满，但是这些问题在各级领导的重视下，很快得以解决。因此，从 1983—1985 年，来华旅游入境人数一直保持两位数的高速增长。1984 年海外旅游者来华入境总人数首次突破了“千万”大关。不过，值得一提的是，在这一阶段，我国尚未将旅游业的性质明确定义为经济性产业，入境旅游者的接待工作仍带有某种程度的政治色彩。

2. 20 世纪 80 年代中期至 1997 年：入境旅游和国内旅游并行发展阶段

20 世纪 80 年代中期，随着经济快速发展和国民生活水平的提高，国内旅游市场开始迅速发育，需求规模日渐增长，中国旅游业的客源市场结构开始出现重要变化。伴随国内旅游需求的蓬勃发展，国家对待国内旅游的政策开始由过去的“不提倡、不鼓励、不反对”逐渐过渡为“因地制宜，正确引导，稳步发展”，进入20世纪90年代后，更进一步转变为“积极发展”。为了适应这一变化，我国旅行社行业结构也在原有一类社和二类社的基础上，增加了专门经营国内旅游业务的三类社，从而形成了入境旅游和国内旅游并行发展的业务格局。

此外，这一阶段是我国旅游业发展中的一个重要阶段。1986年《“七五”计划》中把旅游业列在第37章之内，“要大力发展旅游业，增加外汇收入，促进各国人民之间的友好往来”。这是旅游业第一次在国家计划中出现，旅游的产业地位首次得到了明确，是旅游产业发展的一个重要标志。1992年6月，中共中央、国务院《关于加快发展第三产业的决定》，进一步明确旅游业是第三产业的重点，各级政府及各有关部门相继把旅游业列入国民经济和社会发展计划，大多数省、自治区、直辖市明确提出把旅游业作为支柱产业、重点产业或先导产业来发展。

但是，这一时期，对于国人此时已经开始初现端倪的出境旅游需求，鉴于我国发展旅游业的初衷，国家政府采取了审慎的态度。

3. 1997年至今：三大旅游市场全面发展阶段

面对国民出境旅游需求的快速增长，1997年3月，国务院批准发布《中国公民自费出国旅游管理暂行办法》，并宣布自1997年7月1日期开始正式实施。《暂行办法》的出台，标志着我国政府正式允许旅行社行业开展出境旅游业务，同时也标志着中国出境旅游市场的形成。

此外，随着1998年12月中央经济工作会议将旅游业与房地产业、信息业一起共同确定为国民经济新的增长点。我国旅游业进入了一个全面而快速的发展时期。根据国家旅游局统计数据，2013年，全国入境旅游人数已达到1.29亿人次，国内旅游人数32.62亿人次，出境旅游人数达到9818.52万人次。2013年我国共实现直接旅游收入2.95万亿元人民币，其中包括外汇收入516.64亿美元。

四、现代旅游发展的特点

纵观国内外旅游现代旅游的发展，它具有以下特点。

（一）旅游活动大众化

区别于古代旅游和近代旅游，大众化是现代旅游最突出的特点。

一是指旅游者范围已扩展到各个社会阶层。现代旅游已不再只是贵族、富豪、统治者的特权，不再是上层社会的生活方式，也不再是奢侈的象征。20世纪60年代中期以后，旅游已成为全体社会成员包括普通劳动大众都能参与的活动。我国国内旅游从20世纪80年代中期开始活跃并普及，20世纪90年代驶入快车道，现在已成为世界上人数最多的国内旅游市场。

二是指旅游已经成为人们新的生活方式，参加旅游的人数越来越多。世界旅游组织（WTO）1980年在《马尼拉宣言》中明确指出："旅游业是现代人类社会的基本需要之一。为了使旅游活动与其他社会基本需要一起协同发展，各国应将国民旅游纳入国家社会发展的内容之一，使旅游度假真正成为人人享有的权利。"作为人们紧张工作、生活相补充的内容，旅游理所当然地应成为人们的一种新的生活方式。又据该组织统计，自20世纪90年代以来，国际旅游人数年均增长率约为5%，2013年全球国际旅游人数总计达10.87亿人次。全球每年参与各种形式旅游活动的人数近40亿人次。

三是指以有组织的团体或旅行社包价旅游为代表的模式获得了广泛发展，旅游活动开始有计划地进行。规范化地旅游模式消除了人们外出旅游的许多障碍，推动了世界旅游人数迅速增长，促进了大众旅游时代的到来。不过，当前我们也要看到，随着电子技术的发展，世界各地旅游设施的健全，交通通信设施的完善，预订网络的普及，英语在世界各地的流行，自行安排旅游活动的散客旅游人数日益增长。据调查，50年前，欧美旅游发达国家90%的游客都是跟团旅游，但现在散客旅游的份额已占到了70%。以团队包价旅游模式为主的旅游活动形式正在逐步向灵活、自主的个性化旅游模式转变。

（二）旅游活动地域范围的广阔性和区域的集中性并存

随着现代科学技术的发展和交通运输工具的进步，各地距离的障碍逐渐减弱，旅游客源地的地域范围越来越广，参加旅游的人越来越多。旅游的国界、洲界被打消，形成了一种世界性的局面。旅游者来自世界各地，而世界各地也都留下了旅游者的足迹。区域或边远地区旅游的局限性正在消失，连过去鲜有旅游者光顾的南极洲和非洲原始地区也开始热闹起来。

与此同时，我们也看到，由于社会经济区域发展不平衡，世界的旅游客源地、旅游接待量和旅游开发状况在区域上也不平衡，旅游的地域集中性比较明显。欧美发达国家是当今世界上经济最发达的地区，其往往在世界国际客源中和接待国际旅游者人数中均占有较高比例。根据世界旅游组织（WTO）2014年发布的世界旅游报告统计显示，2013年欧洲和美洲接待国际旅游人数占世界接待国际旅游人数的67.4%。而亚洲太平洋地区旅游增长最快，发展势头良好，年国际游客到访量增长率达到6%，占世界接待国际旅游人数的22.8%。

（三）旅游活动内容丰富，形式多样，旅游服务日趋个性化

随着个性化出游条件的日趋完善，旅游者的需求开始呈现多样化的特点，使现代

旅游的形式、内容呈现丰富多彩的局面。传统的观光、宗教、商务等旅游形式继续存在，并在日趋激烈的竞争下深化、完善，使活动内容和游客参与方式不断更新发展。同时，各种新的旅游形式，如修学旅游、度假旅游、探险旅游、购物旅游、工业旅游、乡村旅游、森林旅游、保健旅游等不断涌现。旅游服务也日趋满足个性化的特点，灵活、多样，因人而异，以不断改善服务质量来满足旅游者的个性需求。

（四）旅游管理日益科学化和现代化

现代科学技术革命和科学管理的发展，使旅游管理日益科学化和现代化，无论是旅游物质层面（如饭店设施、交通设施），还是旅游制度层面（如企业管理制度、国家旅游法规），或是旅游观念层面（如冒险、开放观念），都逐渐成为现代旅游的标准。

（五）旅游集团化、全球一体化趋势明显

旅游市场的竞争日趋激烈，使旅游行业逐渐走向联合经营和集团化经营的道路。如航空集团、饭店集团、旅行社集团等，它们在旅游经营中都占据着重要的或主导的地位。同时，自旅游业诞生以来，国际旅游和国际旅游业的合作就相应开展，还出现了环球旅游形式。第二次世界大战后，在全球一体化过程中，旅游既得到发展，又在推动全球一体化过程中起到不可低估的作用。交通和信息条件的改善，使得人们旅游活动范围不断扩大，各国在旅游资源开发、旅游投资、旅游产品合作、旅游市场开拓、旅游结算、旅游人才培养等诸多方面都形成了跨国合作甚至全球合作。比如，许多国家为促进国际旅游的发展，对旅游者实行了免签证或落地签证，这些措施都积极推进了世界旅游一体化的进程。

中国旅行社诞生记

20世纪初，上海由于经济发达和交通便利而成为当时中国与外部世界联系和交往最多的城市。这为旅游业率先在上海的出现和发展提供了适宜的环境条件。随着当时中外人员交往的增多，一些国外的旅行商社，例如英国通济隆、美国的运通公司等，已开始进入上海经营。面对当时旅游需求增长的日渐明显以及外国旅行商社进入中国经营的现实，为了谋求扩大上海商业储蓄银行的生财之道，同时也是为了创办中国人自己的旅行社，民族银行家陈光甫先生经与同人商议，决定在上海商业储蓄银行的经

营范围中增设一个旅行部。1923年8月，经当时的北洋政府批准，该旅行部宣告成立。

该旅行部成立之初的规模很小，仅有五六名员工。在经历了开业之初的一番艰苦奋斗之后，该旅行部开始赢得了市场的信任。1924年春，该旅行部首次组织国内旅行团赴杭州观光，随后又成功地组织了秋季赴浙江海宁的观潮旅行团。转年春季，该旅行部开始组团出国旅游。首批成行的赴日"观樱"旅行团在历时3周的访日期间，游览了日本的长崎、京都、东京、大阪等地。1927年春，为了培育需求市场，该旅行部开始出版《旅行杂志》，专门宣传中国的风景名胜和自然风光。

1927年6月，该旅行部决定以自己的名义申请营业执照，遂更名为"中国旅行社"。该旅行社的业务宗旨是"导客以应办之事，助人以必需之便。如舟车舱之代订，旅舍铺位至预订，团体旅行之计划，调查研究之入手，以致轮船进出日期，火车往来时间，均在为旅客所急需者。"随着中国旅行社的挂牌经营，其内部组织机构也随之扩大为七部一处：即：运输部、车务部、航务部、出版社、会计部、出纳部、稽核部和文书处。所经营的业务范围也相应扩大，包括代售国内外各种交通票据，办理和提供住宿、招待与餐事，举办赴国内外的团体旅游，出版期刊和编辑各种宣传品，代办各项出国手续和证件。此外，还提供旅途服务，接待前来当地旅游的游客，提供导游和各项旅行服务，代办邮政电报，经售上海银行的旅行支票及各地的土特产，代办货物运输报关和运输保险，并代理海陆空运输业务，等等。

思考题

1. 人类早期的迁移活动是否属于现今意义上的旅游活动范畴？为什么？
2. 人类最初的旅行需要是如何产生的？
3. 古代的旅行发展有哪些基本特点？
4. 试析产业革命对近代旅游发展的影响。
5. 西方近代旅游业发展有哪些特点？
6. 为什么人们普遍将托马斯·库克视为旅游业的先驱？
7. 试析第二次世界大战结束后，旅游活动迅速恢复和发展的原因。
8. 简述改革开放以来，我国旅游业的发展情况。
9. 现代旅游有哪些特点？现代旅游迅速发展的原因是什么？

第二章　旅游活动的本质

教学目的

掌握旅游的基本概念；了解旅游活动的本质特征；掌握旅游活动的基本构成；了解各种旅游活动的类别划分及特点。

教学内容

1. 旅游的概念；
2. 旅游的本质和社会属性；
3. 旅游活动的构成和特点；
4. 旅游的类型。

重点难点

教学重点：旅游概念的辨识。

教学难点：国内旅游和国际旅游的区别。

第一节　旅游的概念

一、旅游概念的形成

旅游是从早期旅行发展而来的。作为人类社会生活的一项重要内容，旅行的起源非常久远。但就全球范围来看，由于世界各地区、各民族的发展历史进程不同，因而人类的旅行活动究竟源自何时，并无统一的年代界定。从历史考察角度来看，腓尼基人、中国人和印度人可能是最早的旅行者，大约在公元前四千年他们就到处周游进行贸易交往。由于人类早期的旅行主要是出于经商和贸易的需要，旅行的目的和内容单一，旅行人数规模和范围有限，社会影响也较小，因此在相当长的时期内，“旅行”一词并没有明确的科学概念的界定，只是作为一个日常用语。在我国的文献中，与旅游相近的还有“观光”一词,《易经》上曾有“观国之光”一语，意思是考察、观看一国的风貌人情。在我国古代，“旅”和“游”是两个相对独立的概念。古书曰：“旅者，客寄之名，羁旅之称。失其本居而寄他方，谓之旅”。而“游”即遨游。《礼记·后记》中有“息焉游焉”一语。此外，还有“闲暇无事谓之游”。可见，“旅游”就是旅行游览，是“旅行”和“游览”两种活动的有机统一。

现代英语中“Tourism”这个词汇，最早出现在1811年出版的《牛津词典》中，意指因消遣目的而离家外出的旅行和逗留。

旅游活动虽然历史悠久，但旅游活动的大规模兴起则是在近代社会的产业革命之后。特别是第二次世界大战结束之后，随着科学技术和社会生产力的发展，旅游已成为现代人社会生活的必要组成部分。旅游作为一种大规模的社会文化和社会经济现象，对社会生活产生了巨大的影响。19世纪末20世纪初，随着旅游活动的广泛开展以及科学的不断发展，开始有学者就旅游活动及旅游业发展进行研究，旅游学科逐步形成发展起来。“旅游”作为旅游学研究的对象，对其概念进行明确界定，不仅是旅游研究的需要，而且也是旅游学科赖以形成的根本。

二、关于“旅游”的众多定义

在对旅游活动做出界定之前，首先有必要对旅游研究文献中可以见到的众多关于“旅游”的定义作一观察和分析。近30年来，在国际旅游学术界的有关研究中，人们对“旅游”（Tourism）做出过很多定义或解释，其中常为人们所引用的有以下7个定义。

定义1：“旅游是由非定居者的旅行和逗留而引起的现象和关系的总和。这些人不会长期定居，并且不牵涉任何赚钱的活动。”这一定义最初由瑞士学者汉泽克尔和克拉普夫（Hunziker and Krapf）于1942年提出。到了20世纪70年代，这一定义被“旅游科学专家国际联合会”（International Association of Scientific Experts in Tourism，AIEST）采用为该组织对旅游的标准定义。在我国旅游学界，这一定义常被简称为“艾斯特”（AIEST）定义。

定义2：“旅游是人们离开其通常居住和工作的地方，短期前往某地的旅行和在该地逗留期间的各种活动。”（Burkart and Medlik，1974）这一定义由英国萨利大学旅游管理系创始人之一的伯卡特和曾任该系主任的梅特利克在两人合著的曾有“旅游学经典教科书”之称的《Tourism：Past，Present and Future》《西方旅游业》一书中提出。

定义3：美国参议院领导下的一个特别研究小组曾提出：旅游“是人们出于日常上班工作以外的其他原因，离开自己居家所在的地方，去其他某一或某些地方的旅行和访问活动”。(National Tourism Policy Study：Final Report，United States Senate，1978)

定义4：英国旅游局（BTA）前执行官L. 里考瑞什曾提出：“旅游是（作为旅游者的）人的活动，即是需求市场的活动，而非产业的活动……”(Lickorish，in Burton，T. L.（Ed)，Recreation Research & Planning，1980)

定义5：1980年马尼拉会议之后，世界旅游组织（WTO）曾一度使用“人员流动”(Movements of Persons）一语代替“旅游”(Tourism）一词。按照世界旅游组织所作的解释，“人员流动”指人们出于非移民目的，或出于能够实现……个人发展以及促进人与人之间的相互了解与合作等目的，而开展的旅行活动。(《世界观光》第184、第185期，WTO，1985)

定义6：旅游是“人们离开通常居住和工作的地方，暂时前往目的地的旅行和在该地停留期间所从事的活动，以及（旅游目的地）为满足来访旅游者的需要而设立的各种设施”。(Cooper，Fletcher，Gilbert & Wanhill，1993)

定义7：“旅游是旅游者、参与招徕并接待来访游客的旅游供应商、东道地政府、东道地居民以及东道地环境（这五者）间的关系和互动而引发的各种过程、活动和结果。”(Goeldner & Ritchie，2006：5)

从上述对旅游定义的不同表述中，可以看到不同学者对旅游认识和研究的出发点和侧重点不同。大体可归纳为两种：一种是从旅游者的活动角度出发，强调旅游者的活动目的、活动性质、活动时间；另一种是从旅游者活动与旅游目的地的关系的角度出发，强调旅游者的旅游活动及其所引发的各种现象和关系。两种表述各有其合理性。因为旅游首先是作为旅游主体的人的活动——即旅游者的旅游活动形成了各种旅游需求，进而产生了旅游供给即旅游业的活动。但旅游又不仅仅是旅游者的活动，旅游的内涵是综合性的社会现象。旅游者往返于出发地与目的地的旅游活动和在目的地逗留期间的访问活动，会引起广泛多样的经济现象、社会现象、文化现象乃至政治现象。而旅游者、旅游企业、目的地政府以及目的地居民之间也会因不可避免的直接或间接接触而产生错综复杂的关系。在这个意义上，作为旅游学的研究对象，旅游的定义不应仅仅是指旅游者的活动，而应将旅游业的活动以及旅游的影响等因旅游者的活动而引发的各种现象和关系也包括在内，从而构成旅游学的研究领域。只有这样，才能全面和深入地认识和研究旅游，揭示旅游的本质和客观规律性。

在上述各种旅游定义中，以定义1的表述较为科学，且影响广泛。这一定义的深刻之处在于，它较为全面地揭示了旅游的内涵和基本特征。旅行和逗留“引起的现象和关系的总和”的表述不仅包括了旅游者的活动，而且也涵盖了由此产生的各种社会现象和社会关系，反映了旅游内涵的综合性。“非定居者”的表述体现了旅游活动的异地性。“旅行和逗留”以及“这些人不会长期定居”指出了旅游活动的暂时性。

“不牵涉任何赚钱的活动”则说明了旅游活动的非就业性。但是，“艾斯特”定义中关于“非定居者”“不牵涉任何赚钱的活动”的表述或者说中文释义还不够严谨与确切，可能会误导人们对旅游定义的理解。因为现代旅游既包括以消遣度假为目的的消遣型旅游，也包括以工商事务为目的的差旅型旅游。而在以工商事务为目的的差旅型旅游中，毫无疑问牵涉大量的“赚钱的活动”。比如商务洽谈、签订合同以及展览推销等工商事务，它们都是公司企业赚钱活动的组成部分。因此，人们根据“艾斯特”定义的中文释义，很可能会产生对因工商事务而外出的旅行和逗留不属于旅游范畴的误解。而旅游一词作为日常生活用语，的确不包括以工商事务为目的的差旅外出，一般都是指人们因消遣度假而离家外出旅行的活动。以工商事务为目的差旅型外出则称之为“出差”，旅游作为日常生活用语的释义，可能会进一步引起人们对旅游科学概念的误解。

1991 年 6 月，世界旅游组织（WTO）在加拿大的渥太华召开了一次关于旅游统计工作的国际会议。这是一次被称为具有里程碑意义的会议。这次会议对此前各国际组织所做的有关工作进行了回顾，并在此基础上对旅游统计口径进行了更新和拓展，特别是就旅游活动、旅行者、旅游者的定义标准化提出了一些重要的建议。会后，世界旅游组织将会议报告提交给了联合国。1993 年 3 月 4 日，联合国统计委员会采纳了世界旅游组织有关旅游统计工作的建议。在世界旅游组织提交的会议报告中，对旅游活动这一概念的解释突破了传统意义上认为旅游活动就是“消遣度假”的陈旧观点。该会议报告所提出，并且后来为联合国统计委员会正式采纳的旅游活动定义是：“旅游活动是人们出于休闲、商务以及其他目的，短期（历时不超过一年）离开自己的惯常环境，前往他乡的旅行活动以及在该地的停留访问活动”。据此，基于中文表达习惯的考虑，我们可将旅游活动的定义表述为：人们出于移民和就业之外的目的，暂时离开自己生活的惯常环境，前往他乡开展的旅行和逗留访问活动。

第二节　了解旅游的本质和社会属性

一、旅游的本质

旅游作为人类社会生活的一项重要活动，源远流长。但在 19 世纪上半叶以前，旅游是仅限于社会上层的享乐活动，以及以经商贸易为主的旅行活动，并没有普遍的社会意义，还不能称之为现代意义的旅游。而现代旅游是一种大众旅游，已发展成为一种全民性的活动，成为现代人们物质和精神生活的必要组成部分。作为一种大规模的社会文化活动，旅游区别于人类其他活动的根本性质可以归结为以下三点。

（一）旅游是人类一种高层次的消费活动

旅游是一种高层次消费活动，并正在发展成为人们生活中的一种基本需求。从社会生产发展的角度来看，旅游发展的基础是经济的繁荣，只有当社会生产力发展，人们收入水平不断提高，闲暇时间增加时，旅游才能成为大众性的活动。而从人类需求的角度来看，随着人类社会的发展，人类会产生多种多样的需求。既有为了生存和发展的物质需求，又有为了享受的精神需求。而且，随着社会生产力的日益发展，人们对物质需求和精神需求的层次也会不断提高。旅游需求作为人的总体需求的一个组成部分，属于精神需求的范畴，是人们的物质需求如衣、食、住、行等基本满足之后，进而产生的一种追求高层次享受的精神需求，是一种高级的消费活动。并且随着社会生产力的发展，旅游正在发展成为人们生活中的必要组成部分。

（二）旅游是人类一种积极而健康的交往活动

人具有自然属性和社会属性。作为社会生活的主体，人总是处在一定的社会关系之中，是社会关系的体现者（如生产活动、政治、经济、文化、民族、宗教与家庭关系等）。因此，人与人的交往是人类历史发展的固有现象，也是人类社会生活中的一种最基本的社会活动。人类通过交往可以交流思想与情感，增进相互了解与理解，从而建立与协调一定的人际关系。在现代社会，科技发展不仅提高了人们的生活水平，也改变了人们的生活方式，社会交往的意义也愈加重要。而在人类多种多样的交往方式中，旅游是一种较为理想的开放式的交往形式。在旅游活动中，每个人都是主动和自由的，可以不受地域、种族、性别、年龄等的限制；每个人都可以抛却自己角色的羁绊而还原为一个原来的自我，自然、纯朴。并且旅游的场景与氛围也易使人们沟通与交往，产生其他交往形式所达不到的良好效果。因此，旅游是人类一种积极而健康的交往活动。

（三）旅游是人类一种以审美为特征的休闲活动

旅游最基本的形式是游览观光，而消遣型旅游则是现代旅游最重要和普遍的旅游类型。因此，旅游从本质上说还是一种审美活动。追求美是人类文明的主要特征。在旅游活动中，通过美的感受——游览名山大川、欣赏文物古迹、体验风土人情等，达到陶冶情操、愉悦身心、增长见识的目的。旅游活动的审美情趣是丰富多样的，自然景观给人以自然美，人文景观给人以艺术美和社会美，从而满足人们不同层次的审美需求。而旅游这种审美活动作为人们物质生活水平与文化生活追求提高的表现，必须以闲暇时间为前提。所以说，旅游是人类一种以审美为特征的休闲活动。

二、旅游的社会属性

从旅游发展的历史演变来看，旅游活动涉及了社会生活的众多层面，体现了多种社会现象和社会关系。因此，有必要进一步阐明旅游发展与人类社会发展的关系，即旅游的社会属性。

（一）旅游与社会经济的关系

旅游是人类社会经济和文化发展到一定阶段的产物，旅游的产生与发展和社会经济的发展密切相关。社会生产力的发展水平决定了各个时代旅游的规模、内容、方式和范围。在人类社会初期，由于生产力十分低下，人类的生存无时不处在饥饿和自然灾难侵袭的威胁之中，客观上不具备旅行的物质基础，当然更谈不上旅行的主观愿望与动机。尽管也经常发生从一地到另一地的迁移活动，但都是出于生存的需要，不是真正意义上的旅行和游览。从原始社会末期和奴隶社会初期，出现第三次社会大分工，人类因经商而产生外出旅行的愿望开始，直到19世纪工业文明出现以前，这漫长的几千年中，人类社会经历了奴隶社会和封建社会，但都属于农业社会时期，生产力发展缓慢，社会经济发展水平低下。因此旅行活动的规模有限，只有社会上层和少数富有者才能享受旅行；旅行活动内容单一，经商和宗教旅行占居主导地位；这一时期交通工具十分落后，以自然力、人力和畜力为动力来源，旅行活动也局限在很小的范围内。

19世纪后半叶，工业革命大大推动了社会生产力的发展，还促进了城市化的进程，也极大地改变了人们的生产与生活方式，使旅游活动发生了质的变化。旅游在社会生活中的地位日渐重要；由于社会财富的丰富和人们生活水平的提高，出门旅游的人数增多，旅游开始成为具有相当意义的社会现象；火车和轮船成为主要交通工具并大大改善了交通条件，旅游的规模和范围也发生了巨大的变化；作为经济产业的旅游业开始形成。

第二次世界大战以后，国际政治形势相对稳定，世界经济得以迅速恢复，一系列科技发明和创造推动了社会经济迅猛发展。随着人们收入水平提高，闲暇时间增多，旅游需求日益发展。而另一方面旅游业不断发展壮大，旅游设施不断现代化，旅游供给也日趋完善。这一切都促使旅游在世界各地迅速普及，成为大众性社会活动。由此可见，旅游的产生和发展是社会经济发展的必然产物。社会经济的发展水平决定着旅游发展的水平，而旅游的发展反过来又促进了社会经济的繁荣。

（二）旅游与社会、政治、文化的关系

旅游活动作为一种社会现象，首先是作为旅游者的人的活动。尽管不同旅游者旅

游活动的动机不同，活动形式和内容也多种多样，但都属于人们一种暂时或短期性的特殊生活方式，总体上属于社会文化范畴。因此，旅游活动是以人员流动和交往为特征，涉及经济、政治等许多方面的社会文化活动。旅游在增进各国人民相互了解和友谊，缓和国际紧张关系和维护世界和平方面是一个积极的、现实的因素。同时，旅游还有助于改善和提高东道国的国际形象。因此旅游也被称为“民间外交”，受到世界各国政府的高度关注。从 1980 年开始，世界旅游组织每年都提出一个宣传口号，其中有些宣传口号十分鲜明地反映了旅游与政治十分密切的关系。比如，1980 年的宣传口号是，旅游为保存文化遗产，为和平及相互了解做贡献。1984 年的宣传口号是，旅游为国际谅解、和平与合作服务。1986 年的宣传口号是，旅游——世界和平的促进力量。1989 年的宣传口号是，旅游者自由往来，创造团结的世界。1992 年的宣传口号是，旅游通过社会经济一体化，增加各国人民相互了解的途径，此外，由于国际旅游活动的开展要跨越国界，需要考虑国家关系以及护照、签证的办理等出入境手续，这些都使旅游活动涉及政治方面的问题。

旅游作为一种社会文化活动可以说处处都打上了文化的烙印。旅游者外出旅游是源于人的精神需求，旅游者要依据一定的社会文化背景才能产生；而旅游资源都不可避免地反映了一定的社会文化环境；旅游设施和旅游服务则在内容和形式上展现了当地的精神文化和物质文化。譬如民族历史、生活方式、风俗习惯、文学艺术、建筑、服饰、饮食等。

（三）旅游与社会日常生活的关系

旅游作为人类社会生活的一项重要内容已有很长的历史。在现代社会，随着社会经济的高度发展和人们生活水平的不断提高，旅游已成为人们现代生活的必要组成部分。世界旅游组织（WTO）在 1980 年发表的《马尼拉宣言》中明确提出旅游也是人类社会基本需要之一。为了使旅游同其他社会基本需要协调发展，各国应将旅游纳入国家发展的内容之一，使旅游度假真正成为人人享有的权利。人们通过旅游，短期改换一下生活环境，或欣赏山水风光，或体验风土人情，不仅可以愉悦身心、陶冶情操，而且还可以开阔视野、增长见识，同时可以获得精神和物质上的享受。所以，在现代社会，人们生活水平日益提高，物质需求得到一定满足的情况下，旅游已发展成为人们日常生活中的必要组成部分。经济发达国家的情况已经充分证明了这一点。虽然旅游的发展和普及程度受各国社会经济水平的影响而各不相同，但是实践表明旅游的发展与普及已是大势所趋。

在我国，发展社会主义生产力就是为了满足人民群众不断增长的物质和文化生活的需要。这也是发展我国旅游业的根本目的。随着我国改革开放深入发展，综合国力不断增强，人民生活水平稳步提高，闲暇时间越来越多，旅游发展也十分迅猛。这说明，旅游在我国已渐渐发展成为大众性活动，成为人们日常生活的重要内容之一。

第三节 了解旅游活动的构成与特点

一、旅游活动的要素

旅游是涉及众多方面的综合性社会文化现象，它由旅游者、旅游资源和旅游业组成。其中，旅游者是旅游的主体，旅游资源是旅游的客体，旅游业是旅游的媒体。主体、客体和媒体之间相互依存，相互制约，紧密结合，共同构成旅游这一复杂的综合体。

（一）旅游者

在旅游活动的构成要素中，旅游者是旅游活动的主体。旅游者是旅游活动的首要和主导因素。因为旅游首先是人的活动，是人们离开其长住地的外出旅行以及在目的地停留期间所从事的全部活动。也因为旅游者的旅游活动与旅游企业及东道社会不可避免地接触，才引发了一系列错综复杂的社会现象和社会关系。因此，没有旅游者就不会有旅游活动，也不会有旅游的社会现象。

旅游者的旅游活动规模不断扩大，使得外出旅游的人群形成了一个具有足够规模的市场，产生出可借以经营的多种商业机会，进而促进了旅游业的产生与发展。而旅游业作为一个“市场导向的行业”，从它诞生的那一天起，它的一切开发和接待服务工作无一不是针对和围绕旅游者的需求的。旅游活动的发展历史证明，旅游实践是先有旅游者的旅游活动，后有旅游业的经营活动。作为旅游活动主体的旅游者的数量、消费水平、旅游方式等，影响和决定着旅游业的发展水平及其内部构成。

而旅游资源作为旅游活动开展的对象，其开发和利用也直接受到旅游者的客源结构、旅游流向以及旅游活动变化规律的影响和制约。一个地区的旅游开发通常是以客源市场为导向、以旅游资源为依托的开发。

旅游者作为旅游活动的主体，表现的是处在一定社会关系之中的，具有一定社会文化背景的人。旅游者来自不同国度，属于不同民族，具有不同的生活方式和不同的思想情感。他们离开长住地前往异国他乡的过程中，不可避免地要与东道社会的人群接触交往，进而产生一系列复杂的社会关系。而这种接触与交往既是旅游者访问异国他乡的客观结果，同时也是旅游者外出旅游的重要动机之一。许多旅游者外出旅游就是要体验异域风情，了解他乡文化。

简言之，旅游者就是离家外出到异国他乡旅行和访问的人。但是一个人能否成为旅游者还受多种主客观条件制约。就主观因素而言必须具有旅游动机，而客观因素则包括必须具有一定的可随意支配收入和闲暇时间。此外，还有其他一些客观条件。一个人只有同时满足个人旅游需求的主观条件和客观条件才能成为现实的旅游者，实现其旅游活动。

（二）旅游资源

在旅游活动的构成要素中，旅游资源是旅游活动的客体。旅游资源是吸引旅游者、激发旅游者旅游动机的直接因素，也是旅游业借以创收的前提。因此，旅游资源是一个国家或地区旅游业赖以存在和发展最基本的条件。就旅游者的旅游活动来看，当一个人具备了外出旅游的客观条件，并且也产生了旅游需求的时候，他首先需要考虑的是到何处，作何种旅游才能满足自己的旅游需求。此时，异国他乡的自然因素、人文因素，不同的地域组合和表现特征成为吸引旅游者前往的决定性因素。显然，如果没有旅游资源所构成的具有吸引力的环境，旅游者便不会前来访问，旅游活动也无从开展。尽管旅游者也会考虑旅游地的生活条件和服务水平，但这些都是旅游者旅游活动所派生出来的次要需求。而旅游资源由于自然和人文要素的组合不同而各具特色，既不可移动，又不可替代，只有亲临其境，亲历其事才能真切感受，获得真正的精神满足。

所以，旅游资源是旅游活动的客观对象。一个国家或地区，旅游资源的特色和丰富程度是其旅游业发展成功的客观基础。而对旅游资源的利用与开发水平，也直接影响着该国或该地区旅游活动的规模、类型以及发展水平。

旅游资源作为旅游活动的客体，其构成要素多种多样。自然因素、人文因素或其他任何因素以及由它们共同组合所形成的综合体，均可构成对旅游者具有吸引力的环境，成为旅游资源。旅游资源的表现形式也是多种多样的，广泛存在、分布于客观世界。

（三）旅游业

旅游活动构成要素中，旅游业是旅游活动的媒体。旅游业把旅游者和旅游资源联系在一起，使旅游活动顺利开展，成为实现旅游活动的条件和手段。旅游业是旅游发展的推动者。在近代旅游业产生之前，旅游活动主要是一种自发的、少数人参加的活动，旅游主体和客体直接联系；旅游者外出旅游活动大多表现为漫游探险等方式，缺乏对旅游客体的认识和了解；同时也没有基本的旅游设施和旅游服务，这使得旅游者的旅游活动缺乏组织性和存在诸多不便。因此，早期旅游活动规模小、范围小。而旅游业诞生之后，它在旅游者和旅游资源之间起着一种媒介和桥梁作用，通过旅游业提供各种旅游供给以及对旅游市场进行组织，使得旅游活动方便易行，从而大大推动了旅游发展。

由此不难看出，旅游业诞生之后，完成旅游活动的要素已不再只是旅游者和旅游资源，旅游业在客源地与目的地之间以及旅游动机与旅游目的的实现之间架起一座便利的桥梁。利用旅游业提供的规范化的旅游模式完成旅游活动，已成为广大民众中占支配地位的旅游形式，而旅游业的发展和规划，也成为旅游目的地旅游开发工作的重要组成部分。旅游业作为旅游活动的媒体，已成为推动旅游活动开展最积极、最活跃的一个因素。

二、旅游活动的特征

旅游作为人类社会生活的一项重要活动，有其本身的基本特征。

（一）审美性

旅游是一种综合性的审美活动，它集自然美、艺术美、生活美为一体，熔风光、文物、古迹、建筑、雕刻、绘画、书法、音乐、戏剧、风情、美食于一炉，可以满足人们多种多样的审美情趣。而且，旅游活动本身就是一种审美的社会实践，是一种生动形象、自然具体的审美教育活动。审美性贯穿旅游活动的各个要素。从旅游主体看，审美追求是旅游者普遍的旅游动机之一。旅游者的旅游形式和内容可能会千差万别，但有一个共同点就是为了陶冶情操、愉悦身心，获得美的享受。旅游活动的行、游、住、食、购、娱每一个环节都能给旅游者以美感。从旅游客体上看，旅游资源是美的载体。旅游资源同其他资源的区别，就在于它有着美学的特征，具有观赏价值。旅游资源蕴含着丰富的自然美、社会美和艺术美，对旅游者有极大的吸引力。从旅游媒体看，旅游业是创造美和生产美的行业。旅游业不同于一般产业，它生产以服务为核心的综合性产品，通过生产和提供美的景观、美的商品、美的艺术、美的服务，以满足旅游者的高层次的物质文化需求——审美需求。

（二）享受性

旅游需要是人们对物质生活需要得到基本满足之后产生的，一种追求高层次享受的精神需要。“求新、求乐”是旅游者心理的共性。旅游的目的各种各样，但其基本目的是为了游览、消遣和娱乐。人们往往把旅游当作一种短期的特殊的生活方式来享受——游览名山大川、欣赏文物古迹、体验风土人情、享受优质服务，最终达到的是高层次的物质和精神享受。

（三）异地性

旅游是人们离开自己的长住地去异国他乡访问的活动，可见旅游是在异地环境中实现的。每个人都生活在一定的时间和空间范围内，这一定的时间和空间既是人们认识客观世界的基础，也是其认识客观世界的限制。出于“求新、求乐”的心理动机，人们借助旅游以开阔眼界，增长知识，这是旅游异地性产生的主观基础。而另一方面，对旅游者产生吸引力的旅游资源，由于与旅游目的地的时空环境紧密相连，具有地理上不可移动的特点。旅游者只有克服空间障碍，离开其长住地前往旅游目的地才能实现旅游活动，这是旅游异地性产生的客观前提。一个地区的异地性越强，其对旅游者产生的吸引力就越大。

（四）暂时性

旅游在时间上的特点，就是人们前往旅游目的地，并在那里做短期停留的访问活动。这种短期停留有别于移民性的永久居留，表现为旅游的暂时性。对于大多数旅游者而言，旅游是其利用社会工作之余的闲暇时间所从事的活动。其动机或是为了恢复体力、愉悦身心，或是为了扩大眼界、增长见识，但无论出于何种动机的旅游都是一种短期的生活方式。因为闲暇时间只是人生全部时间构成中的一小部分，而休闲娱乐也只是人们在工作之余才能从事的活动，旅游是人们暂时性的行为。

（五）普及性

20 世纪 60 年代以来，伴随着全球经济的快速发展，交通工具的日益现代化，廉价团体旅游的发展，在全球范围内，大众旅游快速兴起，旅游活动成为人们的日常需求之一，旅游活动开始具备普及性的特点。旅游活动的范围越来越广泛。今天的旅游者足迹已经遍布全球，最深的峡谷、最高的山峰、地球的两极以及深邃的太空都有人类的旅游活动足迹。总之，旅游度假成为人的生活必要组成部分。

（六）持续性

19 世纪 40 年代旅游活动开始出现之后，旅游活动始终保持一个持续的增长，并日渐成为人们的一个基本的日常需求。虽然在一些危机事件发生后如“非典”或“9·11”事件，旅游活动出现过短时间的停顿和下降，但从总的趋势看，旅游活动总的发展趋势是持续上升的，符合事物螺旋式上升的规律。

正是因为如此，世界旅游组织的专家们才敢预言，到 2020 年，全球国际旅游活动的规模将达到 16 亿人次，全球的国际旅游消费将会超过 10000 亿美元。也正是因为如此，美国的哈德森研究所（Hudson Institute）早在20世纪80年代就大胆预测，到2009年，全世界的旅游消费总额（包括国际旅游和国内旅游）将达到20000亿美元，到2029年则会进一步上升为70000亿美元。无论是历年来的统计数字还是经济学家们对旅游发展的未来预测，都说明旅游业是一项有着巨大发展潜力的“朝阳产业”。

（七）地理集中性

现代旅游活动的第七个表现特点是旅游活动的开展在空间分布上的地理集中性。人们已经注意到，随着现代交通运输工具的进步，人们在世界各地之间旅行往来的时间距离在不断缩短。这一情况，加之通信和信息技术所带来的沟通便利，使得当今的世界“正在缩小”（A Shrinking World），正在朝向“地球村”（A Global Village）的方向发展。正因为如此，如今世界上几乎每一个角落都有旅游者的足迹，甚至像南极洲这样遥远的冰冻世界也已成为某些旅游者的目的地。尽管这确属事实，然而我们只要从定量的角度进行观察和比较，便不难发现，截至目前，到这些“角落”去旅游的人其实为数极少。

换言之，尽管现代旅游者的活动范围可谓无处不至，但实际上这些旅游活动的开展并不是平均地或大致平均地分布在地球表面的各个地方。与之相反，这些旅游活动的开展往往都是相对集中于某些地区、某些国家，甚至相对集中于这些国家中的某些区域乃至某些景点。现代旅游活动的这一表现特点可称之为地理集中性（Geographical Concentration）。

以全球的国际旅游活动为例，旅游者的活动开展并非平均地分散在世界各地，而是相对集中于某些地区。例如，在2005年的国际旅游活动总人次中，首先是欧洲地区旅游的人次最多，其次是东亚和太平洋地区，再次是美洲地区。这三个地区合到一起，所接待的国际旅游者数量大约占全世界总量的90%。相比之下，非洲、中东、南亚等地区的国际旅游接待量都很小。这三个地区的国际旅游接待量合到一起，仅占全球总量的大约10%。就一个国家的地域范围而言，旅游活动在该国各地间的分布情况同样也呈现出这一特点。以我国的入境旅游为例。到我国大陆来旅游的海外游客也不是平均地分散于各个省市开展活动，而是沿着自己所理想的旅游线路到自己所理想的地方去旅游和访问。其中需求量较大的线路和游客数量较为集中的地区便形成了所谓的“旅游热线”和“旅游热点”。这种热点与冷点城市的接待量差别，无疑也反映了旅游活动的地理集中性。

（八）季节性

旅游活动的开展不仅在空间分布上具有地理集中性的特点，而且在时间分布上往往也呈现出不均衡的特点。这种在时间分布上的不均衡特点通常被人们称为旅游活动的季节性（Seasonality）。

在旅游业中，人们把一年中旅游者来访人数（或某地人口中外出旅游的人数）明显较多的时期称之为旺季（High Season），明显较少的时期称之为淡季（Low Season），其余时期则可称之为平季（Shoulder Season）。例如，根据近些年来北京在各月份接待游客的情况得出，5～10 月是游客来访的旺季，其他 6 个月可认为是游客来访的淡季。

就旅游目的地方面而言，致使游客来访量出现季节性波动的主要原因是该地的气候条件。特别是在该地借以吸引游客来访的主要旅游资源在很大程度上为该地季节性的气候变化所左右的情况下，这种影响显得格外突出。就客源地方面的原因而言，虽然影响当地居民对出游时间的选择，从而左右该地市场出游季节性的因素可能很多，但其中较具普遍性的影响因素主要有三个：一是人们的出游目的，二是人们带薪假期的放假时间，三是人们在选择出游时间方面的传统习惯。

（九）综合性

旅游已经成为现代人社会生活的基本和必要的组成部分。由于旅游规模日益扩大，使旅游成为一种非常广泛的社会现象，导致旅游者和目的地居民之间形成大规模群体性的社会交往，引发一系列社会文化问题；而随着旅游规模扩大所带来的各种借以运营的商机，旅游业也应运而生，并为旅游者提供各种物质条件和旅游服务，引发一系列社会经济问题；旅游目的地政府出于政治、经济和社会动机的考虑，都对旅游予以充分关注。目前世界上许多国家都把推动旅游活动开发和发展旅游业纳入本国社会经济发展内容之中。所以，旅游已不仅仅是旅游者离开长住她前往异地的旅行和访问活动，而且是有广泛和深刻影响的综合性社会现象，这种综合性表现为旅游者、旅游企业、目的地政府以及目的地居民四者彼此之间所产生的错综复杂的关系。

第四节　明确旅游的基本类型

一、旅游类型的划分标准

第二次世界大战以后，随着世界经济迅速振兴与发展，世界旅游业也取得了巨大进展，并已成为当今发展势头最为强劲的产业。2014 年全球国际旅游人次达 11.38 亿，旅游活动遍及全球各地。但就每一个旅游者而言，由于他们各自的旅游动机不同，旅游的形式和内容也千差万别，旅游活动方式表现出明显的差异性和多样性。随着时代的进步和时尚的变化，还不断有新的旅游形式被创造出来。因此，无论在旅游理论研究方面还是在旅游业经营管理方面，都需要对旅游活动的类型进行必要的划分，以透彻认识和分析不同类型旅游活动的特点。但是由于旅游是一种综合性的社会现象，并且不同类型旅游活动之间也存在着大量的交叉和联系，因此关于旅游的类型，目前，尚无统一的划分标准。人们往往根据自己的研究目的和角度，选用不同的划分标准，因而所划分的旅游类型也各异。根据旅游类型的多角度划分，可以归纳出以下九种类型。

（1）按地理范围划分，有国内旅游、国际旅游、洲际旅游、环球旅游等；

（2）按旅行距离划分，有短程旅游、远程旅游等；

（3）按目的归属划分，有消遣旅游、公务旅游、个人和家庭事务旅游等；

（4）按组织形式划分，有团体旅游、散客旅游等；

（5）按计价方式划分，有包价旅游、非包价旅游等；

（6）按费用来源划分，有自费旅游、公费旅游、奖励旅游、社会旅游等；

（7）按享受程度划分，有豪华旅游、标准等旅游、经济等旅游等；

（8）按旅行方式划分，有航空旅游、铁路旅游、汽车旅游、游船旅游、骑车旅游、徒步旅游等；

（9）按活动内容划分，有观光旅游、度假旅游、公务商务旅游、生态旅游、购物旅游以及形形色色的专项旅游等。

显而易见，旅游者的旅游动机和目的决定着旅游活动的类型。正是由于动机的多样性和综合性，才导致任何一种旅游类型都不是单一和绝对的，都与其他旅游类型发生交叉和联系。旅游类型的划分只是一种手段，其目的是研究和分析不同旅游类型的特征。了解常用的旅游类型划分标准是必要的，但更重要的是根据自己的研究需要选用恰当的划分标准，并且对所划分出来的旅游类型进行深入分析，这是对旅游活动进行类型划分的意义所在。我们重点讨论的是按地理范围标准和按活动内容标准划分的旅游类型的需求和行为特点。

二、按地理范围划分的旅游类型

按地理范围可把旅游活动分为国内旅游和国际旅游两个基本类型。

（一）国内旅游

国内旅游是指人们在居住国境内开展的旅游活动，通常是指一个国家的居民离开自己的长住地到本国境内其他地方的旅游活动。但按照世界旅游组织（WTO）的解释，长驻性外国人在所在国境内进行的旅游活动属国内旅游。例如，长驻我国的外国使领馆人员、外国专家、外国记者等在我国境内进行的旅游活动，对我国而言，仍属国内旅游。

根据在旅游目的地的停留时间，国内旅游活动又划分为过夜旅游和不过夜的一日游。世界各国对国内旅游者的界定和统计口径不一致，因此，国内一日游活动是否纳入国内旅游统计之中，各国的做法也不一样。

综合考察旅行距离、旅游消费水平等，国内旅游还可具体分为地方性旅游、区域性旅游、全国性旅游三种形式。地方性旅游，通常是指当地居民在本省、区范围内进行的旅游。区域性旅游是指居民离开长住地到邻近省、区进行的旅游。全国性旅游主要是指跨省、区的旅游。

（二）国际旅游

国际旅游是指跨国旅游，即一个国家的居民跨越国界到另一个或几个国家和地区去的旅游活动，包括入境旅游和出境旅游。入境旅游是其他国家或地区的居民前往本国或地区的旅游；出境旅游则是本国或地区居民到其他国家或地区去的旅游，也称出国旅游。就我国目前情况而言，无论是港澳台地区的居民前往大陆地区旅游，还是大陆地区居民前往港澳台地区旅游，均属国内旅游。但是由于台湾同祖国大陆尚未统一，香港、澳门仍作为特别行政区实行高度自治的情况下，港澳台同胞来大陆旅游需支付外币从而给大陆地区带来外汇收入，因此，在我国的旅游统计中，港澳台同胞来大陆地区旅游为入境旅游，而大陆地区的居民前往港澳台地区为出境旅游。

根据在旅游目的国停留时间的长短，国际旅游可划分为过夜的国际旅游和不过夜的国际一日游。在一些相互接壤的国家，这种国际一日游游客是一个重要的客源市场。但是在国际旅游统计中，一般都不包括国际一日游人次，而把国际一日游游客的消费作为国际旅游收入统计在内，因为这些国际一日游游客在目的地的消费很难从当地的国际旅游收入中分出。

国际旅游还可具体分为跨国旅游、洲际旅游和环球旅游几种形式。

（三）国内旅游和国际旅游的关系

国内旅游和国际旅游作为两种不同的旅游类型，彼此之间既有联系又有差别。国内旅游是国际旅游的先导，而国际旅游则是国内旅游的延伸与发展。国内旅游在旅行距离、旅游时间、旅游费用、旅游的方便程度等方面比较容易得到满足，因此，国内旅游的发展先于国际旅游的发展。随着国内旅游的发展，在旅游设施、旅游服务、旅游管理等方面逐步由低级到高级，由简单到复杂，为国际旅游的发展奠定了物质和精神基础，国际旅游进而发展起来。从需求方面来看，旅游活动是由近及远地渐进地发展的，这也是旅游活动发展的普遍规律之一。现今国际旅游业发达的国家，大都是在其国内旅游业的，发展与成熟奠定了经验与物质条件的基础上发展起来的。

由于国内旅游需求比较容易得到满足，因此，在当今世界旅游活动中，国内旅游一直占据着绝大比重。据世界旅游组织估算，在每年全世界旅游总人次中，国内旅游约占90%以上。即使在一些旅游发达国家，国内旅游也占绝大比重。但是由于国内旅游的经济作用与国际旅游有所不同，尤其是国际入境旅游可以给旅游东道国增加外汇收入，所以大多数国家的政府着重支持本国国际入境旅游的发展。

国际旅游与国内旅游的根本差别在于是否跨越国界。此外，两者在消费水平、逗留时间、便利程度、经济作用等方面还有一些具体差别（见表2－1）。

表2－1 国际旅游与国内旅游的比较

	国际旅游	国内旅游
消费水平	较高	较低
逗留时间	较长	较短
便利程度	手续繁杂（涉及出入证件、海关报关验关、货币兑换等），大多有语言障碍	手续简单，较少语言障碍
经济作用	财富在国家之间转移，增加接待国外汇收入	财富在国家内部地区间转移，不能创汇

三、按活动内容划分的旅游类型

由于旅游者旅游动机的多种多样，导致旅游活动的内容和形式也千差万别。我们可以根据旅游者旅游的主导动机以及旅游活动所表现的共性特点，将旅游分为下列七种基本类型。

（一）观光旅游

观光旅游是以观赏游览自然风光、城市风光、名胜古迹为目的的旅游。通过观光旅游获得美的享受，愉悦身心，调节体力。这是世界上最古老、最常见、最基本的旅游类型。

观光旅游的基本特点为以下五种。

（1）知名度高、吸引力大的旅游目的地往往成为旅游的热点。例如，美国和加拿大交界的尼亚加拉大瀑布，日本的富士山，澳大利亚的大堡礁，中国的长城和黄山，意大利的罗马，法国的巴黎，埃及的金字塔等，每年都吸引着大量国内外游客，成为世界级旅游热点。

（2）旅游者以观赏游览为主，流动性较大，在旅游地逗留时间不长，且重游率较低。

（3）旅游者消费水平一般不高，对价格往往比较敏感，旅游者旅游活动自由度较大。

（4）受气候自然条件影响较大，观光旅游淡旺季十分明显。

（5）旅游的最基本类型，也是世界旅游方式的主体，观光旅游者在旅游市场中所占比例最大。

观光旅游作为旅游活动最基本的类型，其产品种类很多。传统观光旅游产品主要有自然风光、城市风光、名胜古迹……但随着旅游需求的日益增长，旅游市场竞争也日趋激烈，世界各国为适应旅游市场的需求竞相开发新的观光旅游产品，值得指出的是，无论是传统观光旅游产品还是新开发的观光旅游产品，都十分注重其文化内涵。并且观光旅游产品仍处于不断发展之中。

（二）度假旅游

度假旅游是指利用假期进行休养和娱乐的旅游。通过度假旅游，适时改换环境，探求新的经历，调节身心节律，消除紧张与疲劳。度假旅游产生时间虽不太长，但发展很迅速。特别是“第二次世界大战”后，随着社会经济发展，人民收入提高，闲暇时间增加，以及交通条件改善等，度假旅游目前已十分普及，形式也十分多样。

1. 度假旅游的基本特点

（1）度假旅游地一般是自然景色优美、气候温和宜人、旅游设施完善、交通便利、服务优质。

（2）度假旅游的地点相对固定。度假旅游者一般活动范围不大，往往局限于住地及其周围地区。

（3）度假旅游更强调休息、消遣。要求完善体育、娱乐、餐饮和住宿设施。

（4）旅游者以休养和消遣为主，在旅游地逗留时间相对较长，且重游率比较高。

（5）一般不需要导游，旅游者自由安排活动。

（6）度假旅游者对住宿设施一般要求卫生、经济，而更多地希望有多种体育、娱乐设施及风味餐饮，以供安排每天的休闲活动。

度假旅游产品种类较多，传统但长盛不衰的度假旅游产品是海滨旅游。海滨旅游最早兴起于加勒比海地区，后逐渐扩展到欧美和亚太地区。由于海滨旅游可以避暑避寒和充分享受阳光浴、海水浴，有利于开展水上运动和海底观光；还可以领略当地的田园风光和民俗风情。因此，海滨旅游流行于世界各地，而且涌现了一批著名的海滨旅游度假地。例如，西班牙的“太阳海岸”，法国的“蓝色海岸”，意大利的亚得里亚海滨，美国的夏威夷、迈阿密、关岛，泰国的帕塔亚，澳大利亚布里斯班的“黄金海岸”等。

2. 度假旅游产品类型

随着度假旅游者需求的日益现代化，度假旅游产品的发展也越来越丰富。其中主要有以下四种。

（1）乡村旅游。即到农村直接接触大自然，领略田园风光，体验民俗风情。乡村旅游在欧洲最为盛行。

（2）森林旅游。指到森林中开展游乐、休憩等各种活动。目前，世界上有 100 多个国家已建立了森林公园和森林保护区，用于发展森林旅游。我国 1997 年年底已建有各类森林公园 874 处，总面积达 748 万公顷，年接待游客 5000 万人次以上。

（3）度假村或度假区。是在环境优美，度假条件优越的地区（如乡间、森林、湖畔、海滨等）兴建各种体育、娱乐设施及住宿设施，提供良好管理和周到服务，并具有一定规模。

（4）野营旅游。即在野外安营。是近些年来在城市居民中兴起的一种旅游方式。

（三）文化旅游

文化旅游是以精神文化和物质文化为主要考察对象的旅游。通过对异国他乡文化艺术、风土人情、生活方式等的了解，扩大视野，丰富知识。在现代，由于科学技术的高度发展和教育的普及，人们的受教育程度日益提高，文化旅游的需要也越来越强烈。现代大众旅游的发展实践表明，相当大数量旅游者的旅游动机都包含有探新求异的文化需要。

1. 文化旅游的基本特点

（1）旅游地应具有深厚的文化内涵和鲜明的文化特色。世界著名的文化艺术之乡几乎都是旅游者集聚之地。例如，奥地利有“音乐之邦”的美称，世界上一些著名的音乐大师如海顿、莫扎特、舒伯特、施特劳斯等都出生在这里。维也纳推出的音乐欣赏旅游，每年能吸引来自世界各地的旅游者 150 万人次。仅每年 5 月 20 日至 6 月 18 日的维也纳音乐节期间，上演 80 多个节目，演出 400 多场，吸引国际游客 30 万人。再如，英国伦敦的大英博物馆是驰名全球的世界历史文物博物馆，其展品数量和质量均举世无双，该馆已成为伦敦对各国游客最有吸引力的地方，每年游客达 300 多万人次。

（2）旅游者以了解和考察为主，具有较高的文化修养和求知欲望。希望通过旅游扩大视野，丰富知识。

（3）旅游者一般具有一定的专业知识和特殊兴趣，旅游参与性较强。希望有更多的了解、接触和参与机会，以获得更具体、更生动、更强烈的文化体验。

（4）文化旅游是高层次旅游，旅游活动需要周密安排，并且需要高素质导游。

文化旅游内涵丰富，具有不可替代性。各国各地区历史发展进程不同，所形成的文化景观各具魅力。文化旅游已经成为世界旅游业的一个发展方向。现在，世界各国都致力于将本国的文化艺术资源推向世界，以促进本国旅游业发展，特别是对一些具有鲜明民族或地方特色的文化艺术更被视为珍宝。

2. 文化旅游产品主要类型

（1）博物馆旅游。博物馆是一个浓缩的自然和人文的专题学术研究成果的物化展示场所。

目前，世界上博物馆总数已超过3.5万多个。

（2）艺术欣赏旅游。包括戏剧、影视、音乐、绘画、雕塑、工艺品等艺术作品欣赏旅游。

（3）民俗旅游。民俗旅游是以比较接近生活的民间风俗、民间娱乐、民间节日、民间文艺等民间文化为主要观赏对象的旅游活动。

（4）怀旧旅游。指专门为寻觅古代社会风情、古代建筑、古代生活用具、古代名人故居或墓地等古代文化的旅游活动。

（5）大型艺术节庆旅游。指以有一定规模、一定文化品位的大型艺术节庆活动为主的旅游活动。包括电影节、音乐节、杂技节、艺术节等。

（6）修学考察旅游。是一种特殊的教育旅游形式，内容丰富，方式灵活。包括工业旅游、农业旅游、地质考察旅游、生物考察旅游及其他专项文化考察旅游等。

（四）宗教旅游

宗教旅游是以朝圣、拜佛、求法、取经或宗教考察等宗教活动为主的旅游，是世界上最古老的旅游类型。宗教旅游是一个巨大而稳定的客源市场，世界各地都有一些著名的宗教圣地，大多数都已成为宗教旅游热点。宗教旅游具有自己鲜明的特点。

（1）宗教圣地往往环境优雅，具有很高的历史价值和艺术价值，不仅是宗教信徒的活动场所，也是宗教旅游的热点。例如，法国巴黎圣母院，意大利罗马圣母教堂，沙特阿拉伯的麦地那城，我国四大佛教名山、布达拉宫，日本京都、奈良等。

（2）旅游者以宗教活动为主，具有强烈的旅游动机。

（3）宗教旅游逗留时间一般较长，且重游客较多。

（4）宗教旅游多与庙会或祭祀活动相结合，使旅游活动达到高潮，表现出一定的周期性和规律性。例如，沙特阿拉伯的麦加朝觐每年从伊斯兰教历12月初开始（公历10月），到10日宰牲节达到高潮而结束，成为全世界穆斯林的巨大盛会，世界各地朝觐游客每年可达200万人次。

（5）宗教旅游以满足精神需要为首要目的，旅游服务和旅游设施均要尊重宗教教义，使旅游者有归宿感。

（五）商务旅游

商务旅游是以商务为主要目的的旅游活动，也称差旅型旅游，是旅游市场的重要组成部分。

1. 商务旅游的特点

（1）商务旅游目的地一般限于城镇及风景名胜地。

（2）旅游者多为商业人士，他们外出取决于工作或业务需要。因此，商务旅游者几乎没有对旅游目的地及旅行时间的选择自由。

（3）旅游者旅游费用来自公费，旅游消费水平较高，对价格普遍不太敏感。

（4）商务旅游不受气候和旅游季节影响。

（5）商务旅游强调旅游设施和旅游服务的舒适方便乃至档次。例如为了展示公司形象，商务旅游者通常选择高档酒店住宿或开展商务活动。

（6）商务旅游活动计划性强。

（7）商务旅游者人数相对较少，旅游时间较短，但出行次数频繁。商务旅游者目前已占到整个旅游市场的1/3，而在豪华旅游市场中所占的比例更高。

商务旅游是随着市场经济的发展而发展起来的，早期的商务旅游产品内容比较简单。而在市场经济高度发达的今天，商务旅游不仅内容越来越丰富，而且产品类型也更加多样化。

2. 商务旅游的主要产品

（1）会议旅游。指以参加会议为主要目的的旅游。由于会议旅游有利于扩大举办国或举办地的知名度，促进旅游地旅游设施建设，有效调节淡旺季客源差异，会议旅游还可以给当地带来可观的经济收入。因此，会议旅游不仅是商务旅游最重要的组成部分，而且仍在迅猛发展中。世界许多国家都十分重视会议旅游，有的还成立专门机构，积极进行会议旅游的联络、宣传、招揽和组织工作。

（2）奖励旅游。指公司员工因工作、生产和销售等表现优异而获得的公费外出旅游。是一种特殊的高级旅游形式，在世界许多国家广泛开展。

（3）大型商业性活动。通过举办大型纪念活动或庆祝活动，推动旅游业发展，包括大型博览会或交易会，大型体育活动，大型纪念活动或庆祝活动等。

（六）购物旅游

购物旅游是指以购买商品为主要目的的旅游。购物旅游的主要特点有以下四点。

（1）购物旅游地一般有丰富的商品和低廉的价格，区位条件优越，交通便利且景色优美，是集购物与旅游为一体的旅游活动。世界上有不少地方往往还通过特别关税政策吸引购物旅游者，被誉为“购物天堂”，例如中国香港、阿联酋的迪拜等。

（2）旅游者以购物为主，对旅游目的地商品的质量和价格较为敏感。

（3）购物旅游一般没有旅游季节性。

（4）旅游者旅游消费综合水平较高。

（七）生态旅游

生态旅游既是一种高品位的特殊的旅游形式，也是对整个旅游活动发展潮流和趋势的要求的体现。

生态旅游是近些年来国际旅游市场上新兴的一种特种旅游形式。生态旅游以大自然为基础，强调认识自然、享受自然、保护自然。生态旅游作为一种新的旅游产品，产生于20世纪80年代。传统旅游业产业规模日益扩大在给人们带来利益的同时，也产生了一些显而易见的负面影响。因旅游者过度集中使得旅游目的地人满为患，垃圾、噪声、废气、污水等的污染严重，交通混乱；旅游开发破坏了当地的自然生态系统，冲击了当地居民的价值观念和文化传统。由于自然和社会环境退化，一些旅游地吸引力下降以至遭到遗弃。总结传统旅游发展的经验教训，人们提出了生态旅游。生态旅游一经提出，立即得到了旅游界的广泛关注，这一具备环境伦理、代表时代潮流的新兴旅游类型迅速成为时尚，在世界各国得到广泛传播和发展。

生态旅游作为一个科学概念，学术界还存在一些分歧。澳大利亚联邦旅游部1994年在制定《国家旅游战略》时，将生态旅游定义为："以大自然为基础，涉及自然环境的教育、解释与管理，使之在生态上可持续的旅游。"1993年9月在北京召开的第一届东亚国家公园自然保护区区域会议对生态旅游的定义是："倡导爱护环境的旅游，或者提供相应的设施及环境教育，以期旅游者在不损害生态系统或地域文化的情况下访问、了解、鉴赏、享受自然及文化地域。"而生态旅游学会（Ecotourism Society）于1992年所下的定义更具代表性："生态旅游是为了了解当地环境的文化与自然历史知识，有目的地到自然区域所进行的旅游。这种旅游活动的开展在尽量不改变生态系统完整的同时，创造经济发展机会，让自然资源的保护在财政上使当地居民受益。"

1. 生态旅游的基本特点

从以上几个典型定义来看，生态旅游作为一种独特的旅游类型，具有以下五个基本特点。

（1）生态旅游以自然环境为资源基础。回归自然是生态旅游的基本特性。通过到自然界观赏、旅行、考察、探险等，认识自然奥秘，提高环境意识，促进生态平衡。需要指出的是，生态旅游目的地也包括那些社会文化环境独特的区域。

（2）生态旅游是高品位的特殊的旅游形式。生态旅游不仅要求旅游环境独特和高质量，而且生态旅游者也应该具有尊重自然、尊重不同文化的道德修养和良好行为，生态旅游是旅游发展高级化的产物，具有丰富的文化和科学内涵，虽然活动形式一般，但品位高尚。

(3) 生态旅游的活动目的是，了解当地环境的文化和自然历史知识，欣赏、认识和研究自然景观，野生生物及相关文化特征，以及享受自然和文化遗产等。

(4) 生态旅游内容丰富，属于高层次的专业旅游。例如，野生动物观赏、自然生态考察、登山、漂游、潜水、探险、骑车、徒步旅游、文化鉴赏等。生态旅游以不改变生态系统的完整为原则，具有科学性和专业性。

(5) 生态旅游强调利益共享和公平性。传统旅游中，旅游业和旅游者获取利益，而由旅游活动所带来的社会文化和环境代价则主要由当地居民承担，这显然是不公平的。而生态旅游重视地方居民利益，强调通过保持当地自然生态系统和文化的完整来实现利益共享，从而达到旅游的可持续发展。

开展生态旅游，对旅游各要素都有严格的要求。这些特殊要求构成了生态旅游的必要条件。例如，对游客要求事先学习访问地域的相关知识；尊重旅游地的文化；不给目的地的自然环境造成不良影响；积极参加保护自然生态的各种有益活动等。对旅游开发商则要求选择具备生态旅游条件的目的地，并充分听取地域生态科研人员的意见；旅游团队规模要控制在适当的范围内；对游客进行事前教育，引导游客保护自然的意识；培养生态旅游的专业领队与导游；指导游客加强与当地人交流等。对旅游设施的要求是，住宿设施要方便简洁，规模不应太大，不对游客提供过分舒适的服务，采用节能设备；餐饮产品和旅游纪念品应以地域产品为主；减少或完全限制机动交通工具等。此外，生态旅游还要求制定生态旅游管理措施。

2. 生态旅游的前景

生态旅游代表着旅游发展的潮流和趋势，前景十分广阔，世界许多国家都在着力发展生态旅游。美国旅游协会于1990年成立了环境对策委员会，1994年制订了生态旅游规划，以适应游客对生态旅游日益增长的需要。据美国旅游协会的一项研究显示，预计到2000年，美国生态旅游规模将增至4000万人。“到大自然中去”是当今欧洲人的时尚。为了迎合生态旅游发展趋势，英国、德国等国家分别制定了生态旅游发展的策略与法规。澳大利亚政府也于1994年制定了全国生态旅游发展战略。

亚太地区的许多国家和地区也正在大力发展生态旅游。日本旅游协会于1992年制定了针对日本旅游业的生态旅游的指导方针。印度尼西亚目前正在制定综合性的生态旅游开发规划，马来西亚则提出要将本国建成东南亚生态旅游的大本营。

以哥斯达黎加和肯尼亚为代表的发展中国家发展生态旅游也取得了很大成就。著名旅游学家、美国联邦顾问朱单任教授指出：“行将在全世界普及的四种新兴旅游活动形式中，生态旅游居首位，其次是文化旅游、参与性旅游和休养保健旅游。”

我国对生态旅游的开发和研究是在20世纪90年代以后。1992年，中国政府制定了世界上第一个国家级的可持续发展文件——《中国21世纪议程》，其中列出了可持续旅游，并具体提出了7项生态旅游项目，表明了国家对发展生态旅游的高度重视。1995年，中国旅游协会生态旅游分会成立，并发表了《发展我国生态旅游的倡议》。国家旅游局还把生态环境游确定为1999年中国旅游年的主题。

上述旅游类型的划分及其特点分析都是基于理论上的。同一类型的旅游活动具有一定的共同性，这为旅游部门和企业的开发、经营提供了重要依据。必须指出的是，由于旅游者旅游活动是出于某一主导动机，此外，往往还会涉及其他方面的动机，从而导致旅游活动的复杂性和综合性。在实际经营中，我们还必须对各种类型的旅游进行更细致的专门分类并针对性地予以分析，为旅游资源开发和旅游市场营销提供重要依据。

思考题

1. 为什么说旅游具有文化属性?
2. 为什么说旅游具有社会性属性?
3. 旅游活动的一般特征有哪些?

第三章 旅游者

教学目的

1. 知识目标

了解旅游者的本质特征以及能够区分一个人是不是旅游者；重点理解旅游者的概念以及各种旅游者的定义。

2. 能力目标

掌握旅游者的类别划分以及影响旅游者旅游需求的主、客观因素。

教学内容

1. 旅游者的定义；
2. 影响旅游者需求的客观因素；
3. 影响旅游者需求的主观因素；
4. 旅游者的类别划分。

重点难点

教学重点：影响旅游者需求的主、客观因素。

教学难点：相关理论在旅游管理规划过程中的运用。

第一节 旅游者的界定

一、旅游者的概念性定义

旅游者指离开常住地到异地旅行和访问的人，其停留时间不超过一年，其外出的目的可以是消遣型旅游，例如观光、度假等；也可以是非消遣型旅游，如公务、会议，但主要不是为了赚钱。另外，国家旅游局颁布的《旅游服务基础术语》国家标准中提到：旅游者是为满足物质和精神文化需求进行旅游消费活动的主体，是旅游服务活动的需求者和服务对象。

通过以上概念我们可以得知，任务导入中的刘先生是符合一个旅游者的条件的，所以是旅游者，属于商务旅行，而李小姐却不是，因为李小姐在异地的停留时间超过一年了，所以从定义上判断她不能算是旅游者。

通过概念我们判断一个人是不是旅游者，必须符合以下三个条件：一是离开常住地；二是旅行等消遣性目的或访问等非消遣性目的，但不是为了赚钱等经济目的；三是停留时间不超过一年。

二、旅游者的技术性定义

旅游者的技术性定义是指各权威旅游组织对旅游者定义进行的界定，分别从国际旅游者和国内旅游者两个定义进行的界定。

（一）国际旅游者的定义

1. 国际联盟统计委员会的定义

1937 年，国际联盟专家统计委员会（Committee of Statistics Experts of the League of Nations）曾对“国际旅游者”或“外国旅游者”定义为：“离开自己的居住国，到另一个国家访问超过 24 小时的人”。

具体包括下列人员：

（1）为了消遣、娱乐、家庭事务和身体健康方面的目的而出国旅行的人；

（2）为出席国际会议或作为各国公务代表而出国旅行的人；

（3）为工商业务而出国旅行的人；

（4）在海上巡游过程中登岸访问的人员，即使其停留时间不超过 24 小时，也看作旅游者。

但是，下列人员不包括在旅游者之列：

（1）到某国就业任职者；

（2）到国外定居者；

（3）到国外学习，膳宿在学校的学生；

（4）边境居民日常越境工作的人；

（5）边境临时停留的旅行者，即使在境内时间超过 24 小时也不算作旅游者。

2. 罗马会议定义

1963 年，联合国在意大利罗马召开国际性旅行和旅游会议，即罗马会议。会议出于统计工作需要，对 1937 年国际联盟的定义做了修改和补充，就各国对旅游者的统计口径做了新的规范，并提出了“游客”（Visitor）这一总体概念。在“游客”下分为两类：一类是过夜旅游者，即称为旅游者（Tourist）；另一类是不过夜的当日往返者，称一日游游客或游览者（Excursionist）。具体定义如下：

（1）游客指除为获得有报酬的职业以外，基于任何原因到一个不是自己常住的国家去访问的任何人。

（2）过夜旅游者，即到一个国家作短期访问至少逗留 24 小时的游客，其旅游目的可属下列之一：其一，消遣（包括娱乐、度假、疗养保健、学习、宗教、体育运动）；其二，工商业务、家庭事务、公务出差、出席会议。当日往返旅游者，即到一个国家作短暂访问逗留不足 24 小时的游客（包括海上巡游旅行者）。

这个定义不包括那些在法律意义上并未进入所在国的过境旅客（如没有离开机场中转区域的航空旅客）。同时，该定义以来访者的常住国而不是国籍为标准来确定是否为游客。

1968 年，国际官方旅游组织联盟（世界旅游组织的前身）通过了这一定义。1970 年，经济合作与发展组织旅游委员会也采纳了这个定义。由此，关于国际旅游者的技术性定义，人们基本上取得了共识。自此以后，国际组织和世界各国对国际旅游者的统计，大都以此定义为标准。今天，世界上绝大多数国家都已采纳罗马定义。

其特点如下：

（1）以来访者的目的区分其是否旅游者。

（2）根据来访者的定居地（通常居住国），而不是根据其所属国籍来界定其是否属于国际旅游者。

（3）根据来访者停留时间，将国际旅游者分为（过夜）国际旅游者和（不过夜的）一日游游客（或短程旅游者）。

3. 世界旅游组织定义

世界旅游组织（World Tourism Organization，WTO）在 1981 年出版的《国内与国际旅游统计资料收集与提供方法手册》一书中，使用排除法，对国际游客的统计口径做了界定，并向全世界推荐。

国际游客不包括下列人员：

（1）意图向目的国移民或在该国谋求就业的；

（2）以外交官身份或军事人员身份进行访问的；

（3）上述人员的随从人员；

（4）流亡者、流浪者或边境上的工作人员；

（5）打算停留 1 年以上者。

可以计算为国际游客的：

（1）为了娱乐、医疗、宗教仪式、家庭事务、体育活动、会议、学习或过境进入另一国家者；

（2）外国轮船船员或飞机机组成员中途在某国稍事停留者；

（3）停留时间不足一年的外国商业或公务旅行者，包括为安装机械设备而到达的技术人员；

（4）负有持续时间不足一年使命的国际团体雇员或回国进行短期访问的旅行侨民。

国际游客又分成国际旅游者和短程国际游览者。国际旅游者是指在目的国的住宿设施中至少度过一夜的游客。短程国际游览者是指未在目的国住宿设施中过夜的游客，其中包括乘坐游船的乘客，这些乘客可能在所停靠的港口地区进行多日访问但每天回到船上住宿。短程国际游览者不包括正在过境途中的乘客，如降落于某个国家但未在法律意义上正式进入该国的航空班机上的过境乘客。

4. 我国的界定

1979 年正处于改革开放以后，来我国的海外游客日增，国家统计局为了统计的需要对国际旅游者做了以下界定。凡纳入我国旅游统计的来华旅游入境人员统称为（来华）海外游客。包括：外国人、海外华侨、港澳台同胞。其中外国人指的是拥有外国国籍的人（包括加入外国国籍的中国血统华人）。海外华侨指的是持有中国护照，但侨居外国的中国同胞。港澳台同胞指的是居住在我国港澳台地区的中国同胞。非海外游客指的是政府高层访问团；驻华使领馆人员和长驻我国的外国专家、留学生、记者；航班过境旅客、边境往来的边民；来华定居的外国人、海外华侨、港澳台同胞。

按照在我国大陆访问期间停留时间的差别，海外游客划分为海外旅游者和海外一日游游客。海外旅游者是在我国大陆旅游住宿设施内停留至少一夜的海外游客，又称为过夜游客。海外一日游游客是未在我国大陆旅游住宿设施内过夜，而是当日往返的海外游客，又称为不过夜游客。

但是，下列人员不属于海外游客：

（1）应邀来华访问的政府部长以上官员及随从人员；

（2）外国驻华使（领）馆官员、外交人员及随行的家庭服务人员和受赡养者；

（3）在我国驻期已达一年以上的外国专家、留学生、记者、商务机构人员等；

（4）乘坐国际航班过镜，不需要通过护照检查进入我国口岸的中转旅客；

（5）边境地区（因日常工作和生活而出入境）往来的边民；

（6）回大陆定居的海外华侨、港澳台同胞；

（7）已经在我国大陆定居的外国人和原已出境又返回我国大陆定居的外国侨民；

（8）归国的我国出国人员。

（二）国内旅游者的定义

由于经济、社会、地理、文化及其他条件的限制，各个国家对国内旅游者的定义都不尽相同。

1. 北美国家的定义

美国使用较广的国内旅游者定义是1978年美国国家旅游资源评审委员会提出的定义：旅游者指为了出差、消遣、个人事务或者出于工作上下班之外的其他任何原因而离家外出旅行至少80千米（单程）的人，而不管其是否在外过夜。美国旅游数据资料中心和美国调查统计局用的标准也是80千米，并规定下列人员不能列为旅游者：

（1）火车、飞机、货运卡车、长途汽车和船舶的驾驶及乘务人员中的工作旅行；

（2）因上下班而往返于某地的旅行；

（3）学生上学或放学的日常旅行。

加拿大政府部门在划分国内旅游者时使用的定义是：旅游者是指到离开其所居社区边界至少80千米以外的地方去旅行的人。

2. 欧洲国家的定义

英国定义国内旅游者是基于上下班之外的任何原因，离开居住地外出旅行过夜至少一次的人。法国定义是基于上下班之外原因离开自己的主要居所，外出旅行超过24小时但未超过4个月的人。

3. 世界旅游组织的定义

1984年对国内旅游者的定义是：为了娱乐、度假、体育活动、公务、集会、会议、学习、探亲访友、保健、慈善工作或宗教目的而在自己定居的国家对某个目的地进行至少24小时但不足一年的访问旅行者。

4. 中国的定义

在旅游住宿设施内至少停留一夜，最长不超过6个月的国内游客。国家旅游局在1995年发布的全国旅游统计公报中，对国内一日游游客的定义是：凡一次出行距离大于10千米同时出行时间大于6小时的旅客即为国内旅游者。中国国家统计局规定，下列人员不在国内游客统计范围内：到各地巡视工作的部级以上领导；驻外地办事机构的临时工作人员；调遣的武装人员；到外地学习的学生；到基层锻炼的干部；到其他地区定居的人员；无固定居住地的无业游民；到外地务工的农民。

显然，这个定义较之于国外定义显得比较宽泛。定义存在着内涵不清和外延泛化的倾向。随着社会发展，旅游业内涵和外延会不断加深和扩展，旅游者的定义必然要发生相应的变化。旅游活动涉及面广，导致人们对旅游者的概念理解不同。

旅游对社会发展的经济意义已超出其文化、社会和环境意义，也远远超出满足个人心理需求的意义；很难根据一个人的出行动机来判断是否是旅游者；即使是技术性定义，也不可能是完善的。

第二节　决定个人旅游需求的客观因素

早在2014年9月，中国旅游研究院就发布调查报告指出：2014年十一黄金周旅游收入将达到2700亿元人民币，较上年同期增长20%；此外，本次黄金周还将体现出“国内市场平稳增长，出境市场高速增长，入境市场持平”等特点。其实，中国出境游在增长的同时，其内容也悄然发生变化，英国《金融时报》称，今天的中国人越来越追求“高端、定制、限量、奢华”的个性化消费，宝贵的黄金周出国旅游也不例外。中国游客开始向西方高端游客靠拢，参加有商务价值和社交功能的私密“圈子游”，以及玩法新颖、个性化的定制游等。

中国旅游者巨大的需求变化是由多方面的原因影响的，比如经济发展带来的消费者收入的增加，国家各方政策的放宽等，本书主要从主客观两个方面分析，其中客观因素是最基础的，主要有收入水平、闲暇时间和其他因素。

一、收入水平

收入水平（Income Level）意味着支付能力。它影响着一个人能否成为旅游者，影响着旅游者的消费水平和消费结构，并且还会影响旅游者对旅游目的地及其旅行方式的选择等。所以，收入水平是影响旅游需求的最重要的积极因素。

决定一个人能否实现旅游的收入水平实际上指的是其家庭可支配收入，或者更确切一点说是其家庭的可随意支配收入的水平，所谓可支配收入指扣除全部纳税后的收入。可随意支配收入则指扣除全部纳税及社会消费（如健康人寿保险、老年退休金和失业补贴的预支等），以及日常生活必须消费部分（衣、食、住、行等）之后所余下的收入部分。另外，收入水平不仅影响着人们的旅游消费水平，而且会影响到人们的旅游消费构成。

如何衡量旅游者的可自由支配收入水平呢？我们一般通过恩格尔系数来衡量。所谓恩格尔系数就是一个家庭或个人收入中用于食物支出的比例，系数越低，则表明可自由支配收入水平越高，形成的旅游者越多，旅游者在旅游中所跨越的距离越远，花费总量越大，反之则成相反方向变化。从这个定义我们可以知道，恩格尔系数越小，食物支出在总收入中的比例越小。吃饭是刚性的，人不吃饭不行，不管你的收入是多还是少，饭总是要吃饱的，没有商量的余地，其他的支出则是弹性的，可以多，也可以少，这可以商量。食物占总收入的比重越小，其他支出包括旅游的费用，所占的比重就越大，人们的可自由支配收入水平就越高（见图3－1）。

根据联合国粮农组织的标准，当恩格尔系数在59%以上时，为贫困；在50%～

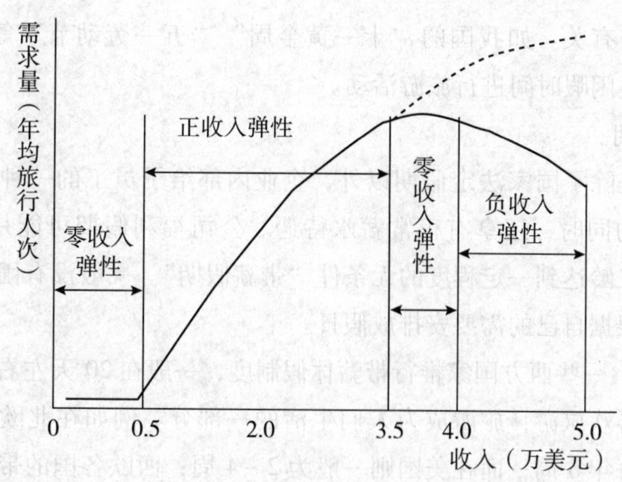

图 3－1 收入水平对旅游产品需求的弹性

数据来源：Walsh，1986：269。

59%时，为温饱；40%～50%时，为小康；30%～40%时，为富裕；30%以下，为最富裕。我国处于什么样的水平呢？2006 年，广东的恩格尔系数为 37%，北京为 30.8%。这两个城市已经达到了富裕的水平。全国大部分城市的恩格尔系数应为 40%～50%，处于小康阶段。

通常衡量人们收入水平的另一个指标是大家熟悉的人均 GDP，2006 年我国人均 GDP 达到 2000 美元。根据各国旅游发展的规律，当人均 GDP 达到 1000 美元时，会产生出境旅游的动机，人均 GDP 达到 3000 美元时，出境旅游会有较大的井喷。因此在我国像北京、上海和广东这些大城市人均 GDP 已超过 5000 美元，广州的人均 GDP 已超过 10000 美元，这些城市的市民出国已成为家常便饭。

二、余暇时间

余暇时间就是指个人在完成工作和满足生活要求之后，完全由他本身支配的时间。余暇时间有四种分布：每日余暇、每周余暇、公共假日和带薪假期。余暇时间又称为闲暇时间，正因为有闲暇时间，才有可能把它用于旅游，成为旅游活动时间。闲暇时间按时间的长短可分为：

（1）每日工作之后的闲暇时间。这部分余暇时间很零散，虽可用于娱乐和休息，却不能用于旅游。

（2）周末余暇时间。如现在我们国家每周实行 5 天工作日，故周末假日为 2 天，可以进行一些当日往返的短程游览。

（3）公共假日。即我们通常所说的节日放假。各国公共假日的多少不同，大都与各国民族传统节日有关。如我国的“十一黄金周”“五一劳动节”等都是公共假日，人们可以利用这类闲暇时间进行旅游活动。

（4）带薪假期。

带薪假期就是除了国家法定假期以外，企业内部给予员工的一种福利假期。也就是员工享受假日的同时，还享有正常薪水待遇。公司福利假期可能是公司的成立日、周年庆，甚至是工龄达到一定程度的无条件“带薪假期”。一般没有固定日期，只有固定天数，由员工根据自己的需要安排放假日。

1936 年以来，一些西方国家推行带薪休假制度，一般在 20 天左右，因此，西方旅游很发达，人们喜欢旅游，旅游成为人们生活的一部分。例如在北欧的瑞典，职工享有的带薪假期为每年 6 周；而在美国则一般为 2 ~ 4 周；西欧各国的带薪假期平均为每年 4 周，但各国之间亦有差异，具体情况如表 3 – 1 所示。我国目前还没有推行带薪假期，但势在必行。但我国教师有带薪假期而且还很长，一般近两个月，教师们可去云南、新疆等长距离旅游，或去欧洲、新马泰等出境游。近年来，也有少数港澳企业将福利假期引入其在中国的分公司，如澳门元盛国际投资有限公司的福利假期甚为出名，除了工龄带薪假期外，还有男性产假、旅游假、儿童节亲子假等，在澳门地区被认为是最具人性化关怀的假期。

表 3 – 1　　欧洲经济共同体国家工作周和假日情况

国别	工作周数			假日情况		
	法律规定最高周数	男女体力劳动者平均数	公议约定通常周数	法律规定最低周数（带薪假期）	公共假日（天）	公议约定带薪假期（周）
比利时	40	36.9	38.4	3	10	3.5 ~ 4
丹麦	—	—	40	5	9.5	5
法国	48	41.4	—	4	8 ~ 10	4
德国	48	41.4	37.4	2.5 ~ 3	10 ~ 13	4 ~ 6
爱尔兰	48	—	40	3	8	3
意大利	48	41.5	40	2	17 ~ 18	4
荷兰	48	41.0	40	3	7	4 ~ 5
美国	—	42.3	39 ~ 40	—	8	3 ~ 4.5

上述关于闲暇时间的分布情况说明，闲暇时间并非全都可以用于旅游。特别是较长距离的旅游活动，只能利用历时较长而且连续集中的闲暇时间。欧美地区游客的来华旅游大都利用带薪假期进行便是这个道理。当然，这里对闲暇时间的讨论，所针对的是就业在职的人员。至于其他人员，特别是退休人士的闲暇时间问题，则应根据实

际情况另当别论。

总之，旅游需要有时间，对于就业在职人员来说，需要有足够数量而且比较集中的闲暇时间才有可能实现外出旅游。虽然并非所有的闲暇时间都可用于旅游，但从旅游需求理论概括而言，闲暇时间乃是实现个人旅游需求不可缺少的重要条件。

三、其他条件

拥有足够的可随意支配收入和足够的闲暇时间是实现个人旅游需求的两个重要基本条件。但这并不等于是说，一个人只要具备了这两项条件便肯定能参加旅游活动，从而成为一名现实的旅游者。实际上，一个人能否成为现实的旅游者还会受到许多其他社会经济因素及个人因素的影响和制约。

第一，旅游目的地国的社会条件。即政治经济制度、政治环境以及社会治安等方面。

第二，可进入性。即时空距离、入关签证、交通状况等。

第三，旅游者身体能力状况和家庭结构。国家旅游局统计50岁以下旅游者占总数的80%。另外，拥有4岁以下婴幼儿的家庭出外旅游的可能性较小。

早在大众旅游兴起不久的20世纪60年代中期，英国一家旅游咨询公司在就影响个人旅游需求的因素进行调研之后，得出结论认为，就需求方面而言，旅游倾向同某些社会经济因素和个人因素之间存在着下述关系，见表3－2。

表3－2 旅游倾向同各种因素关系

社会经济因素和个人因素	对旅游倾向的影响
收入	积极影响
家庭户主学历	积极影响
家庭户主职业	积极影响（就职业的社会地位而言）
带薪假期	积极影响
户主年龄	消极影响
生命周期	消极影响（就婴儿拖累而言）
种族	有色人种不如白人积极
性别	男性比女性积极

从上述调研结果中我们可以看到，除了收入和带薪假期以外。其他影响需求的个人因素仍有不少。当然，这家公司所列的影响因素中，有些因素的列入似乎未必妥当。

首先，将种族作为影响因素列入显然带有偏见，因为在像英国这类西方资本主义社会中，有色人种的社会经济地位明显不及白种人，因而有色人种参加旅游活动的人数比例低于白种人实为其社会经济地位影响，而非人种原因所致。此外，男性和女性因其在家庭中扮演的角色不同，而可能使其旅游倾向的程度不一，但性别本身无论如何不会构成参加旅游活动的障碍或促进因素。

至于职业和学历，二者往往彼此相关，并且此二者同收入一项通常也都会有一定关联，因此其影响作用难以截然分开。如果说一个人的职业和学历对旅游需求有影响，也只能说她们对于一个人的旅游动机的形成起到促进或阻碍的作用。

其次，很多调查结果表明：老年人，特别是65岁以上的老年人中，参加外出旅游活动者所占的比例的确较低，但其年龄本身并非造成这一状况的根本原因。老年人外出旅游比例小的真正原因之一仍是伴随年龄而来的身体能力状况。许多老年人不能参加旅游活动是因为体力不支，这才是实质的影响因素。随着人们生活水平的提高，医疗和保健技术的发展，人类的平均寿命也在增长。当今老年人的身体能力状况同二三十年前的同龄老年人相比，已经有了相当大的提高。例如，自20世纪90年代以来，很多市场调查结果都显示，老年人参加旅游活动的比例已经有了很大的增幅，并且形成了令各国旅游业瞩目的“银色市场”(Silver Market)。这一事实雄辩地证明，年龄本身并非是真正影响旅游需求的因素。

最后，一个人所处的生命周期阶段或者一个人所处的家庭人口状况的确可构成影响其实现旅游需求的客观因素。因为很多调查情况表明，家中有4岁以下婴幼儿的家庭外出旅游的可能性很小。这一方面是因为婴幼儿需要特殊照顾，麻烦颇多；另一方面也是因为在外出旅游期间，也不是很容易找到适合婴幼儿生活需要的特殊接待设施。45岁以下的未婚成年人由于身强力壮，无牵无挂，加入收入等因素的影响，外出旅游的可能性最大。

综上所述，如果从上述因素对旅游起障碍作用的大小来看，真正可孤立起作用的则是一个人的身体能力状况和家庭拖累状况。在这个意义上，它们和收入水平及闲暇时间一起构成影响旅游需求的客观因素。当然，如果从它们在促成一个人成为旅游者所起的作用方面来看，这四项客观因素相互联系，相互作用，缺一不可。

资料来源：http：//jpk. mdjnu. cn/course/lyxgl/document－14－43. aspx. 牡丹江师范学院。

第三节 决定个人旅游需求的主观因素

西方学者认为，人天生具有好奇心，寻求新感受驱使人们走向世界各地，了解各方面知识，得到新的经历，亲临其境地接触各地人民，欣赏多种多样的自然风光，体验异地文化，考察不同的社会制度等。旅游动机成为人们外出的原始动力。旅游者的旅游动机直接影响到旅游者在旅游活动中的地区选择、计划安排，时间顺序等，所以研究旅游动机具有重要的意义。

一、旅游动机

一个人外出旅游的主观愿望，即旅游动机。它来源于人的某种需要，主要是精神上的需要。凡是引起人们去从事某项活动，并使活动指向一定目标以满足个人需要的愿望或志愿，都叫作这种活动的动机。

（一）旅游动机的研究意义

通过旅游者旅游动机的研究，从而达到认识旅游者行为的目的。旅游动机对旅游行为有三个方面的作用：首先是旅游动机对旅游行为的启动作用；其次是旅游动机对旅游行为过程的规范作用；最后是动机变化对旅游行为产生影响。通过旅游者旅游动机的研究，把握旅游行为的产生、旅游行为的特点以及旅游行为变化的规律。认识了旅游者的旅游动机，我们就可以针对旅游者的旅游动机有目的地进行宣传，扩大客源市场。对旅游者旅游动机的满足，不仅在旅游地本身，还体现在旅游服务工作中，对于不同的旅游动机要区别对待，从而给旅游者留下良好的印象。为了最大限度地满足旅游者的旅游动机，在旅游地建设时就要进行考虑，有目的地指导旅游目的地的建设。

（二）旅游动机的分类

旅游动机千差万别，但主要有八种类型：观光型旅游动机、度假型旅游动机、文化型旅游动机、社会关系型旅游动机、宗教型旅游动机、经济型旅游动机、会议型旅游动机、特种型旅游动机。

1. 观光型旅游动机

就是以观赏自然景色为目的，对自然风景有浓厚兴趣，喜欢去具有独特山水风光的名胜区。我们现在大部分旅游都是观光型旅游，人们参加旅游团，走马观花式的快速旅游。如去九寨沟一两天的时间根本无法有一个深入的了解。

2. 度假型旅游动机

就是在工作、学习之余，以轻松头脑和保健、娱乐为目的的旅游。随着社会经济的发展，这种旅游方式，已经开始逐渐增多，也是今后旅游发展的方向。如上海游客利用周末的时间去西湖风景区度假旅游。

3. 文化型旅游动机

就是以扩大知识面，增加感性认识为目的的旅游。如博物馆旅游，一个城市的文化都浓缩在它的博物馆里。

4. 社会关系型旅游动机

就是以探亲访友为目的，或想通过旅游逃避日常社会关系，摆脱日常事务，同时在旅游中广交益友者。如某人的亲戚去普陀山游玩，一方面去看亲戚，另一方面去普陀山观光。如一个人心情不好，去了新疆，在新疆玩了13天，回来后心情好多了。

5. 宗教型旅游动机

就是以到宗教圣地朝圣为主要目的的旅游。如阿拉伯国家的伊斯兰信徒走麦加朝圣；我国青海、西藏等地的佛教徒爬行去拉萨布达拉宫朝圣等。

6. 经济型旅游动机

就是以从事各种商业经济活动为主要目的旅游。随着现代经济的发展，各种交易会频繁召开，吸引了全世界的数以万计的人参加。如2005年中国国际旅游交易会在昆明开幕，吸引了1900多家国内参展商和来自81个国家和地区的1100多家海外参展商来昆明。

7. 会议型旅游动机

就是以参加国际国内各种会议、会展为主要目的，同时去当地各旅游景点参观游览。如随着国际间交往和协作的增加，越来越多的会议都会安排在风景优美、气候宜人的地方召开。人们一方面可以去参加会议，另一方面又可饱览美景。如博鳌亚洲论坛会议在美丽的海南召开，与会者一方面可以开会，一方面又可欣赏海南美丽的风光。

8. 特种型旅游动机

就是以追求刺激、浪漫、挑战自我为目的的各种形式的旅游活动。如野营、万泉河漂流、秋天登泰山等。

对于旅游者来说，每一个旅游者的每一次旅游，可能不仅仅是一种旅游动机，往往是几种旅游动机组合在一起，形成一种综合性的旅游动机。如去承德旅游，一是去欣赏承德美丽的风光，一方面可以了解清朝的历史文化，另一方面也可以避暑辽养。

二、旅游动机的理论

旅游是人们的一种需求或需要。需要是人们在个体或社会生活中欠缺某种东西，并力求获得满足的一种心理倾向。而旅游动机就是指促使一个人有意于旅游以及到何处去、选择何种旅游的内在考虑。其动机理论主要有马斯洛的需要层次论、麦金托什的旅游动机论、帕洛格的心理类型模式。

（一）马斯洛的需要层次论

需要层次理论认为，人的需要分为五个层次：

（1）生理需要。为了生存而对必不可少的基本生活条件产生需要。如由于饥渴冷暖而对吃、穿、住产生需要。

（2）安全需要。指维护人身安全与健康的需要。

前两者属于生理上的、物质上的需要。

（3）爱的需要或社交需要。参与社会交往，取得社会承认和归属感的需要。

（4）受尊重需要。指在社交活动中受人尊敬，取得一定社会地位、荣誉和权力的需要。一个人在家时，一切均需要自理，而作为旅游者则全程有人为你服务，可以享受到受尊重的感觉。

（5）自我实现需要。发挥个人最大能力，实现理想与抱负的需要。有的人为了实现自我抱负或谋求自我发展而外出旅游考察，从中获取信息或启示，以寻求发展机会。如考察旅游、会议旅游；如驾车或徒步游全国、全球、跨越某大洲等，以此展示其成就，实现一种自我价值，引起人们的注目（见图3－2）。

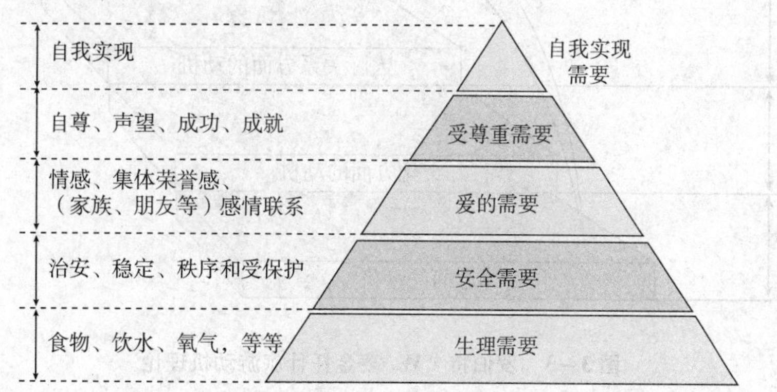

图3－2　马斯洛需求层次理论

生理需求、安全需求完全超出了旅游者的范畴。社交需求，参与社会交往，取得社会承认和归属感的需要，可以成为旅游动机之一，但不充分。受尊重需要，指在社交活动中受人尊敬，取得一定社会地位、荣誉和权力的需要。一个人在家时，一切均需要自理，而作为旅游者则全程有人为你服务，可以享受到受尊重的感觉，可以成为旅游动机之一。自我实现需要，发挥个人最大能力，实现理想与抱负的需要。有的人为了实现自我抱负或谋求自我发展而外出旅游考察，从中获取信息或启示，以寻求发展机会。如考察旅游、会议旅游；如驾车或徒步游全国、全球、跨越某大洲等，以此展示其成就，实现一种自我价值，引起人们的注目。可以成为旅游动机之一，但占很小一部分。后三者属于心理的、精神的需要。一般而言，人类的需要由低层次向高层次发展，低层次需要满足后才追求高层次的满足。例如，一个食不裹腹、衣不遮体的人可能会铤而走险而不考虑安全需要，可能会向人乞讨而不考虑社会需要和受尊重需要。

马斯洛认为，一个人同时存在多种需要，但在某一特定时期每种需要的重要性并不相同。人们首先追求满足最重要的需要，即需要结构中的主导需要，它作为一种动力推动着人们的行为。当主导需要被满足后就会失去对人的激励作用，人们就会转而注意另一个相对重要的需要。需要层次越高，达到的人数就越少。因此，单靠马斯洛需要层次理论还难以解释现代大众化旅游者的动机。

（二）麦金托什的旅游动机论

美国著名的旅游学教授罗伯特·W. 麦金托什提出，旅游动机可划分为四种基本类型，如图 3－3 所示。

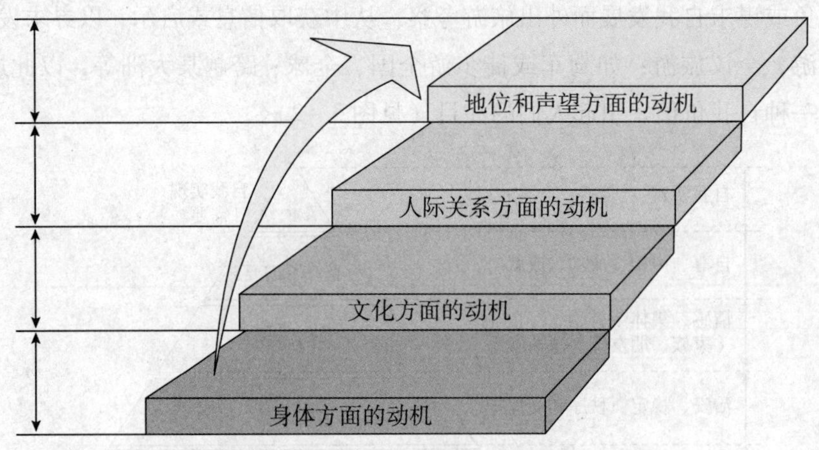

图 3－3　罗伯特·W. 麦金托什旅游动机理论

1. 身体方面的动机

包括度假休息、参加体育活动、海滩消遣、娱乐活动，以及其他直接与保健有关的活动。另外，还包括遵医嘱或建议作异地疗法，泡温泉、矿泉，作医疗检查，以及类似的疗养活动。属于这方面的动机有一个共同点，即都是通过与身体有关的活动来消除紧张。长时期的工作压力、城市环境的喧嚣、快节奏生活的紧张，各种日常事务应付的烦琐等不仅会造成人们身体的疲劳，而且会造成人们精神上的压抑和心理上的紧张。这不仅有损人的身心健康，而且也不利于工作。因此人们为了解除身体上的疲劳、精神上的疲惫和心理上的压力，产生了旅游动机，通过到异域的宽松环境中开展与身体锻炼与保健有关的活动来消除紧张。

2. 文化方面的动机

这方面动机的特点，希望了解异国他乡的情况，包括了解音乐、艺术、民俗、舞蹈、绘画及宗教等。出于这种动机而开展的旅游活动通常被称之为文化旅游。国外也有人把出于这种动机的外出旅游活动称之为“软探险”旅游。

3. 人际关系方面的动机

这是人们出于为了满足自己进行社会交往，保持与某些异域人群接触的需要而产生的一种旅游动机类型，包括希望深入他乡接触民众、探亲访友、逃避惯常的微社会环境、结识新朋友，等等。

4. 地位和声望方面的动机

这方面的动机主要关心个人成就和个人发展的需要。属于这类动机的旅游包括事务、会议、考察研究、追求业余癖好及求学类型的旅游活动。旅游者通过旅游可实现自己想要被人承认、引人注意、受人赏识、获得好名声等愿望。此外，还应考虑再增加一种类型，即经济方面的动机。

（三）帕洛格的心理类型模式

帕洛格通过对数千名美国人的个性心理因素的研究，发现人们可被划分为五种心理类型：自我中心型、近自我中心型、中间型、近多中心型、多中心型。属于自我中心型的人，其特点是思想谨小慎微，多忧多虑，不爱冒险；行为上表现为好安逸，好轻松或运动量小的活动，喜欢熟悉的气氛和活动。同自我中心型相反，另一个极端类型是多中心型（见表3－3）。属于这一心理类型的人其特点是思想开朗，兴趣广泛多变；行为上表现为好新奇，好冒险或运动量大的活动，不愿随大流，喜欢与不同文化背景的人相处。这类人虽然也需要旅游业为其提供某些最基本的旅游服务，如交通和住宿等，但更倾向于有较大的自主性和灵活性，并且有些人甚至会尽量不使用或少使用旅游企业的旅游服务。除了这两个极端类型与中间型之外，近自我中心型和近多中心型属于略倾向于各极端特点的过渡类型。

表3－3　不同心理类型的人旅游动机和心理特点比较

自我中心型	多中心型
1. 希望游览地是熟悉的地区	1. 希望去非游览区
2. 喜欢在游览地进行常规活动	2. 热衷于在别人参观这一地区前，自己有新发现和新经历
3. 希望在日光下游艺场活动，其中包括很大程度上的放松	3. 希望去那些富有故事情节的、不寻常的游览地
4. 运动量要小	4. 运动量大
5. 希望驾驶汽车可以到达游览地	5. 希望乘飞机到达游览地
6. 希望旅游设施完备	6. 希望有适当的旅游及食品
7. 希望有熟悉的气氛	7. 热衷于会见并与那些异族的或不同文化的人打交道
8. 希望整个旅途中，旅游活动都安排得满满的	8. 希望只安排最基本的旅游活动（如：交通、旅馆），给游客充分的自由和时间

第四节　旅游者的类别划分

上一节是根据游客的个性心理特征划分旅游者类型，除此之外，还有两种划分旅游者类型的方法。一种方法是根据游客的人口统计特征划分，如表 3－4 所示；另一种方法是根据游客出行的外在特征划分，如表 3－5 所示。

表 3－4　　根据游客的人口统计特征划分

划分依据	类　别
按年龄划分	1. 少年游客（6～16 岁）；2. 青年游客（16～40 岁）；3. 中年游客（40～60 岁）；4. 老年游客（60 岁以上）
按性别划分	女性游客、 男性游客（我国男性游客可占到整个国内旅游者总数的 70%）
按受教育程度划分	小学、初中、高中、大学、硕士研究生、博士研究生
按社会职务或职称划分	初级职称游客、中级职称游客、高级职称游客； 科级干部游客、处级干部游客、厅局级干部游客、省部级干部游客。
按家庭收入划分	1. 高收入旅游者（家庭年人均收入 3 万元以上） 2. 中高收入旅游者（家庭年人均收入 1 万～3 万元） 3. 中等收入旅游者（家庭年人均收入 5000～1 万元） 4. 中低收入旅游者（2500～5000 元） 5. 低收入旅游者（家庭年人均收入 2500 元以下）
按职业划分	8 大类、1800 多种职业

表 3－5　　根据游客出行的外在特征划分

划分依据	类　别
是否跨越国境	国际旅游者；国内旅游者
出行目的	消遣型旅游者；差旅型旅游者；家庭及个人事务型旅游者
出行区域远近划分	区域旅游者；国内旅游者；国际旅游者；洲际旅游者；环球旅游者
出行的旅游组织形式	团体旅游者；散客旅游者；包价旅游者
旅游费用来源	自费旅游者；公费旅游者；社会旅游者；奖励旅游者
享受程度	豪华旅游者；经济等旅游者

续 表

划分依据	类 别
旅游交通方式	航空旅游者；铁路旅游者；公路旅游者；水上旅游者
旅游活动内容	文化旅游者；人文旅游者；观光旅游者；访古旅游者；会议旅游者；疗养旅游者；专项旅游者（如特种旅游）

按照人们外出旅游的目的归属将旅游者划分为三种类型，即消遣型旅游者、差旅型旅游者、家庭及个人事务型旅游者，以下分析不同类型旅游者的需求特点。

一、消遣型旅游者

从总体上讲，消遣型旅游者通常具有以下特点：

第一，这种类型的旅游者在全部外出旅游人数中所占的比例最大。不难设想，由我国旅游部门接待的来华游客绝大多数是消遣型旅游者，而其他部门（包括中央各部委、群众团体及其他企事业单位）接待的来访客人则大都为差旅型旅游者。从历年中国旅游统计年鉴公布的数字可以看出，在全国有组织接待的旅游者中，前者所占的比重远远大于后者。

具体地讲，以国家旅游局2000年对旅游者抽样调查分析为例，在2000年来我国大陆访问的入境旅游者中，观光度假者占36.5%、探亲访者占14.3%、商务活动者占27.5%、参加会议者占9%、健康疗养者占4.3%、宗教朝拜者占1%、文体科技交流者占3%、其他目的者占4.4%。根据世界旅游组织对访问目的归属的划分，上述统计中属于消遣性目的来访者所占的比重合计约为42%。

在国内旅游方面，根据2000年第二、第三季度城镇居民国内旅游抽样调查结果，在所抽样本中，观光游览的出游人数占40%、探亲访友的出游人数占26.4%，商务出游人数占2.9%、会议出游人数占6.3%、度假/休闲出游人数占16.8%、宗教朝拜出游人数占1.3%、交流/专业出游人数占2.3%、其他目的出游人数占4%。也就是说，属于消遣性目的的出游人数合计约占58%。就整个世界的旅游情况来看，消遣型旅游者在全部旅游者中所占的比重更大。

第二，消遣型旅游者外出旅游的季节性很强。因为除了退休者以外，所有在职人员几乎都是利用带薪休假的时间外出旅游（对于一个国家的国内旅游来说，这意味着有效地调整放假制度和分散人们的带薪休假时间将成为克服国民出游时间过于集中的必要途径）。此外，旅游目的地的气候条件也是助长消遣型旅游者季节来访的重要因素。

第三，消遣型旅游者在对旅游目的地和旅游方式的选择以及对出发时间的选择方面，拥有较大程度的选择自由。例如，如果某个旅游目的地的不安全因素增加或者旅游产品质量下降或提价过高，旅游者便会临时改变计划，另选他处去旅游。此外，在动身时间上也是一样，由于消遣型旅游者（尤其是散客）受时间限制并不严格，所以有些人在外出旅游时宁肯花点时间等候飞机起飞前的廉价剩余机票。如果遇到天气变化，则可能改变出发时间。正因为其选择自由度大，因而消遣型旅游者也是各旅游目的地以及各旅游行业中的同类企业竞争最激烈的市场部分。

第四，消遣型旅游者在旅游目的地的停留时间一般较长。例如这类旅游者来华旅游是很少参观游览一个城市，总要去各地走走。既使主要逗留于某一旅游胜地，由于消遣度假的原因，停留时间仍会较长。

第五，由于自费的缘故，消遣型旅游者大都会对价格较为敏感。如果其认为某旅游目的地产品过于昂贵，则会拒绝前往而选别处。如果航空票价太高，他则会改选其他旅游方式。此外，由于受自费的影响，消遣型旅游者更关心货真价实，花钱值得。所以一个旅游目的地的旅游服务质量和旅游产品的定价一旦出现问题，都会自动将顾客推给自己的竞争对手。

二、差旅型旅游者

以商务旅游者为代表的差旅型旅游者是旅游业的另一重要市场部分。在当代经济活动中，任何一个国家，不论它的大小和发达水平高低，如果不发展国际经济、技术和文化的交流与合作，在闭关自守的情况下，要想求得发展和赶上并保持国际先进水平几乎是不可能的。正是因为如此，随着各国经济、科技和文化的发展，国际贸易持续增长，各国之间在经济、技术和文化方面的交流也日益频繁。这些都导致国际间及地区间有关人员必要交往数量的增加。自我国实行改革开放政策以来，每年前来我国办理工商贸易事务及参加各种会议的国际人士不断增加，已构成我国旅游业不可忽视的重要市场部分。

差旅型旅游者除了在基本旅游动机方面不同于消遣型旅游者之外，还具有以下一些特点：

第一，他们在人数上虽然相对较少，但是在出行次数上却较为频繁。这是他们为很多旅游行业所重视的主要原因之一。例如就全球航空客运市场而言，差旅型旅游者亦占相当高的比例，特别是在四星、五星级的饭店中，差旅型旅游者在客人中所占的比例更是高达60%。

第二，由于他们的出行是出于工作或业务的需要，因而不受季节的影响，或者说其出行没有季节性。如果说他们的出行时间总会有什么与众不同之处，那便是在本国旅游度假需求的旺季时节，他们出差办事的可能性较低，因为他们自己可能也要同家人一起度假。另外，在短程出差的情况下，他们的往返动身及在目的地的停留多发生于周一至周五的工作日，而很少占用周末。

第三，他们对目的地的选择自由度较小，甚至根本没有选择余地。正因为如此，各旅游目的地在这一市场部分的经营上根本不存在竞争。

第四，在对旅游服务的要求方面，他们较强调舒适和方便，因而消费水平较高。例如，为了旅行便利，他们宁可多花钱，也不会去购买附近有限条件的廉价机票；为了舒适和方便，同时也是为了展示本公司的形象，他们通常都选住高档住宿设施等。

第五，他们在价格方面不大敏感。这一方面是因为他们的外出并非自费，另一方面则是因为他们没有选择和更改目的地的自由。只要工作或业务需要，即使其应去的目的地旅游产品价格有较大幅度的上升，他们仍会前往。当然，如果该目的地的旅游产品价格升幅过大，超过了其所属组织或企业愿意承担的限度，则该次差旅之行可能会被取消。即便如此，他们也不大会转而该去其他地点。

上面所述只是大多数差旅型旅游者特别是商务旅游者的一般特点。至于差旅型旅游者中的某些特例，例如会议旅游者，则可能还有一些另外的特点。例如会议旅游对举办地点的选择是由会议组织者参照各地的设施条件、价格等方面的情况而进行，同商务旅游不同的是，各目的地在会议旅游市场方面存在着激烈的竞争。

三、家庭及个人事务型旅游者

这类旅游者的需求特点比较复杂。他们在需要方面不同于前两类旅游者，但同时又兼有前两类旅游者的某些特点。例如，在出游时间上，他们中随有不少人利用带薪假期探亲访友，而各国传统假日又不尽统一。此外，很多家庭及个人事务，如出席婚礼、参加开学典礼等，日期限制较紧。因此总的来讲，这类人员的出行季节性较差。就此而言，他们在这方面类似差旅型旅游者的特点。但是就对价格敏感程度而言，他们又与消遣型旅游者的需求特点相像。在对旅游目的地的选择方面，他们又与差旅型旅游者相同，没有选择旅游目的地的自由。所以这类旅游者的情况只能根据具体情况具体分析，难以一概而论。

思考题

1. 旅游者的概念是什么？目前国际统计意义上的游客标准是什么？游客包括哪两种，他们之间有何区别？
2. 旅游者做出旅游行为受哪些方面的影响？
3. 旅游动机有哪些基本类型？旅游动机的主要影响因素是什么？
4. 消遣型旅游者与差旅型旅游者有何区别？

案例分析

所谓“高端旅游”，往往是相对于传统的“大众旅游”而言的，是指随着旅游市场不断走向成熟、游客消费不断走向理性，由旅游产品生产者——旅行社、景区、旅游目的地等推出的“高精尖”旅游产品。因此业内人士给高端旅游赋予了四层含义：一是产品的高端化，二是消费的理性化，三是生产的专业化，四是旅游产品的品牌化。

作为我国旅游行业一个较新的细分市场，高端旅游的兴起和发展与消费者群体的经济能力和旅游需求紧密相关。按照英国旅游管理学家克里斯·库珀的理论，旅游市场的构成要素分为四部分：一是旅游者；二是购买意愿；三是购买能力；四是购买权利。在高端旅游市场中，消费者通常具有较高的收入，显示出较高的旅游消费水平。从现实情况来看，高收入、高消费已经成为高端旅游的必要条件。

近些年来，我国消费者在旅游上的投入越来越高。从中青旅（600138）获得的数据显示，2003 年，中青旅观光业务的客均单价是 2942 元；2013 年，客均单价是 7216 元，旅游者的人均消费能力呈强劲增长态势。中青旅也针对消费者旅游需求开展了个人定制业务，2013 年，中青旅出境标准产品客均单价是 1.006 万元，出境定制客均单价是 1.585 万元。

中青旅控股总裁张立军认为，越来越多的消费者，开始更加注重旅游产品的专业性和服务优势，以价值而非价格取向选择产品。因此中青旅的市场定位开始向中高端倾斜，高端定制和主题旅游产品由于包含了个人游所无法实现的高附加值体验，满足了日益成熟且多元化的消费需求，势必成为传统旅行社业务拓展的重点方向。

2014 年 3 月底，中青旅推出了旗下的顶级旅游品牌——耀悦，宣布正式进军高端旅游市场。负责耀悦品牌的张红总经理介绍说，耀悦的设立，是为了给消费者创造顾问式、一站式、终身制的旅游服务解决方案。“基于对高端客户的深度分析，制定出旅行前、旅行中、旅行后一套完整的高价值服务体系，帮助客户得到完美的旅行体验。”

“大众旅游的快速发展，给高端旅游的出现提供了基础。高端旅游和大众旅游之间的区别主要在客户需求上。”宋轩如此说道，“受客户群特征所限，大众旅游的旅行费用预算不是很高，因此产品形式上大众化一些，更偏重团队出行。而高端旅游则由于客户对服务的要求比较高，注重服务的价值，因此在产品形式上更关注私人形式，比如小团体，要求旅游有主题、有深度。”

据了解，高端旅游主要有以下多种形式：地球标记、世界遗产、节日庆典、亲子同乐、岛屿度假、轻度探险、顶级火车、顶级邮轮、顶级自由行等。宋轩说，从耀悦半年多的经营情况来看，目前比较热门的高端旅游路线主要集中在欧美、高端海岛等市场。除了一些私人、商务高端旅游出行外，亲子游在高端旅游市场的反响也不错。

“今年夏天，我们针对高端旅游市场，推出了以‘宝贝去哪儿’为主题的两款亲子游产品，获得了各方好评。”据了解，由40人组成的耀悦团队，已经在高端旅游市场中发展了两千多会员，客均单价在5万元左右。

“这半年多耀悦在高端旅游市场的收获还不错，实现了之前设定的经营目标，如产品的丰富、队伍的建设及高端旅游资源的掌控等。”宋轩指出。而对于比较具体的收入，他表示暂时不便透露。在刚刚过去的十一黄金周，耀悦负责组织出行的客人多达200人。有业内人士指出，高端旅游市场虽然用户人数不多，但有极高利润。目前高端定制旅游市场的利润率约为25%，相较传统休闲旅游市场高。

资料来源：中国投资咨询网，2014－11－13。

1. 由材料可知，中国旅游消费者的需求发生了哪些变化？变化的原因是什么？
2. 根据旅游者需求的变化，材料中的企业采取了哪些举措？会产生哪些影响？

第四章　旅游资源

教学目的

掌握旅游资源的概念以及旅游资源对发展旅游业的重要性，熟悉旅游资源的分类方法，了解旅游资源的特点及其认识意义；认识旅游资源开发的必要性，熟悉其开发工作的主要内容和应当遵循的原则，认清开发与保护之间的辩证关系并熟悉旅游资源保护工作的实施原则和基本措施。

教学内容

1. 旅游资源的概念；
2. 旅游资源的分类；
3. 旅游资源的特点；
4. 旅游资源的开发；
5. 旅游资源的保护。

重点难点

教学重点：旅游资源的特点；我国旅游资源的现状。

教学难点：旅游资源开发的内容。

第一节　了解旅游资源的概念

我们在第二章谈到，旅游资源是旅游活动的客体，是发展旅游业的基础和重要组成部分。一个国家或地区旅游业的发展成功与否，从根本上说，取决于这个国家或地区旅游资源的特色和丰度，取决于能否对那里的旅游资源进行恰当的评价和合理开发，以及能否妥善处理好开发旅游资源与保护环境的关系。

一、旅游资源的定义

长期以来，学者们对“旅游资源”的概念并没有达成共识，由此形成了各种各样的“旅游资源”定义。据粗略调查，仅国内研究界表述不一的“旅游资源”定义就有60多种。其中大致有以下三类观点。

（一）旅游资源等于旅游吸引物

代表性观点有：

（1）旅游资源是指一切足以对旅游者构成吸引力的自然和社会现象及事物（陈钢，1987）。

（2）凡是能够造就对旅游者具有吸引力环境的自然因素、社会因素或其他任何因素，都可构成旅游资源（李天元，1991）。

（3）旅游资源是指对旅游者具有吸引力的自然存在和历史文化遗产，以及直接用于旅游目的的人工创造物（保继刚，1992）。

（4）旅游资源是指，在自然和人类社会中能够激发旅游者旅游动机，并进行旅游活动，为旅游业所利用并能产生经济、社会和生态效益的客体（楚义芳，1992）。

（5）凡是对旅游者具有吸引力的自然因素、社会因素或其他任何因素，都可构成旅游资源。历史告诉我们，早在旅游问世之前，旅游活动便已有之，只不过是没有形成足够大的规模而已，因此，如果说只有用于旅游业的资源才属旅游资源，那岂不等于说没有旅游业便没有旅游资源了吗（国家旅游局，1993）。

（6）旅游资源即自然的、文化的、艺术的、历史的或工艺等资源的旅游遗产，它吸引着旅游者，刺激着他们去旅游（罗贝尔·朗加尔，1995）。

（二）旅游资源包括旅游吸引物和旅游产品

代表性观点有：

（1）观光资源，系指实际上或可能为观光旅客提供观光的地区及一切事物。换句话说，凡是可能吸引外地人来此旅游之一切自然、人文景观或劳务及商品，均称为观光资源（唐学斌，1982）。

（2）凡能为旅游者提供游览、观赏、知识、乐趣、度假、疗养、娱乐、休息、探险猎奇、考察研究，以及友好往来的客体与劳务，均可称为旅游资源……把劳务作为旅游资源，是基于许多自然风景和人文风景必须通过相应的导游和服务，才能使旅游者获得充分的精神与物质享受，否则会降低乃至失去旅游价值。再则，在国际旅游中劳务是和旅游线路、游览内容、食宿条件、搭乘工具、停留时间等一起承包出售的（郭来喜，1984）。

（三）旅游资源仅指旅游吸引物与旅游产品的重合部分

代表性观点有：

（1）旅游资源是吸引人们前来游览、娱乐的各种事物的原材料，这些原材料可以是物质的，也可以是非物质的，它们本身不是游览的目的物和吸引物，必须经过开发才能成为有吸引力的事物（黄辉实，1985）。

（2）旅游资源是指凡能激发旅游者旅游动机，能为旅游业所利用，并由此产生经济价值和社会价值效益的因素和条件（张凌云，1988）。

（3）旅游资源应指凡能激发旅游者旅游动机的，能为旅游业所利用的，并由此产生经济效益和社会效益的自然和社会的实在物（孙文昌，1989）。

（4）从现代旅游业来看，凡能激发旅游者旅游动机，为旅游业所利用，并由此产生经济价值的因素和条件，均可称为旅游资源（孙尚清，1990）。

（5）旅游资源从经济学的角度可以初步定义为能够使旅游者发生兴趣，有足够的力量吸引他们前来，并由此而获得经济收益的各种要素的集合（魏小安，1996）。

（6）旅游资源是指自然界和人类社会凡能对旅游者产生吸引力，可以为发展旅游业所开发利用，并能产生经济效益和社会综合效益的各种事物和因素（国家旅游局，1996）。

上述观点，一方面反映了旅游资源的定义目前尚缺乏公认的准则，另一方面从中也可以看出，尽管各家之说表述方法不同，形式各异，但也有相当多的共同点，都强调了旅游资源具有吸引旅游者这一属性。据此，我们可以对旅游资源下个定义：凡能激发旅游者的旅游动机，为旅游业所利用，并吸引游客前往旅游目的地的自然、文化等任何现象和事物，均称为旅游资源。

对这一定义，需要从以下三个方面做进一步的说明：第一，能激发旅游者的旅游动机，这是旅游资源的必要条件。人们可以由于各种各样的原因或动机而对各种各样的事物感兴趣，这说明许许多多的事物都可以视作旅游资源；第二，但并非一切能吸引人们兴趣的事物都可以成为旅游资源，也即除了要能激发旅游者的旅游动机外，还必须能为旅游业所利用。这是旅游资源的另一必要条件。例如，深度超过世界最高的珠穆朗玛峰的马里亚纳海沟，虽然对旅游者有很大的吸引力，可是对绝大多数旅游者来说目前还不具备成行的可能，还无法为旅游业所利用。第三，我们强调具有吸引力的任何现象和事物都可能成为旅游资源。虽然不同旅游资源开发的难易程度以及开发后经营成本各不相同，但作为旅游经营者必须要有广阔的视角，探索发现更多的旅游资源。比如，阿塞拜疆拉弗达朗市，利用当地的石油资源，创造性地开发出“石油浴”。

二、旅游资源的重要性

旅游资源是诱发旅游动机和旅游行为的事和物的总和。对旅游者而言，它是旅游活动的对象，是旅游活动的客体；对旅游接待国或接待地区而言，它是发展旅游业的凭借和依据，是旅游活动开展的客观前提。道理很简单，如果没有旅游资源，旅游者便不会被吸引前来观赏；没有旅游者前来游览，也就意味着不存在需求市场，旅游业也就无法生存，更谈不上有机会扩大和发展。归纳起来，旅游资源的作用和地位主要表现为：

（一）旅游活动的基础和前提

旅游活动具有异地性，它以人们的地域移动为主要特征；而诱发人们地域移动的主要动力是旅游资源的主要内容。从这个意义上，旅游资源是人们旅游活动的基础和前提，没有旅游资源的存在，旅游活动是不可能实现的。在旅游活动的食、住、行、游、娱、购这六大要素中，食、住、行是旅游活动的必备条件；购、娱是旅游活动的主要内容；游则是旅游活动的核心内容。而旅游资源，正是游的主要对象和基本内容。没有旅游资源，旅游活动中的核心内容就没有实现的可能，也就无所谓旅游了。

（二）刺激旅游需求的内在动因

旅游活动的前提条件是旅游需求的形成和增长。决定旅游需求的因素是多方面的，而旅游资源则是刺激旅游需求的内在动因。一般而言，旅游资源吸引力的大小决定着旅游需求数量的多少；当其他条件都具备时，旅游资源越丰富，旅游吸引力就越大，旅游需求度也就越强。因此，丰富旅游资源，扩大旅游资源的吸引力，是刺激旅游需求增长的主要手段。

（三）旅游产品的重要组成部分

旅游产品是旅游经营者在旅游资源、旅游设施、旅游服务等方面提供的综合性产品。其中，旅游资源方面提供的内容在各项旅游产品中居于主导地位，它是设计旅游产品、规划旅游项目、安排旅游线路的必备前提。旅游资源数量的多少和质量的高低，决定着旅游产品在旅游市场上的竞争能力。因此，要提高旅游产品在旅游市场上的竞争力，必须首先提高旅游资源在旅游市场上的吸引力。

（四）旅游资源的特性控制着旅游活动的周期

由于旅游资源的吸引力时常受到季节和气候的影响，致使旅游活动呈现出夏旺冬淡的交替。因此，旅游资源的特性控制着旅游活动的周期。当然，旅游资源也不完全被动地适应活动的淡、旺季。如果经营有方，它能够缩小旅游活动淡旺季的差异。有些地方利用严冬季节所造出的独特环境吸引旅游者，能使旅游淡季缩短，甚至变旅游淡季为旅游旺季，如在新疆喀纳斯景区，通过大力发展冬季运动，开发冰雪旅游，使当地原来冷清的冬季市场逐渐火爆起来。

三、旅游资源的分类

人们对旅游资源有着多种不同的分类。这主要是因为，同很多其他事物的分类一样，采用不同的分类标准，所划分出来的旅游资源类型往往也会存在差异。在我国以国家标准推出的《中国旅游资源普查规范》中，旅游资源被划分力三大景系（自然景系、人文景系、服务景系）、七大类别（地文景观类、水文景观类、气候生物类、历史遗产类、现代人文吸引物类、抽象人文吸引物类、旅游服务型类）和近百种细分类型。由于这一分类系统太过庞杂，非旅游基础理论教学所适用，我们不拟在此介绍。对这一分类系统感兴趣的读者，可去查阅该国标文件。在本书中，我们主要讨论一些较为普遍的旅游资源分类情况。

（一）基于内容属性的旅游资源分类

最为常见的旅游资源类型分类是根据这些资源自身的属性，将其划分为两大类，即自然旅游资源和人造旅游资源。这种划分体系最早由 M. 彼得斯提出（Peters，1969）。由于所使用的分类依据比较直观，操作起来比较容易，所以这一划分体系很快便得到广泛流传。

1. 自然旅游资源

自然旅游资源通常是指以大自然造物为吸引力本源的旅游资源。在由各种自然要素、自然物质和自然现象所生成的自然环境或自然景观中，凡具有观赏、游览、疗养、科学考察或借以开展其他活动的价值，从而能够引起旅游者来访兴趣者，皆属于自然旅游资源的范畴。一般来讲，自然旅游资源主要可分为以下几种：

(1) 山光水色

山与水是构景的基本要素，山景往往是自然风景的骨架。由于山体垂直变化大，气候多样，景色丰富，能给人经探胜、寻幽、避暑、攀登和滑雪之利。山在不同时间、不同情形下，会给人以不同的感受。作为风景名山，有势、险、态、脉、层次之分。山有势才显得雄伟，有险才显得峻峭，有态才显得奇特，有脉和层次才变得秀丽、妩媚。泰山有“会当凌绝顶，一览众山小”之势，取决于其相对高度而非绝对高度。“华山天下险”，险在其四壁直立、山脊陡峭、绝壁千仞，令人心惊胆怯，给人以不同寻常的乐趣。山之形态以五岳为代表，“恒山如行，岱山如坐，华山如立，嵩山如卧，唯南岳如飞”。

水是自然界最活跃的物质之一，其光、影、形、声、色、味等是最生动的风景素材。它是山景不可缺少的部分，山光与水色融为一体，相映成趣，更使景色增辉。世界上著名的旅游胜地，大都兼有山光水色之秀丽。阿尔卑斯山是靠它晶莹的雪峰与冰川湖构成旖旎的风光。被誉为“人间天堂”的杭州西湖，则是以“淡妆浓抹总相宜”的湖光山色而取胜。

在旅游景观的要素组合中，最常见并最具美感的莫过于山与水的组合。有山无水，山便显得顽冥；有水无山，水便显得落寞。山水谐然一体，才刚柔相济，虚实相生，静中寓动，动中寓静，流漾出盎然生意。不仅如此，山水和谐所构成的无穷的意味、幽远的境界、神妙的美感，使千百年来最有才华的诗人画家也自叹难以描摹。山水和谐实在是一种具有大自然灵感的超艺术境界。

(2) 奇石异洞

自然界的奇石异洞与山光水色有着密切的关系，其形成系与岩性、构造、风化、水溶、沉积等作用息息相关。像闻名遐迩的黄山和华山奇景，都是节理发育的花岗岩经长期侵蚀风化的结果。还有武夷山的丹霞地貌，由下第三纪红色地层组成，受九曲溪的切割，形成柱状、塔状的奇峰、陡崖和深谷，素有“碧水丹山”之称。湘西大庸的青岩山，是由石英砂岩切割而成的峡谷峰林。远望，气势磅礴，郁郁森森，如海市蜃楼之壮丽；近观，嶙峋古怪，拔地参天，有鬼斧神工之奇妙，为国内罕见之奇景。以桂林山水为代表的喀斯特地貌，以奇峰、怪石、溶洞、石钟乳、石笋、石芽组合而成别具一格的岩溶地貌旅游景观，它是各种旅游资源中最普遍、最受酷爱和赞赏的一种旅游资源。

(3) 流泉飞瀑

这是自然界最具动态美的构景之一。泉为地下水的天然露头，它不仅可以供人饮用、矿泉疗养，而且具有风景观赏价值。它洁净、甘洌甜美，向上喷流，给人以清新和积极向上的情致，从古迄今就是人们喜爱的疗养地和旅游点。例如，华清池、从化、阳明山、五大连池、崂山等地均有享誉中外的此类矿泉旅游资源分布。世界上的泉类资源繁多，除一般矿泉、冷热泉之外，尚有含羞泉、喊水泉、珍珠泉、蝴蝶泉、爆炸泉等，其自然奇观也足以诱人探胜。

被古代文人雅士喻为银河倒挂的流水飞瀑是指流水从陡崖跌落而下，形成的不同高度、宽度和形态各异的瀑布旅游景观。由于它雄壮、力度强、速度快、粗犷而又有确定的方向，对观赏视线有凝聚力，具有声、色、形之美。世界上著名的大瀑布有北美的尼亚加拉大瀑布，南美的伊瓜苏大瀑布、非洲的维多利亚大瀑布、中国的黄果树大瀑布等。

(4) 阳光海滩

大海以它浩瀚无际、巨浪汹涌的气势激发人的情感，使人视野开阔、胸怀宽广，尤其是宽敞的海滩、柔软的细沙、和煦的阳光、绚丽多姿的海洋生物以及富含清新阴离子的空气，吸引大量的旅游者。在当今世界，阳光、海滩和海水，已成为最重要的旅游资源组合，被称为“3S”（Sun，Sand，Sea）。

就海滨而言，世界上有两大旅游胜地：一是地中海沿岸，一是加勒比海沿岸。从产生原因看，这些地区一是气候温和；二是可登陆游览的旅游地众多，而且这些地方彼此相距不是很远；三是背靠世界两个最大的旅游客源市场。这两个旅游胜地的形成与现代人们走向海洋、偏好阳光海滩的旅游动机有关。

目前世界几个大的旅游国都十分注意海滨旅游资源的开发，西班牙的四大旅游区都分布在海滨地区，以其优越的阳光海滩每年吸引着数百万的国内外游客。我国也拥有丰富的阳光海滩资源，如大连、北戴河、烟台、青岛、普陀、厦门、深圳等，不仅有海滨沙滩，而且景色十分优美。

（5）气象气候

气象气候是两个既有联系也有区别的概念。作为一对重要的自然景观构景要素，它们与旅游活动的关系非常密切，影响也表现在多方面。构成气象气候的各要素，如冷、热、干、湿、风、云、雨、雪、雷、霜、雾等，不仅具有直接影响构景、造景的功能，而且是人类旅游活动的基本条件。它们既影响景观的季相变化和游客的观赏效果，还影响到旅游客流的时间和空间分布。例如，在世界范围内，旅游热点多集中在地中海沿岸和加勒比海一带，就是因为那里的气候温和，有充足的阳光和适度的海水，为欧洲寒冷、潮湿、少阳光地区的人们提供了避寒、娱乐的佳境。由此可见，旅游业的发展是与气候因素息息相关的。气象与气候风景类型种类繁多，其重要构景类型有雨景、雪景、雾景、旭日景、夕阳景、蜃景等。

（6）风景生物

指凡具有观赏、科研功能，并为旅游业所利用的生物都属风景生物的范畴。其中包括风景植物和风景动物两大类。它们可以说是自然旅游资源中最富活力和生气的组成要素，因为自然旅游资源中的风景地质、地貌、水、气候等要素均属无机物，它们构成的景观，虽有静有动，但多属以内、外营力形式表现出来的自然演变过程，所以这种“动”是无生命的动，只有动、植物的存在，才使自然界增加了生命活力，成为一种有生气的动静结合的景观综合体。在旅游环境中，植物以形、色、香等特点塑造风景季相，表现地方特色，有美化环境、分离空间、烘托主景、点缀精华、清新空气、保持生态平衡等作用。而包括鸟兽鱼虫的动物，使自然风景的景象空间更加活跃、生动而富有情趣，人们常用保护、驯养、投放某些动物来美化点缀风景，有时也把天然动物作为观赏、渔猎的对象。世界上许多国家还通过设置自然保护区或建立国家公园的方式来发展旅游与保持生态平衡。

植被可独自形成优美的造型。一些树龄较老的植物常因其奇特的姿态而形成引人注目的风景，如在高山环境中形成的黄山松，多斑痕的枝干伸展如臂，顶部墨绿色树冠平坦如削，或倒挂、或偃卧，或盘根虬干悬结于陡壁，或昂首展翅挺立于危岩，以山石为背景，构成一幅苍劲、凝重的天然画面。

垂柳多生水边，经年主干多条状斑痕，色墨近黑，顶端呈颓状，其上细枝柔条飘然而出。初春嫩叶新绿，远望若一层薄纱。它以水面、岩壁、深色林木或黄沙地、石隙、绿茵为背景，形成翠绿树冠、纤纤垂柳、粗犷树干的主题景观。

竹子造型俊峭挺拔，且青翠悦目，极富力度感。如挺拔的黄金竹，粗壮灌木似的观音竹，气宇轩昂的鸡爪竹，矮而纤细的翠竹，还有竹棍密生、覆盖地面的箬竹，竹梢下垂、宛如钓丝的慈竹，叶如凤尾、飘逸潇洒的凤尾竹，上下纤细、中间粗壮的佛肚竹，以及人面竹、乌竹、斑竹、筇竹、甜竹等，苍青老翠，百态千姿，斑驳光影，龙吟细细，凤尾森森，构成一幅多姿多彩的美学造型图。

2. 人文旅游资源

这里所谓的人文旅游资源是指以文化事物为吸引力本源的旅游资源。在欧美地区的旅游研究中，这种旅游资源有时也被称作人造（Man-Made）旅游资源。人文旅游资源的构成比较复杂，既涉及有形的人文旅游资源，也涉及无形的人文旅游资源。此外，在有形的人文旅游资源中，既包括作为历史遗产的人造资源，也包括当代有意识兴建的人造旅游资源。

根据人文旅游资源的表现形式，一般可作如下类别划分：

（1）历史古迹

历史古迹是人类文明活动的遗留物，它反映着历史时代、历史文化和历史事件，供后人凭吊。作为旅游资源的重要组成部分，若保存完好、历史意义深远和距风景点近，其旅游价值则极高。在现代旅游活动中，人们不仅渴求欣赏大自然的秀美，还盼望追溯历史，置身于历史长河中，从中汲取教益，增长知识，丰富生活。构成历史遗迹的要素主要包括古人类遗址、古战场、古墓葬、名人故居、石刻石碑、革命纪念地等。中国是历史悠久的文明古国，可供观赏的历史遗迹十分丰富，其中以北京、西安、洛阳、杭州等历史文化名城尤多，近年已成为我国旅游业发展中的热点城市，这表明历史古迹在旅游资源中所占的重要地位。历史古迹的旅游价值不仅可以满足人们探幽访古的好奇心，还可以“寓教于游，寓学于游”，通过对历史古迹的观赏可以了解一个民族的文化，得到美的享受。对国内旅游者而言，又可以增加对中华五千年文明的辉煌成就的自豪感，从而达到爱国主义教育的目的，因而历史古迹可以说是一笔巨大的旅游财富。

我国的历史古迹具有突出的文化内涵，这与我国历史上曾有的士人漫游这一特殊的旅游类型有关。士人漫游起于先秦，发达于唐宋。一些气质高雅的名士，有志济世而不慕荣禄，自负才智而不愿科试，但又不消极隐逸，而常远游。其中“托物言志”就是一种层次较高的旅游活动形式。所谓“托物言志”，即是在通过对自然风光、山川景物的游览观赏，赋予山川景物以理想性格，从而寄托自己的志向和情怀。即通过对自然界事物的拟人化的描写，间接抒发或赞美某一种品质和节操。陶渊明、李白、杜甫、柳宗元、欧阳修、陆游、苏轼等，是其中的杰出代表。他们历遍山水所留下的丰富的诗词、碑刻等，构成我国最为丰富的旅游文化遗产。

（2）民族风情

民族风情是一个民族文化的风俗和习惯，作为一种文化现象，是在长期历史发展过程中形成的，其范畴十分广泛，包括民族神话传说、宗教庆典节日、服饰饮食习惯、建筑风格、民间文学和民间艺术和道德礼仪等。广义的民族风情不仅仅是指与现代都市生活相对应的少数民族传统习惯，还包括现代的各民族的风俗习惯。集中反映和表现这些内容的场所便是西方旅游学者称之为旅游吸引物重要的构成部分，如博物馆、美术馆、纪念馆、藏书馆、民俗展览和表演、民族工艺品生产场所、反映民族特色的园林等。

由于地理环境和社会环境两大因素的影响，各民族都形成了各自鲜明的特点，民族风情的吸引力主要在于其与旅游者所属民族的差异性，这正是大多数旅游者的主要旅游动机。特别是可供旅游者亲自参与的节日庆典活动，以及可亲身体验的民族生活方式和传统的民俗活动，往往对旅游者有更大的吸引力。因此，在安排旅游项目时，必须特别重视其真实性，力求突出本民族的特点，切忌矫揉造作。

（3）城乡风光

世界上的许多城市都具有自己独特的风格，高楼林立、灯红酒绿的东京，具有整体构思、结构严谨的北京城，具有“花园城市”美誉的堪培拉等都是以城市风光吸引众多旅游者的成功例子。具有吸引力的城市景观主要由以下两部分组成：一是由浓厚文化传统所积淀起来的所谓“文脉”；二是当代的经济、科技和社会建设成就。工商业发达的都市对商务旅游者有特别大的吸引力。

另外，偏远的小镇，具有田园风光的原野，“风吹草低见牛羊”的牧场，甚至人迹罕见的戈壁沙漠也可以吸引旅游者前往观光。在回归大自然的现代旅游潮流下，人们的旅游空间走向除风景名胜区外，就是广大的乡村地区。

社会风尚是了解社会人际关系的重要环节，是城乡风光的重要体现。据对部分来华旅游者的调查，其主要动机是为了了解人民生活、社会风尚的竟占 56.5%，居各种旅游动机之首。旅游者通过对当地居民生活风尚的了解，可以丰富社会知识。此外，社会风尚对于长期生活在异国的又与该国有着某种历史联系或血缘关系的人，比如美国及其他英语国家之对于英国，华侨之对于中国等，社会风尚对他们来说就更具有吸引力。他们渴望了解自己的根，充满着故乡之恋。社会风尚作为一种旅游资源存在于社会的每个角落。

（4）其他

作为人文旅游资源，其景观组合还有许多，数量也是十分巨大的，诸如烹饪技艺与饮食医疗、中华武术与京剧艺术、博览会与大型运动会等，都对旅游者具有极大的吸引力，而且随着旅游业的发展，旅游者消费形式和消费水平的变化，还会有更多的人文旅游资源被发掘和创造出来。

（二）基于资源本身再生性的旅游资源分类

在旅游研究中，人们有时会根据有关旅游资源可否人工再生的情况，将其划分为可再生性旅游资源和不可再生性旅游资源。

1. 可再生性旅游资源

可再生性旅游资源是指那些在使用过程中，如果出现耗损过大或遭受毁坏的情况，可通过适当的途径进行自然恢复或人工再造的旅游资源。在自然资源方面，可再生性旅游资源通常是指那些可通过其自然能力而得以恢复常态的自然旅游资源。以垂钓资源为例，如果该地鱼类资源的自然繁衍能力大于因游客垂钓活动的开展而导致的鱼类损失量，换言之，游客垂钓活动的开展并不会导致该地鱼类资源的减少，或者虽然可能会一时减少，但通过采取某些管理措施，可使其不久便会得以恢复，那么该垂钓资源便属于可再生性资源。在人造资源方面，可再生性旅游资源通常是指那些没有重要的历史价值或没有重要文化意义的当代人造旅游景点。这类人造旅游景点之所以被视为可再生性旅游资源，是因为人们可在任何时间、任何地点加以仿造或重建。以主题公园为代表的各类现代人造景点便属此类中的典型。

2. 不可再生性旅游资源

不可再生性旅游资源通常是指那些在漫长的历史过程中形成，并保留至今作为旅游资源使用的自然遗存和文化遗存。这种类型的旅游资源一旦因使用过度或管理不善而遭到破坏，其损失将无法挽回。纵然设法采取人工措施进行补救，也无法通过重新再造使其能够真正复原，因为其原有的天然价值或历史价值已经大为降低，甚至不复存在。因此，对于这类不可再生的旅游资源，例如某一典型的生态环境、古建筑、古墓葬和古文化遗址等，尤应注意在保护的前提下进行合理的开发和利用。

以这种方式对旅游资源进行分类对于旅游资源的开发，特别是对于旅游景点的规划、开发、经营与管理具有重要的实际意义。因为这种分类告诉人们，对于不可再生性的旅游资源必须实行保护性的开发，而不能实行游客导向型的开发。所谓保护性的开发意味着游客来此访问时，只能开展与这些旅游资源相适应的活动。开发者和管理者不可以来访游客的兴趣或需要为导向去随意变更这些资源和环境的原貌。与之相比，对于可再生性的旅游资源，其开发工作则必须以实行游客导向为根本原则。这意味着，对这类旅游资源的开发与管理，应实行完全彻底的市场导向。

（三）基于存在状态的旅游资源分类

根据旅游资源目前的存在或使用状态，可将其划分为现实的旅游资源和潜在的旅游资源。

1. 现实的旅游资源

现实的旅游资源是指不仅其本身具有魅力，而且已有条件并且正在接待大批游客前来访问的旅游资源。但是，现实的旅游资源不一定完全都是目前已为旅游业所利用的旅游资源，而是指目前已为旅游者所经常使用的旅游资源，不论其是否已为旅游业商业性所利用。

2. 潜在的旅游资源

潜在的旅游资源是指那些本身具有潜在的吸引性，但由于受该地交通条件或其他接待条件的影响，目前尚不大为外界所知或者暂时无法使很多游客前来观赏的吸引性事物。

（四）基于品位或级别的旅游资源分类

在我国，人们有时会根据有关旅游资源的品位或级别，将其划分为四类。

1. 世界级旅游资源

属于这一级别的旅游资源主要是那些经联合国教科文组织批准，被列入《世界遗产名录》的名胜古迹，以及被列入联合国“人与生物圈”保护区网络的自然保护区。这些资源具有世界级的品位和知名度，是全人类的宝贵遗产，同时也是众多海内外游客所向往的旅游对象（见表4－1）。

2. 国家级旅游资源

属于这一级别的旅游资源主要包括由国务院审定公布的国家重点风景名胜区、国家历史文化名城、国家重点文物保护单位，以及由林业部批准设立的国家级自然保护区和国家森林公园。它们要么是中国壮丽河山的精粹，要么是中华历史文化的瑰宝，具有重要的艺术欣赏、历史文化和科学研究的价值，具有全国性的知名度。

3. 省级旅游资源

属于这一级别的旅游资源主要包括为数众多的省级风景名胜区、省级历史文化名城或名镇、省级文物保护单位、省级自然保护区、省级森林公园等。它们往往体现着该省、直辖市或自治区有代表性的旅游资源特色，具有重要的观赏价值、文物价值或科学研究价值，在省内外有较大的影响。

4. 市（县）级旅游资源

属于这一级别的旅游资源主要包括市（县）级风景名胜区和市（县）级文物保护单位。作为当地自然景观和文化遗产的典型代表，这些旅游资源具有一定的艺术欣赏、历史文化和科学研究的价值，为本地居民所熟知。

表 4－1　　我国旅游资源中被列入《世界遗产名录》的项目（截至 2014 年）

名　　称	类　　型	列入时间（年）
故宫博物院	文化遗产	1987
周口店北京人遗址	文化遗产	1987
泰山	文化与自然双重遗产	1987
长城：山海关　八达岭　慕田峪　嘉峪关	文化遗产	1987
秦始皇陵和兵马俑坑	文化遗产	1987
敦煌莫高窟	文化遗产	1987
黄山	文化与自然双重遗产	1990
九寨沟风景名胜区	自然遗产	1992
黄龙风景名胜区	自然遗产	1992
武陵源风景名胜区	自然遗产	1992
承德避暑山庄和外八庙	文化遗产	1994
曲阜孔府、孔庙、孔林	文化遗产	1994
武当山古建筑群	文化遗产	1994
布达拉宫 大昭寺 罗布林卡	文化遗产	1994 2000 2001
庐山	文化遗产	1996
峨眉山、乐山大佛	文化与自然双重遗产	1996
丽江古城	文化遗产	1997
平遥古城	文化遗产	1997
苏州古典园林：拙政园、留园、网师园、环秀山庄 沧浪亭、狮子林、艺圃、藕园、退思园	文化遗产	1997 2000
北京颐和园	文化遗产	1998
福建省武夷山	文化与自然双重遗产	1999
重庆大足石刻	文化遗产	1999
安徽古村落：西递、宏村	文化遗产	2000

续 表

名　称	类　型	列入时间（年）
明清皇家陵寝：明显陵、清东陵、清西陵 明孝陵、明十三陵 盛京三陵	文化遗产	2000 2003 2004
河南洛阳龙门石窟	文化遗产	2000
四川青城山和都江堰	文化遗产	2000
云冈石窟	文化遗产	2001
云南“三江并流”	自然遗产	2003
吉林高句丽王城、王陵及贵族墓葬	文化遗产	2004
澳门历史城区	文化遗产	2005
四川大熊猫栖息地	自然遗产	2006
中国安阳殷墟	文化遗产	2006
中国南方喀斯特地貌	自然遗产	2007
开平碉楼与古村落	文化遗产	2007
福建土楼	文化遗产	2008
江西三清山	自然遗产	2008
山西五台山	文化遗产	2009
嵩山“天地之中”古建筑群	文化遗产	2010
“中国丹霞”	自然遗产	2010
杭州西湖文化景观	文化遗产	2011
元上都遗址	文化遗产	2012
澄江化石地	自然遗产	2012
新疆天山	自然遗产	2013
红河哈尼梯田文化景观	自然遗产	2013
中国大运河	文化遗产	2014
丝绸之路：长安—天山廊道的路网	文化遗产	2014

资料来源：根据《中国旅游年鉴》和中国遗产网有关资料整理。

四、旅游资源的特点

（一）观赏性

旅游资源与一般资源的最主要区别，在于它具有美学特征，拥有观赏性的一面。

它作为资源所共有的经济性，也是通过观赏性来实现的。对于旅游的主体旅游者来说，旅游目的地具有较大的选择性，同时，又具有不可替代性，因此，旅游资源必须具有吸引旅游者的功能，才具有社会意义和经济意义。因为旅游活动最主要的、最基本的内容就是“游”。游本身是对美的事物的观赏。无论名山大川、奇石异洞、风花雪月，还是文化古迹、民族风情等，无不具有观赏的特性，因此才能成为旅游资源。旅游资源的观赏性越强，对旅游者的吸引力就越大。如我国的万里长城、秦始皇兵马俑、桂林山水；法国的埃菲尔铁塔；日本的富士山；美国的自由女神像等，都因观赏性较强，成为世界著名的旅游资源，每年有成千上万人前往观赏。

（二）综合性

旅游资源的综合性主要表现为品种的多样性，类型的复杂性，分布的广域性。从前面旅游资源的分类中可以看出，其中既有看得见的自然风光和历史文化实物，又有看不见、摸不着，只能体验感受的风俗民情、传说典故；有古代的，也有现实的和新生的；有物质的，也有精神的；有经济的，也有文化的。它们以不同的形式，渗透于各个领域、各个地区。有的在天上，有的在地下，有的在海洋，有的在陆地，有的在都市。总之，旅游资源是自然与人文、有形与无形、古代与当代的结合。

由综合性衍生的一个相关特性是旅游资源的交叉性，主要表现为同一地区多种类型旅游资源的交错分布。世界上的主要旅游地区，几乎都是自然和人文旅游资源交叉分布的综合体。自然和人文诸景观要素往往在互相联系和制约的环境中，不断产生和发展着，很少存在孤立的、与周围其他景观要素互不联系的单一景象。从大尺度景观类型而言，任何人文旅游资源总是发育在一定的自然环境中，其观赏价值也常受自然条件的制约。例如，南方地区开展滑冰运动就比北方地区少，而北方地区搞游乐设施，在冬半年会长时间地处于淡季状态。这种情况都与气候条件分不开。反之，自然旅游环境亦需要人工的规划、建设和开发，需要人文经济景观和条件的配合。

旅游资源的这种综合性，对一个风景区来说具有极大的吸引力。因为游人的动机是多种多样的，他们的出游大多数都想看到更多的景观类型，所以旅游资源的交叉性，更能适应游人的观景要求，是旅游活动丰富多彩的决定性因素，也是一个旅游地区开发的优势所在。

（三）地域性

地理环境在空间上表现出这一地区和另一地区的明显的地域差别。各类旅游资源总是分布在一定的地理环境或一定的区域之中，因此，地理环境在空间分布上的差异必然导致旅游资源在空间上的差异，即具有明显的区域性特征，这主要表现为旅游资源的地方和民族特色上。所谓地方特色指不同地域有不同的景观。如北欧挪威海岸，有许多伸入内陆的峡江景观，地中海沿岸有“三S”（Sun，Sea，Sand）景观，非洲东部有“天然动物园”景观，中国西南地区有大面积岩溶地貌景观，长江中下游有水乡景观，热带海岸有红树林景观，这些都是大尺度的自然景观。地域继续缩小，还有中小尺度景观，其地方特色就更浓郁。如江南丘陵的红层和丹霞景观，四川盆地的方山景观，云南元谋盆地的土体景观，罗布泊地区的雅丹景观，柴达木的盐湖和风蚀地貌景观，黑龙江五大连池的熔岩火山景观等。

民族特色的景观也有大、中、小尺度的区别，大者如中华民族、阿拉伯民族这样超级民族区内的景观特色。如中国的园林、庙观、古建筑（亭、台、楼、榭）等在世界很有特色，它是中华民族古老历史文化的结晶。中小尺度的民族景观，主要指各民族的历史潮流文化特色和风俗习惯，如傣族的“泼水节”、壮族的赛山歌、蒙古族的“那达慕”节日、高山族的杵舞等，民族风情十分浓厚，富有巨大的吸引性。从世界范围而言，这种异族风情、异国情调更是丰富多彩，引人入胜。

总之，不论自然风光还是人文旅游资源，在空间分布上都存在着鲜明的地域性。一个国家或地区的旅游业有多大的发展潜力，在很大程度上取决于能否保持和突出其旅游资源的地方特色。

（四）时间性

1. 季节性

旅游资源的季节性主要由纬度和地势、气候、日月运动等因素决定。纬度的高低直接影响到地面获得热量的多少，使地面获得的热量出现了差异。纬度较高地带由于太阳高度角低，地面接受的太阳能较少，从而出现了一年四季景观的变化。严寒而漫长的冬季，千里冰封万里雪飘，使河湖封冻，树叶枯落，以绿色旅游为内容的观光业出现淡季，而以滑雪、滑冰为内容的体育旅游进入旺季。此外，地势的高低、坡向等，也会直接影响自然景观发生季节变化和垂直变化。高山峡谷区，即使在适于旅游的旺季，也会出现从山麓至山顶景观的四季变化。

气候的季节性转换对生物界的影响最大，所以生物景观季节变化最为突出，尤其是中纬度地带最为显著，春、夏、秋、冬四季景色不同。旅游资源的季节变化，使旅游资源增加了动态美，也是造成旅游季节性的主要原因之一。

总之，这种自然景观的季节性变化使旅游业出现了淡季和旺季。北半球旅游的旺季集中于4～10月，主要是旅游资源的这种季节性所造成的。一些特别类型的景点，其季节性的表现则更为明显。例如，钱塘观潮，因日月引潮力的变化和杭州湾口的喇叭状构造，使最大的涌潮出现在农历八月十六到八月十八，观潮者若错过了“潮生日”，就不能看到有“天下壮观无”之称的钱塘秋潮胜景。又如，北京香山红叶观赏，也出现在秋天很短一段时间，错过这个机会，红叶景象就失去了观赏价值。因此，掌握旅游资源的时间变化规律，对把握游览观赏时机，制定不同季节的旅游价格，以及开发利用旅游资源等，都具有十分重要的意义。

2. 变异性

所谓变异性，就是它产生时并非具有旅游的属性，后来因某种原因，使它发生了质的变化，形成了旅游资源。相对于它初生的用途，发生了本质的变异。例如，名人故居，在主人还未成为名家时，他的住宅不过为几间普通的房舍，后来他成了名人，房舍也变为旅游资源。房舍前后未变，变化的是房子的不同性质的用途。封建时代的宫阙，过去是皇家贵族享受之地，平民百姓根本不可能进入，现在却成了大众游乐的地方。

又如美国华盛顿州的海圣伦斯火山，1980 年 5 月 18 日大爆发，喷出的 1400 亿立方英尺的火山灰、火山石（其威力相当于美国投向日本广岛原子弹的 500 倍），造成附近百人的死亡和失踪，经济损失达 10 亿美元。当时的美国总统视察了灾区之后说：“从长远观点来看，火山爆发将会使人们对它产生巨大的科学兴趣，甚至使这个地区变成旅游地区……可能成为一个与大峡谷比美的游客吸引地”。可见，一座火山也会变成引人注目的旅游资源。

（五）永续性

永续性是指旅游资源具有长期供游人使用的性能。综观旅游的发展史，人们不难发现大多数旅游资源具有无限重复使用的价值。一般自然风景和人文旅游资源既不能向旅游者出售，也不能转移。旅游者只能前来游览观赏，这即是常说的风景出口。旅游者支付的是货币，带走的只是一种美的享受或美好的印象。

换言之，尽管有部分旅游资源，如狩猎、垂钓、采集、购物、品尝风味等，会被旅游者消耗掉，需要自然繁殖、人工饲养、栽培和再生产来补充，但是多数旅游资源是不会被游客消耗掉的，如参观展览、泛舟、滑冰、海水浴、日光浴等，都具有永续使用的特点。对这些旅游资源，游人只能带走各种印象和美感，而不能带走旅游资源本身。旅游资源的永续性能，正是形成旅游业投资小、收益大、利用时间长等优点的基本原因。当然，旅游资源也有一个保护问题，其中包括自然环境和地方风格的保护。只要加强旅游环境的保护管理和清除废物，旅游环境的污染就可以得到控制，消耗掉的资源也可以通过自然衍生、人工饲养、栽培和再生产来加以补充，从而使旅游资源可以永续利用。

（六）吸引力的定向性

对旅游者具有吸引力是各种旅游资源所共有的本质特征。其实，旅游资源的吸引功能在很大程度上取决于旅游者方面的主观认识。这主要表现在，就某项具体的旅游资源而言，它对某些旅游者来说可能吸引力很大，然而对另外一些旅游者来说可能并没有多大的吸引力，甚至根本没有吸引力。这意味着，任何一项旅游资源的吸引力都会有某种程度的定向性特点，而不大可能对所有的旅游消费者人群都具有同等的吸引力。上一章中所谈到的帕洛格的心理类型理论及其所做的大样本调查结果清楚地印证了这一点。

（七）易损性

同传统的物产资源相比较，旅游资源属于非消耗性资源，只要管理和利用得当，当可用之不竭。这一认识在逻辑上并无问题。真正的问题在于这一认识逻辑的前提——即在管理和利用得当的情况下，在现实中往往难以得到有效的保证和实现。由于这一原因，旅游目的地国家或地区如果对其旅游资源的使用不合理或者维护不当，这些资源也很容易遭到损害甚至破坏。有形的旅游资源是如此，无形的旅游资源也有同样的问题。一项使用过度的有形资源可能会因此而逐渐损毁，无形的旅游资源如果维护不当，短期内同样也难以恢复。

（八）可创新性

随着时间的发展，旅游消费者的兴趣、需要以及社会时尚潮流都有可能会发生变化。这使得人造旅游资源的创新成为可能。此外，在传统旅游资源匮乏的地区，当地为了发展旅游业，也可能会凭借自己的经济实力人为地创造某些旅游吸引物。新加坡旅游业的发展可谓是这方面的典型。另外，无论是以迪士尼乐园为代表的各类主题公园，还是我国洛阳的牡丹花会和山东潍坊的国际风筝节等，几乎无一不是旅游吸引物创新的例证。

第二节　旅游资源的评价

一、旅游资源评价的目的与原则

（一）旅游资源的评价目的

对旅游资源的评价通常是旅游资源开发建设的基础和前提，是旅游地建设的核心内容之一。其目的在于：

（1）确定旅游资源的数量、丰度、类型与组合状况，评估该旅游地的旅游资源在一定区域范围内的价值和地位。

(2) 明确旅游地的性质(类型),拟订未来的旅游地中旅游资源的结构(主次关系)和新的旅游资源的开发计划。

(3) 通过对旅游资源及其客观存在开发条件的评价,确定不同类型旅游资源的开发程序和不同类型旅游地的建设顺序。

(二) 旅游资源的评价原则

旅游资源评价是一项既重要又十分复杂的工作,原因是旅游资源本身包罗万象,评价工作又涉及众多学科,因而难以有一个统一的评价标准。但在旅游资源评价中仍然必须遵循一定的原则。这些原则包括:

(1) 客观科学性原则。旅游资源是客观存在的事物,其价值表现、内涵、功能等也是客观存在的,因此应实事求是地充分应用地学、美学、史学等多方面的知识和方法,对旅游资源的形成、本质、属性、价值等核心内容作出科学的解释和评价。

(2) 全面系统性原则。旅游资源是多种多样的,旅游资源的价值和功能也是多层次、多形式及多内容的,这就要求在评价旅游资源时,应综合衡量、全面完整地进行系统评价,准确反映旅游资源的整体价值。

(3) 效益估算性原则。旅游资源调查评价的目的是为其开发利用服务的,而开发利用的目的则是要取得一定的效益,因此在进行评价时,应充分考虑投入资金进行开发后的经济效益、社会效益和环境效益,以避免盲目开发导致的损失。

二、旅游资源评价的内容

(一) 旅游密度

旅游密度是用来量度旅游资源的特质、规模和旅游接待状况等社会经济条件的重要指标之一,也是旅游地开发建设的科学依据。包括以下四类:

(1) 旅游资源密度。指在一定地域范围内旅游资源的集中程度。

(2) 旅游空间密度。指在一定时间内旅游地所接待或可能接待的游客量与其空间面积的比值。

(3) 旅游人口密度。指在一定时间内接待游客活动量与接待地人口的比值。

(4) 旅游经济密度。指在一定时间内接待游客活动量与接待地社会经济条件的比值。

(二) 旅游容量

旅游容量又称旅游承载力或旅游饱和度。指一定地域范围内的旅游活动容纳能力。具体而言,旅游容量就是指在满足游人最低的游览要求(心理感应气氛)和达到保护风景区的环境质量要求时风景区所能容纳的游客量。包括以下五类：

（1）旅游资源容量。指在一定时间内旅游资源的特质和空间规模能够容纳的旅游活动量。

（2）旅游生态环境容量。指在一定时间内旅游接待地区的自然环境所能承受的最大限度的旅游活动量。

（3）旅游经济容量。指当地经济和社会发展水平对旅游接待量的限制，这种限制就是旅游的经济容量。

（4）旅游社会容量。由于人口构成、宗教信仰、民情风俗和社会开化程度的不同，每个旅游地的居民与之相容的旅游数量和行为方式也不相同，两者之间可能存在一个最大的容忍上限，这个限度即被称为旅游社会容量。

（5）旅游感应氛围容量。指游客的数量应限制在不破坏游兴的范围之内，这一极限即旅游感应氛围容量。

一般而言，旅游资源密度与旅游资源容量之间有一个比较稳定的内在相关关系。前者呈现出旅游发展现实的或可能的区域形象，后者则展示了旅游接待的限制性图景。

（三）旅游节律性

又称季节性，是指旅游地由于自然条件（如气候）和旅游资源在一定时间（通常是一年）内所发生的有节奏的变化，所导致的旅游活动而产生的同样周期性的变动现象。其中最为典型的是以避暑为功能的旅游地，一年内产生明显的淡季—旺季—淡季的变化。夏季游人如织，冬季冷冷清清。一些人文旅游资源（节日、庆典、庙会）在一年内常有固定而短暂的发生时间，所以季节性也比较强。旅游资源的评价必须把这种节律性包括在内。

（四）景点的艺术特色、科学价值和文化价值

旅游资源的这些价值、功能等有关其质量性的要素，是关系着旅游地开发规模、程度和前景的重要衡量标志，对其必须进行实事求是的评价。尤其是其在国内和世界上所占的地位，更须做出严谨的估价，不宜过分抬高。

（五）旅游景点的地域组合

不同类型旅游景点的布局和组合状况，是旅游地优势和特色的重要反映，也是影响旅游资源开发效果和效益的重要因素，所以在评价中必须予以足够的重视。其中，旅游资源密度较大，相距甚近，又有多种类型的协调配合，并呈线形、环闭形或马蹄形旅游线排列者，为风景区最佳的组合态势。

（六）旅游开发次序

这是旅游资源评价的最后一项工作。即根据已经得出的各种量的指标，确定旅游资源开发的难易程度及不同类型之间的关联程度，决定各项旅游资源开发的先后顺序，在此基础上根据各项开发费用估计出所需要的总的旅游投资，从而可进行投资回报率、投资回收周期等定量指标测算。

三、旅游资源评价的方法

国外旅游资源的评价已有 40 多年的历史，出现了多种评价方法：有单因素评价法。如克劳（R. B. Crowe）用气候因子对加拿大西北部的旅游资源进行的评价；有自然要素综合评价法。如古德阿勒（B. Goodal）和惠特阿（J. B. Whittaw）对森林的旅游潜力进行的评价；有旅游容量评价法，如加拿大土地清查处对南加拿大两亿多公顷的土地进行的以容量为指标的旅游资源评价；有旅游需求——供给评价法。如费朗哥·弗·费拉里奥对南非旅游资源的供需评价。上述评价有一个共同点，就是尽可能地将指标定量，而定性作为辅助因素。

（一）定性评价法

（1）历史文化价值。属于人文旅游资源评价范畴。评价历史古迹，要看它的类型、年代、规模和保存状况及其在历史上的地位。如河北赵州桥，外观很平常，但它是我国现存最古老的石拱桥，也是我国古代四大名桥之一（其他三桥是潮州湘子桥、山西娘子桥、福建洛阳桥），在世界桥梁史上占有重要的地位。

（2）艺术观赏价值。主要指客体景象艺术特征、地位和意义。自然风景的景象属性和作用各不相同。其种类愈多，构景的景象也愈加丰富多彩。主景、副景的组合，格调和季相的变化，对景象艺术影响极大。若景象中具有奇、绝、古、名等某一特征或数种特征并存，则旅游资源的景象艺术水平就高，反之则低。

（3）科学考察价值。指景物的某种研究功能，在自然科学、社会科学和教学上各有什么特点，科学工作者、科学探索者和追求者提供研究场所。

（二）定量评价法

旅游资源的定量评价法包括层次分析法和指数表示法等多种方式。这里重点介绍层次分析法。其具体评价过程是：先将评价项目分解成若干层次，然后在比原问题简单得多的层次上逐步分，最后将人的主观判断用数学形式表达和处理。这种方法是一种综合和整理人们主观判断的客观方法，也是一种结合定量和定性分析的方法，详见表 4 - 2。

表 4－2　　旅游资源评价标准（GB/T 2260）

评价项目	评价因子	评价依据	赋值
资源要素价值（85分）	观赏游憩使用价值（30分）	全部或其中一项具有极高的观赏价值、游憩价值、使用价值	30～22
		全部或其中一项具有很高的观赏价值、游憩价值、使用价值	21～13
		全部或其中一项具有较高的观赏价值、游憩价值、使用价值	12～6
		全部或其中一项具有一般观赏价值、游憩价值、使用价值	5～1
	历史文化科学艺术价值（25分）	同时或其中一项具有世界意义的历史价值、文化价值、科学价值、艺术价值	25～20
		同时或其中一项具有全国意义的历史价值、文化价值、科学价值、艺术价值	19～13
		同时或其中一项具有省级意义的历史价值、文化价值、科学价值、艺术价值	12～6
		历史价值，或文化价值，或科学价值，或艺术价值具有地区意义	5～1
	珍稀奇特程度（15分）	有大量珍稀物种，或景观异常奇特，或此类现象在其他地区罕见	15～13
		有较多珍稀物种，或景观奇特，或此类现象在其他地区很少见	12～9
		有少量珍稀物种，或景观突出，或此类现象在其他地区少见	8～4
		有个别珍稀物种，或景观比较突出，或此类现象在其他地区较少见	3～1
	规模、丰度与概率（10分）	独立型旅游资源单体规模、体量巨大；集合型旅游资源单体结构完美、疏密度优良级；自然景象和人文活动周期性发生或频率极高	10～8
		独立型旅游资源单体规模、体量较大；集合型旅游资源单体结构很和谐、疏密度良好；自然景象和人文活动周期性发生或频率很高	7～5
		独立型旅游资源单体规模、体量中等；集合型旅游资源单体结构和谐、疏密度较好；自然景象和人文活动周期性发生或频率较高	4～3
		独立型旅游资源单体规模、体量较小；集合型旅游资源单体结构较和谐、疏密度一般；自然景象和人文活动周期性发生或频率较低	2～1
	完整性（5分）	形态与结构保持完整	5～4
		形态与结构有少量变化，但不明显	3
		形态与结构有明显变化	2
		形态与结构有重大变化	1

续 表

<table>
<tr><th>评价项目</th><th>评价因子</th><th>评价依据</th><th>赋值</th></tr>
<tr><td rowspan="8">资源影响力
（15 分）</td><td rowspan="4">知名度和影响力
（10 分）</td><td>在世界范围内知名，或构成世界承认的名牌</td><td>10 ~ 8</td></tr>
<tr><td>在全国范围内知名，或构成全国性的名牌</td><td>7 ~ 5</td></tr>
<tr><td>在本省范围内知名，或构成省内的名牌</td><td>4 ~ 3</td></tr>
<tr><td>在本地区范围内知名，或构成本地区名牌</td><td>2 ~ 1</td></tr>
<tr><td rowspan="4">适游期或使用范围
（5 分）</td><td>适宜游览的日期每年超过 300 天，或适宜于所有游客使用和参与</td><td>5 ~ 4</td></tr>
<tr><td>适宜游览的日期每年超过 250 天，或适宜于 80% 左右游客使用和参与</td><td>3</td></tr>
<tr><td>适宜游览的日期超过 150 天，或适宜于 60% 左右游客使用和参与</td><td>2</td></tr>
<tr><td>适宜游览的日期每年超过 100 天，或适宜于 40% 左右游客使用和参与</td><td>1</td></tr>
<tr><td rowspan="4">附加值</td><td rowspan="4">环境保护与环境安全</td><td>已受到严重污染，或存在严重安全隐患</td><td>−5</td></tr>
<tr><td>已受到中度污染，或存在明显安全隐患</td><td>−4</td></tr>
<tr><td>已受到轻度污染，或存在一定安全隐患</td><td>−3</td></tr>
<tr><td>已有工程保护措施，环境安全得到保证</td><td>3</td></tr>
</table>

（三）市场评价法

市场评价法适合于景区之间，尤其是旅游地之间旅游资源价值的比较。

1. 旅游资源进行市场评价的必要性

旅游资源作为被旅游业利用的旅游吸引物，由于其价值多元化和综合性，在以往的旅游资源评价中，往往侧重于对旅游资源和各个属性进行分类评价，如旅游资源的自然地理条件、科研学术价值、文物考古价值和美学观赏价值等。然而，这些价值之间有时很难直接进行比较排序。例如，北京周口店的“北京人”遗址被联合国教科文组织列入国际遗产保护名录，具有极高的科研考古价值。但作为旅游点，其吸引旅游者人数远不如北京香山公园。绝大多数旅游者不是某一方面的专家，旅游活动也不等同于专业考察，因此仅评价旅游资源本身的某种价值无法真正反映该资源的市场供需状况。

从根本上看，开发旅游资源是一种投资和经营行为，旅游资源评价首先是对其市场价值和经济效益进行评价，其次才是评价旅游资源的其他价值。仅有经济价值的旅游吸引物是不能成其为旅游资源的。当然，如果社会对该项资源有其他政治、文化、城市形象和环保等方面的优先需要的话，也可以利用市场价格对项目的产出利润予以增补。这样，对于旅游资源的评价基本上可以统一到经济价值这一个客观评价原则上来。

2. 市场评价法的基本思路与步骤

第一，假设某地的旅游资源组合成一种旅游产品，并将该种产品近似地看作该旅游地本身。第二，建立吸引强度与空间距离的函数关系。一般来说，该旅游地的吸引强度与离该旅游地的空间距离成反比关系。因为从经济角度看，距离与运费成正比关系，因而随着距离增加，需求也随之减少，两者成反比关系。第三，确定旅游地进行旅游资源开发能够保本的游客需求量。第四，将上述函数关系与保本游客需求量相结合，就可以求出该旅游地的吸引半径和门槛服务范围。所谓门槛范围，是指供应一定量的旅游产品所要求的最低限度人口所在的地区范围。第五，对旅游地的旅游资源价值做出评价。如果旅游地吸引物的实际吸引范围比门槛范围小的话，那么该旅游地是不经济的，也可以认为当地的旅游资源被旅游业利用的价值较低。反之，实际吸引范围越大，则经济效益越高，吸引力也越强，旅游资源的价值也越大。

显然，在上述吸引半径和门槛范围的概念中，已经包含了交通条件、配套设施和服务以及地区经济和市场条件。因此，从旅游业角度看，门槛半径（范围）和实际吸引半径（范围）大小可以作为旅游资源的一种市场评价尺度。

3. 旅游地类型的划分与作用

依据市场评价法还可以对旅游地的类型进行科学的划分。对特定的某个旅游地而言，旅游地的吸引力强度取决于产品供给拉力和市场需求推力两种合力的综合结果。一般来说，旅游地的空间布局可分为资源型、客源型和混合型。如果资源拉力大于市场推力，为资源型（如西安、桂林等）；市场推力大于资源拉力，为客源型（如上海、深圳等）；而资源拉力和市场推力势均力敌时，则为混合型（如北京、南京等）。当然，在实践中很难区别和比较上述两种力的作用机理，但可从门槛半径（范围）和旅游流的旅游目的构成中去进行定性判断：如果门槛半径（范围）较大，旅游流中以单纯的观光型旅游为主，那么该旅游地属于资源型；如果门槛半径（范围）较小，旅游流中出游目的比较多元化，则该旅游地属于客源型；介于上述两者之间的则为混合型。

利用门槛半径（范围）和旅游流结构来研究旅游地类型，不仅有利于用市场观念评价旅游资源，而且有助于指明旅游地产品开发的优势和重点。从产品组合的优势看，资源型布局就是指在该种旅游产品中资源含量较大，交通和基础设施条件较差；而客源型则是指该种旅游产品中资源含量较小，交通和基础设施较好，经济发展水平较高，产品需求量较大；混合型则兼有资源型和客源型两者的优势，但其不利之处在于旅游业的发展往往容易与其他工业发展产生“主从”难定的关系，从而出现与旅游业争地、争资金等矛盾。

总之，在不同的区位条件下，旅游资源或旅游地的开发方向不尽相同。在资源型地区，与其将开发重点放在建设新景区、新景点上，不如将主力放在改善交通和基础设施上。也就是说这些地区，建设配套设施可能产生的边际经济效益会比直接投资旅游吸引物或旅游资源上更好。反之，在客源型地区，新增或“移植”一些人造景观，可能会产生比那些正宗的旅游地更好的经济效益。例如，在客源型地区，香港的“宋城”、新加坡的“唐城”以及深圳的“锦绣中华”微缩景区等项目就是成功的例子。这也就是所谓的“水桶原理”。一个水桶的容量是由最短的那一块木板所决定的。显然，资源型地区和客源型地区最短的那块木板完全不同。在客源型地区资源紧缺，即使是人造的、没有“专业”价值的景点或项目，其经济价值往往也较容易实现。

市场评价法也给旅游资源开发提供了一个基本思路，即开发一个地区旅游资源除了考察其规模、数量外，还应了解其市场定位，确定开发“拳头”和“主流”产品。只有“拳头”和“主流”产品才是吸引区外旅游者的主力军。如果不分重点地去开发那些只适合本地居民休闲和游览的景点，就不利于开发中远程客源市场。

第三节 旅游资源的开发

一、旅游资源开发的必要性

旅游资源是旅游活动的客体，因而也是一个旅游目的地借以吸引旅游者来访的基础条件。就潜在的旅游资源而言，要使其转化成为现实的旅游资源，开发者必须根据该项旅游资源的现存状态以及接待条件的欠缺情况进行必要的初始开发和建设，否则将无法使其转化为现实的旅游资源，无法使其旅游吸引力得到有效发挥。显然，对于一个旅游目的地来说，要使其潜在的旅游资源转化为现实的旅游资源，将潜在的资源优势转化成为现实的经济功能，开发工作无疑至关重要。

在另一方面，即便是现实的旅游资源项目，甚至是那些已为旅游业长期利用的旅游景区或景点，也时有必要根据情况的变化进行再生性开发。这种开发工作的直接目的则是为了巩固、改善和提高该旅游资源项目的吸引力。对现实的旅游资源项目也需要不断进行再生性开发的原因在于，作为目的地旅游产品的组成部分，任何旅游景区景点都有其生命周期。与一般制造业产品都有其生命周期的情况一样，任何一个以某种旅游吸引因素为核心的旅游环境，例如旅游景点，形成之后，随着时间的发展，都将经历一个先是由“冷”而逐渐变“热”，继而又逐渐由“热”变“冷”的演进过程。对于不同的旅游景区景点来说，这一过程所经历的时间不尽相同，有的可能会很短，有的则可能会很长，这须视具体情况而定。但是从理论上讲，其市场寿命的这一演变过程无论如何迟早总会发生。这一以游客接待量的变化为表现特征的发展或演进过程，称之为该旅游景区景点的生命周期。为了达到简要说明的目的，我们可将围绕某一或某些吸引因素而形成的一个旅游景点的生命周期演进过程划分为四个基本阶段：初创期、成长期、成熟期和衰退期。这一演进过程具体表现为，随着时间的发展，该旅游景点能够吸引来访的游客人数将会出现由少渐多，继而又会逐渐减少，甚至会发展到鲜有游客问津的境地（见图 4－1）。

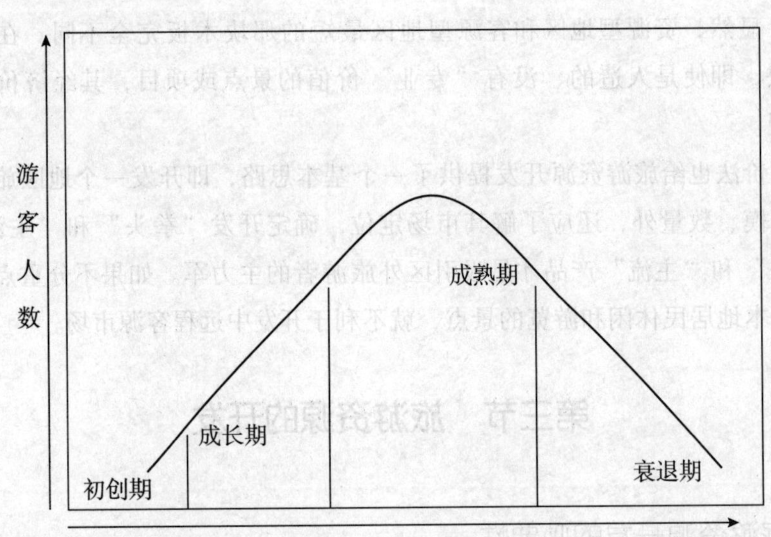

图 4－1　旅游景点的生命周期演进过程

二、旅游资源开发的可行性研究

旅游资源的开发，必须建立在一定的可行性的条件基础上。因此，旅游资源的开发必须进行可行性研究。具体包括以下几个方面的内容。

（一）地理位置与交通条件

地理位置是确定景区开发规模、路线选择和利用方向的重要因素。它不仅影响风景的类型和特色，而且影响旅游市场客源。例如，位于北纬约 53°的黑龙江漠河镇，由于太阳高度角在全国最低，冬长夏短或基本无夏的气候条件，使之具有中国独具一格的旅游风景资源，如观赏白夜、极光等，被人们誉为“北极村”“不夜城”。显然，漠河的旅游资源具有较高的观赏价值。

但是，旅游资源的开发，绝不能只考虑其景观特色。因为旅游景观虽好，而位置太偏远，路途交通费用太高，时间过长，都会直接影响旅游客源市场。漠河旅游区的最佳观赏时间是在夏至前后短暂的几天，游人相对比较集中，所以数量不会很多。

（二）景区的地域组合条件

1. 主景与配景的组合状况

一个风景区由许多相互关联的景观要素构成，其中一些要素为主景要素，即对风景区景观特色有支配作用的要素，它的存在使风景区具有某种特殊的吸引力和感染力。另外一些要素则为配景要素，起衬托、辅助作用，对风景区的艺术特色不起决定作用。显然，如果地域组合分散，景点相距遥远，则属主景与配景的空间组合较差的一类，从而降低景区的旅游价值。

2. 各类景点的可进入性

位置偏僻，交通不便，可进入性差，就会大大降低旅游景区的旅游价值，也影响其开发程序。例如，桂林之所以成为著名的旅游区，固然是因为桂林的风景点相对比较集中，又有漓江环绕，山水组合成浑然一体。还有一个重要的原因是其可进入性条件好，故桂林旅游资源观赏价值极高。又如，四川兴文地区是我国新发现的“石林洞乡”，岩溶风光很美，但位置偏远，交通不便，景点分散，又缺乏像漓江那样联系各景点的水上交通线，人们从东部进入，需要花费较多的时间与旅费，从而影响了它的旅游价值。

（三）景区旅游容量条件

旅游容量包括容人量（人/平方米）和容时量（小时/景点）两个指标。容人量指旅游地单位面积所容纳的游人数量，它是风景区用地、设施和投资规模等指标的设计依据。容时量指景区游览时所需要的时间，是核定风景区游程、内容、景象、布局和建设时间等指标的重要依据。显然，旅游景点越复杂、越含蓄、越有趣味、耐看性越强，其容时量就越大。相反，景象一目了然，容时量就小。旅游容量的大小取决于旅游资源的不同类型，具体如下：

（1）某些壮观景色（如日出、海潮、瀑布、佛光）、节日庆典、文体活动等，无容量限制。

（2）一般自然风光、文物古迹，需要给游人留下适当的自由活动的空间，须保持一定安静程度，噪声强度应大大低于日常生活所允许标准（80 分贝）。此种情况下旅游容量亦较大，有人建议以 50 ~ 80 平方米/人为宜。这类旅游资源的旅游容量的限制并不是特别明显。

（3）国家重点文物古迹、古代园林、文艺和博物馆。对这类旅游资源不仅要充分考虑游人数量对观赏对象和环境的影响，还要考虑游人观赏对景物的要求。因为游人过多，足踏、呼吸、体温都会对景区产生不良影响。如观光北京、苏州的园林时，游人一般要驻足鉴赏，品评玩味，寻觅其蕴含的美，因此必须保持环境幽静，保证游人自由停留时间。如果游人过多，就会使入园者感到腻烦，没有情趣，从而降低了旅游资源的观赏价值。因此，这类景点的旅游容量限制已比较明显。

（4）洞穴、古墓穴、深大而通道窄的石窟。这类旅游资源与外界空气对流量小，游人容量必须从严控制。因为一般大气中的CO_2浓度为0.04%，水汽为1.25%，若浓度过大，尤其是CO_2浓度过大，人体将产生不良反应。当CO_2浓度为1%时，呼吸加快；达4%时，呼吸加倍；达10%时，出现头昏头痛病状；达20%时，则能引起惊厥。再高，还会使中枢神经麻痹，导致死亡。因此，这类景区是对旅游容量控制最为严格的一类旅游资源。

（四）市场客源条件

客源数量是维持和提高旅游景点经济效益的核心因素，没有最低限度的游人，风景资源再好，也难以开发和利用。所以调查和预测客源及其数量，是评价风景区旅游功能的基本条件之一。在旅游资源开发的可行性评价中，这是难度最大、准确率最低，也是最能体现出水平高低的一项工作。

客源市场的调查包括多方面的内容，如目标客源市场在哪里，最低限度游客量有多少，游人的季节变化，周边旅游地的竞争情况等。评价新辟风景区时，可以参考附近同类景区已有的调查统计数据，然后根据本景区的实际情况，提出比较合理的估算报告，从中找出客源市场的某些规律。一般而言，不同风景区依其地理位置、景区特色、景点质量、交通条件等吸引着不同国度、不同地区、不同年龄和职业的游人，而不同游人的数量，决定着该风景区的市场。具有世界价值和意义的风景区是国际性市场；具有全国价值和意义的风景区是全国性市场；具有本地区价值和意义的风景区是地方性市场。当然，这也并非具有绝对性。还需要结合具体情况做出符合实际的判断，得出正确的结论。

（五）施工条件

旅游资源的开发，还要考虑项目的难易程度和工程量的大小，如工程建设条件（地质、水文）。

评价开发难易程度的关键是权衡经济效益，其指标包括数量和时间两个方面。前者是开发工程与投资大小的关系；后者是开发工程与受益早晚的关系。因此，对风景区的施工方案，必须经过充分的经济技术论证，提出每一项工程的建设技术指标。只有合理地评估施工条件，才能既不浪费资金，又有可行性的施工效益。这是投资项目财务分析的基本要求。

另外，还应分析基本供应设施条件，包括设施的建设条件、食品供应条件、建筑材料条件等，以及项目开发后对当地经济社会的影响。这是投资项目经济分析的基本要求。

（六）投资条件

财力是旅游资源开发的后盾。一个风景区旅游资源功能再大，但开发工程修筑设施耗费过多，在现有经济、技术条件下一时还无法解决，那么这个风景区就应暂缓开发。如有人提出重建圆明园，从复原保护我国文化遗产，吸引大量国内外游人来看，当然是件好事，但圆明园是从康熙到道光五代皇帝，耗费巨资，历150年而建成。所以在我国财力还不十分富裕的情况下，要修复圆明园，其难度是极大的。因此，开发旅游资源，必须考虑投资条件，也即必须通盘考虑从近期或远期能够分别投入多少量的开发资金。随着旅游投资渠道的多元化，不同类型、不同成分的投资单元相继进入旅游项目的开发建设中。因此，对投资条件的分析，还包括对旅游开发企业的实力评估。

三、旅游资源开发的内容

（一）树立旅游形象

旅游形象是一个国家或地区、城市给旅游者所留下的总体感受和印象，也是旅游消费各要素（食、住、行、游、购、娱）服务特色的集中体现。旅游形象在旅游者头脑中的对立，对其旅游行为的选择和决策有着重要的作用。一个旅游者，从获得信息到购买旅游产品为止，大体经历“知名—理解—兴趣—决定”的过程。在这里，旅游者对一个国家或地区、城市有一个鲜明的印象至关重要。因此，世界上各个国家在旅游宣传中都有意识地构建自身的旅游形象，如香港的“购物天堂”，西班牙的“金色海滩”，美国特拉华州的“娇小神奇”，意大利罗马的“历史博物馆”等。

总之，旅游资源的开发通常是多项资源的综合开发，开发时要求将各项资源结合起来，形成一个主题。也即通过开发，创造出一个鲜明的旅游形象。旅游形象要求具有独特的品质和强烈的魅力。

（二）提高旅游地的可进入性

可进入性并非指旅游者可由外界抵达该旅游地点，而是要“进得来，出得去，散得开”，也就是说，要使旅游者来得方便、在旅游地逗留期间活动方便以及结束访问后离去方便。所以，可进入性事实上是指旅游目的地同外界的交通联系以及旅游目的地内部交通运输的通畅和便利程度。

因此，解决和提高可进入性程度不仅包括陆路、水路和空中通道的基础设施的建设，而且还必须包括交通运输工具的运营安排。

（三）建设和完善旅游设施

1. 建设和完善旅游基础设施

凡属主要使用者为当地居民但也必须向旅游者提供或者旅游者也必须依赖的设施，皆称为旅游基础设施。它包括以下两种类型：一是一般公用事业设施，如供水系统、排污系统、供电系统、电信系统、道路系统等，以及与此有关的配套设施，如停车场、机场、火车站和汽车站、港口码头、夜间照明设施等；二是满足现代社会生活所需要的基本设施或条件，如医院、银行、食品店、公园、治安管理机构等。

2. 建设和完善旅游上层设施

那些虽然也可供当地居民使用，但主要供外来旅游者使用的服务设施，称为旅游上层设施。换言之，如果没有外来游客，这些设施就失去了存在的必要，包括宾馆饭店、旅游问讯中心、旅游商店、某些娱乐场所等。由于这些设施主要供旅游者使用，因此必须根据旅游者的需要、生活标准和价值观念来设计建造，并据此提供相应的服务。

（四）旅游点的建设与管理

旅游点是表征具有同一性质可供游览观赏的基层单位，是构成风景名胜的基本细胞。由于旅游资源的不同，旅游点的大小与范围不一，它可以是一组宫殿、一处建筑、一处古墓、一个纪念地等。旅游点可以由若干个景点所组成，如南京玄武湖是一个旅游点，包括环洲、樱洲、菱洲等游览点。

旅游点的建设应遵循以下原则：首先，旅游点建设应充分考虑该旅游点的特色或自身的个性。在旅游点建设之前，应对该旅游点的特色进行充分的分析，以明确其建设方向和重点。其次，旅游点的建设应充分发挥地区优势，注意丰富多彩。最后，旅游点的建设应考虑市场的需求。

无论是一个单项的旅游资源或是一个地区旅游资源的开发，基本过程一般均经过以下四个步骤：第一，得出概念。即通过市场、资源、基础设施及社会经济结构和政策等方面的调查，得出关于市场来源、开发规模以及将来主要形象的概念。第二，做出草拟的项目。草拟项目是拟订体现形象的具体项目及可选择的主要设施规划、提出布置的草图并做出成本估计和人才培养估计及资金筹措计划。第三，做出最后的设计。以草图为基础，通过抉择和进一步调查，确定分阶段实施规划，基础设施的细节以及建筑物和景观或活动的明显特点。第四，做出开发规划，最好有两项规划，即最后的开发规划和财务规划。

四、旅游资源开发的原则

根据前面对旅游资源特点、类型等的分析，我们可以对旅游资源的开发原则进行如下归纳。

（一）面向市场掌握市场

市场条件是旅游点可开发性的重要条件之一，是新旧旅游点开发的举足轻重的条件。因此，以市场为导向，是旅游资源开发的第一原则。

旅游业是以经济收入为归宿点的，一个旅游点若是不能获得必要的经济效益，就等于“吞了投资，建了废物”。但是获得经济效益的基本保证是“客”，因为游客是外汇、内资的直接提供者。一定规模的旅游点不能吸引一定规模的游人，它的经济效益就失去了来源。游客的市场来源决定于许多因素，如游人的动机和需求，旅游资源的吸引力，旅游资源的种类、性质、数量、特异功能、地理位置、自然环境、变通条件、经营水平、服务质量等。这就要求我们在开发旅游资源时，注意对市场因素的研究，根据客源市场变化，来调整开发利用的方向、内容和形式。

（二）个性鲜明突出独特性

1. 个性鲜明丰富多样

对于一个旅游点而言，具有鲜明的个性，即具有其他旅游点所不具有的特点，是其生命线所在。只有这样，人们才会乐游不倦。杭州、桂林都以山水为胜，但杭州是“淡妆浓抹总相宜”的美人式的秀丽风光；桂林则是“江作青罗带，山似碧玉簪”的岩溶地貌式的奇丽景色，故两者同样驰誉世界名山之中。华山险峻，泰山雄伟，黄山奇，峨眉秀，青城幽，雁荡怪，各有千秋。北京颐和园和承德避暑山庄，同为皇家苑林，然而前者富丽堂皇，后者朴素淡雅，各有其鲜明的个性，游人才不以游了其中之一便罢休。

上述个性不是某一个或两个方面的特征，而是体现于其资源、规划、开发、管理、服务等一切方面的总体特征。因此须因地制宜，在深入调查研究的基础上，找出其个性特征，以便在开发时突出它、强化它。在开发中，这一原则主要体现在以下几方面。

第一，尽可能保持自然和历史形成的原始风貌，任何过分修饰和全面毁旧翻新的做法都不可取。当然，对于那些虽有记载或传说但实物遗迹全不存在的历史人文资源，根据史料或传说在原址重新复建则另当别论。然而即使如此，也要注意尽量反映其历史风貌，而不能以现代的建筑材料和建筑风格取而代之。

第二，尽量选择利用带有“最”字的旅游资源项目，以突出自己的优越性，即所谓“人无我有，人有我佳”。例如某项旅游资源在一定的地理区域范围内属最高、最大、最古、最奇等。

当然，突出个性并不意味着单调划一，还必须使旅游点具有丰富多彩的特性，以便克服过分单调使人索然无味的状况，增强景观的吸引力。旅游开发者应努力既突出个性，又丰富多彩，两者尽可能统一起来。具体而言，应紧紧围绕个性，从各个方面开辟新的旅游项目，挖掘那些其本来所蕴含的，却又常常为人们所忽略的项目，这些项目要从不同角度出发来体现，加强个性。例如游太湖吃“船菜”，游雁荡山观看“凌空飞渡”，参观苏州古刹寒山寺时敲钟等。总之，突出个性和丰富多彩完全可以统一，而个性又处于主导、支配地位。

2. 突出民族特色，增强地方色彩

猎奇、喜新是旅游者的共同心愿，因此越是与其原来所熟悉的环境区别大，就越有吸引力。无论旅游内容、生活方式，还是接待设施、导游服务，都要尽可能具有强烈的民族和地方特点，切不可盲目照搬外国。我们耗费巨资修建的现代化大型旅游宾馆，反受到外国专家的批评。相反，竹寮、傣楼、蒙古包、葡萄架下的窑洞却受到欢迎。总之，突出民族化、保持某些传统格调正是为了突出自己的独特性，同时也有利于当地旅游形象的树立。

（三）突出重点，通盘建设

1. 突出重点优先开发

旅游资源的可开发地及数量很多，不可能都一齐上马。必须确定重点开发城市和地区的重点发展项目，使有限的资金用于急需的地方，这样才能上得去，上得快，见效快，否则容易造成欲速则不达的局面。

2. 着眼未来分期建设

制订开发计划，固然要抓重点，但是必须有着眼未来、长期建设的总体规划，也即旅游开发必须纳入各地区发展战略之中。只有在总体发展战略指导下，旅游业才能把握方向和重点。非如此，则不能煞住不分条件优劣一齐开发上马之风。在今天我国经济力量有待增强、投资规模不会过大的情况下，尤其要做好旅游资源的评价工作。坚决贯彻“少花钱，多办事”的经济原则，充分发挥现有旅游资源的利用率和对其他行业的促进作用。

（四）力求经济，保护环境

1. 尽可能带动当地经济发展

在旅游资源的开发及与此有关的建设工作中，要注意尽量利用本国或当地的原材料，使用本国或当地的技术力量和人员。除非是当地或本国实在不能解决而项目建设又特别需要的，否则不应求助外援。旅游资源开发及有关配套建设耗费巨大，大量使用进口物资、技术和外国人员，只能使相应数量的旅游外汇收入重新流失掉。

2. 尽量避免对环境的破坏

开发旅游资源的目的是为了利用。但在某种意义上，对某些旅游资源，特别是对自然旅游资源和历史旅游资源来说，开发的本身就意味着一定程度的破坏。因此，在开发旅游资源的同时，应注意着眼于对旅游资源的保护，不能单纯地片面强调开发而不顾对环境的破坏。

第四节 旅游资源的保护

一、旅游资源遭受破坏的原因

对旅游资源的破坏，从其产生原因看，大致可分为以下三大类。

（一）旅游者破坏

旅游者在景区超负荷的活动及各种有害社会公德的行为，给旅游环境造成多方面的破坏。

（1）游人过量，加剧了土壤板结化，造成古树死亡。北京百年以上古松柏共有15214株，大多植于辽、金、元、明、清等朝代，被人们誉为“活文物”，但由于公园土地被游人踏实，造成板结状态，致使古木根不能正常吸收水分和营养而逐渐衰亡。

（2）建筑物因承载游人过多而被损毁。如苏州在旅游旺季，每天平均接待20万人次，超过了可容量的3倍，其中拙政园超过可容量的5倍，狮子林超过11倍。

（3）乱扔废物。如废罐公害问题，日本每年有10亿个废罐头瓶被抛到旅游区一带。仅国立公园废罐处理费用，一年就消耗3亿日元。

（4）旅游者不道德的行为。如攀木摘花，驱散益鸟，使生态环境质量下降；在风景区和古建筑物上乱涂乱刻或公开破坏文物等。

（二）旅游业破坏

这是造成旅游资源破坏的最主要的原因。具体包括：

（1）一些古建文物管理部门，由于缺乏古建保护知识，随心所欲地改造、翻拆某些古建筑物的形貌，有的还添加许多现代建筑设施，结果降低或完全丧失了它的历史价值。如开封大相国寺两厢的现代建筑损坏了古建筑群的艺术价值；建在西安西门瓮城内的办公楼，破坏了古建筑的完整性；天津天后宫被违章建筑包围变成了大杂院；

辽城古建筑楼台部分用水泥抹面等。

（2）一些建筑物与古建筑不协调、与景观氛围不一致。我国建筑艺术的特点之一是讲求建筑与周围环境的和谐统一，特别是以群体效果体现其艺术价值的古建筑群，更有其严密的逻辑性，破坏其某些局部，就损坏了其群体价值。例如，北京旧城区内私自修建了一些超标高的高层建筑物后，古城特色和观景视线正在遭受不同程度的损害。许多建筑物周围，形成了一个不和谐的“人工盆地”之状。北京天坛南面建起了成片高层楼群，使人对祭天的圜丘失去了“九天在上”的感觉。西安小雁塔旁建起了十三层高的现代化旅馆，使著名的唐代古塔变成了锁在抽屉中的文物。苏州沧浪亭围墙外两座高大的现代建筑紧逼，使园林显得局促狭小。上述这些都是破坏古建筑环境景观、外部艺术形象、轮廓线和视线走廊的典型例子。

（3）文物管理不善或根本无人管理。不少珍贵文物被少数牟取私利、缺乏公德的人所破坏或盗窃。如景区建筑材料被拆走，墓地被偷盗，文物被倒卖，遗址被改建，林木被砍伐等。

（4）一些旅游企业在旅游资源开发时不是考虑与景区环境的协调，而是“逢山开路，过水搭桥”，随意大量增加人工内容，使景区所有的氛围、格调、布局等发生了重大变化。

（三）其他因素破坏

1. 自然因素

主要是受地震、火山爆发、水灾、火灾、飓风、地基不均衡下陷、酸雨侵蚀、流水侵蚀以及含有各种化合物的空气腐蚀等造成。如意大利著名的比萨斜塔（原建于1173 年，高 54 米，重 16000 吨），由于地震及地面不均匀下陷，使塔身离开垂直线 5.1 米，而且还在加剧。意大利“水城”威尼斯，拥有许多教堂和美轮美奂的宫殿。这些古建筑目前正在遭受流水侵蚀和空气侵蚀，腐蚀速度不断加剧。该城当局正在组织工程人员敷设管道，从阿尔卑斯山引来清水，防止该名城下陷，同时搬迁附近工厂，清除污染源地。蹲在沙漠中的埃及狮身人面像，其表面遭受含盐的水分侵蚀，石灰石一层层地剥落，使这座 4500 年前的古迹逐渐发生颓圮。

2. 不合理的垦殖活动

“泉城”济南过去因长期过量开采深层地下水，使地下水位急剧下降，造成泉水断流，枯竭，以致到“泉城”赏泉观光的中外游客，无不扫兴而归。安徽九华山的九华盆地，四周山上原为保存完好的森林覆盖，葱葱郁郁，拥青叠翠。到 20 世纪 70 年代只留下小片残林，其余尽遭砍伐，垦为农田。原来好似“天河挂绿水”的秀丽的“九芙蓉”，变成光秃秃的山岭。目前，正制定九华山规划，让住户迁至山下，尽快恢复原来秀丽的景色。

3. 工业“三废”污染

工业企业的“三废”污染，已使许多幽美的自然环境和景区生态平衡遭受严重的破坏。例如，墨西哥南部的阿卡普尔科海滨，原是山清水秀、沙被细软的度假、消暑、沐浴的旅游胜地。但是近年来遭受到前所未有的严重的污染，美丽迷人的海滩变成龌龊邋遢的垃圾场。“三废”不仅污染风景区的水，而且使大气增加了 CO_2、SO_2 以及酸类化合物质，通过空气这一媒介，间接地侵蚀各种文物古迹。例如，希腊圣山卫城山巅的雅典女神庙（距今 2400 多年），历经地震和战争都未倒塌。但现代的化学云、酸雨侵蚀，却使它发生剥落。希腊文物管理者，因无妥善的保护办法，只好将女神庙中的石柱移至附近博物馆。耸立在美国纽约港口的自由女神像，原为法国送给美国的礼物，近百年来，塑像表面也遭受空气污染的侵蚀。

4. 战争破坏

世界上有许多文化古迹和风景名胜毁于战争之中，我国的情况尤为严重。从鸦片战争后，帝国主义各列强为瓜分中国领土和扩展殖民势力，对中国发动了一次又一次侵略战争。我国许多珍贵文物都被帝国主义者掠夺和破坏，酿成一系列中外历史上盗窃文物的特大案件。

北京的圆明园是耗费巨款，经 150 多年建起来的世界上最大的皇家园林，占地面积 330 多公顷（5000 多亩），重要景点 100 多处。它不仅吸引了中国江南园林“秀”的特色，集中了北方园林“雄”的壮观，而且吸取了世界园林的精粹，成为中外园林艺术的集大成者，被人们誉为“万园之园”“东方凡尔赛宫”。这样一个稀世名园，在 1880 年被英法联军化为灰烬。

二、旅游资源的保护措施

对旅游资源的保护可分为被动式保护和主动式保护两种。这种消极保护与积极保护之间的关系实际上也就是“治”与“防”的关系。显然，对旅游资源实施保护的具体原则应当是以“防”为主，以“治”为辅，“防”“治”结合，运用法律、行政、经济和技术等方面的手段，强化对旅游资源的管理和保护。

1. 针对自然作用的危害

对于因自然作用的原因而可能带来的危害，旅游资源管理者应采取必要的技术措施加以预防。例如，西安已将秦俑坑和半坡遗址等古迹辟为室内展览馆，以减小自然风化作用的影响。对于容易遭受鸟类危害的古建筑，在有关部位架设防鸟的隔离网罩等做法也都是积极防护的成功尝试。对于因条件限制不另采取类似措施的旅游资源，则应经常检查，对发现的问题及时进行治理。

2. 针对旅游者方面的原因

为了防止由于旅游者方面的原因而对旅游资源可能带来的危害，首先应加强该地的旅游规划工作，充分估计接待能力饱和将会对旅游资源的破坏性影响。一旦出现“人满为患”这种接待量超负荷的情况，便应采取要么提高价格，要么设法将游客引流分散至其他参观点，要么控制来访游客进入数量等选择措施，因为在这种时候，对旅游资源的安全威胁最大。此外，对于重要的文物建筑及珍稀动植物等旅游吸引物，应架设隔离装置，避免游客触摸攀爬。对违反规定的参观者要予以制止，并视情节严重程度给予批评、课以罚款直至追究其法律责任。

3. 针对当地居民和旅游业方面的原因

对于因当地居民和旅游业者的行为失当而对旅游资源造成的破坏，除应加强对保护旅游资源的宣传工作外，还应制定必要的法律法规加以约束。由于旅游资源的多样性及其在一定程度上具有主观效用的特点，人们不宜指望能制定一套专门而全面的旅游资源保护法。但我国目前已经颁布的法律法规中，有不少都直接与保护旅游资源有关，例如文物保护法、森林法、环境保护法、野生动物保护法等。在采取预防性措施的同时，对危害和破坏旅游资源的单位和个人要给予必要的行政处罚和经济处罚。对造成严重破坏者，要追究有关人员的法律责任。最后，无论是治理自然作用原因还是人为原因而对旅游资源造成的破坏，关键是要分派和落实有关保护工作的责任。由于目前在管理体制方面存在的问题，如何将旅游资源保护工作落到实处，将是旅游资源保护工作实行成功的关键。

思考题

1. 按照旅游资源的成因，可以将旅游资源划分为哪些类型？请举例说明。
2. 如何理解旅游资源的综合性特点？
3. 旅游资源开发的内容包括什么？

“东方普罗旺斯”大打薰衣草之旅品牌推动旅游业发展

有“东方普罗旺斯”之称的新疆霍城县，大打薰衣草之旅品牌，通过举办薰衣草文化旅游节、做大做精薰衣草产业、推出薰衣草园旅游路线、举办薰衣草产业发展主题高峰论坛等活动，全力打造“薰衣草”品牌，让薰衣草成为当地的旅游王牌，让小小的薰衣草花汇成的紫色海洋吸引国内外游客，推动当地旅游文化产业发展。

霍城县旅游局局长马志军告诉记者，“中国薰衣草之乡”霍城薰衣草文化旅游节举办的初衷就是依托霍城丰富旅游资源，围绕“中国薰衣草之乡”“东方普罗旺斯”的城市品牌推广方向，通过“造节”，在6~9月旅游旺季掀起一场全疆全国“游霍城”的旅游热，全面提升霍城城市品牌形象，作为城市名片带动城市旅游产业，将此次旅游节发展成为集观光、游园、美食、购物、文娱为一体的综合性城市庆典，推动城市经济发展。

据了解，霍城薰衣草文化旅游节已经连续举办三届，其中去年举办的第三届薰衣草文化旅游节邀请了中国作家协会、书画界、摄影界、疆内外媒体记者、旅行社、旅游团队和芳香产业方面的国内外专家500多人，累计吸引游客15万人次，当地宾馆酒店日接待过夜游客接近4000人次，赛里木湖、清水大酒店等宾馆更是连续几日爆满。开幕式活动期间，宾馆酒店平均入住率达到100%。

霍城解忧公主薰衣草园副总经理崔颖说，薰衣草是伊犁的特产、霍城的特色。作为新疆著名的薰衣草品牌，解忧公主薰衣草园是国家3A级旅游景区，三届薰衣草文化旅游节促进了霍城薰衣草产业的发展，薰衣草已然成为霍城旅游形象品牌，并初步形成了种植、观光、加工、销售旅游产品体系，其中解忧公主系列产品更是入选“新疆礼物”和“伊犁礼物”。

记者了解到，第四届霍城薰衣草文化旅游节目前已经形成两条成熟的旅游路线，其中一日游线路为惠远古城—解忧公主薰衣草园—果子沟—赛里木湖景区—霍尔果斯口岸—可克达拉景区；二日游线路为果子沟赛里木湖景区—芦草沟科古尔琴薰衣草园—可克达拉草原之夜风情园—霍尔果斯口岸—清水河解忧公主薰衣草园—惠远古城—伊宁。

通过这两条旅游线路，游客可以尽情地体验芳香之旅，尽显文化底蕴。其中在解忧公主薰衣草园的系列活动体验游，游客可以通过探香、论香、寻香、惜香、采香、品香等系列活动，体验到一场集视觉、味觉、嗅觉综合一体的薰衣草产业文化盛宴，享受最美的薰衣草文化。

此外，活动期间举办的中国薰衣草产业发展主题高峰论坛，将邀请法国著名薰衣草专家皮埃尔·罗斯博士、法国著名调香大师凯瑟琳女士等中外著名学者专家、疆内外旅游企业、薰衣草开发研究机构相聚霍城，游客可以享受到私人定制现场调制出最适合自己的香薰。

资料来源：新华网，2014-04-19。

1. 由材料可知，传统的薰衣草是如何成为吸引游客的旅游资源的？这一变化的原因是什么？

2. 根据新疆霍城的经验，我国广大乡村地区应如何开发自身特色的旅游资源？以自己家乡为例。

第五章 旅游业

教学目的

掌握旅游业的基本概念和构成；了解旅游业的性质和特点；掌握旅游业主要组成部分，如酒店、旅行社和交通部门的基本内容和特点。

教学内容

1. 旅游业的概念和构成；
2. 旅游业的性质；
3. 旅游业的特点；
4. 旅行社的经营特点；
5. 酒店的经营特点；
6. 旅游交通部门的划分和特点。

重点难点

教学重点：旅游业的概念和构成。

教学难点：旅游业的特点。

第一节 认识旅游业的概念和构成

一、旅游业的概念

在近代旅游业产生之前，旅游活动仅是旅游者和旅游资源之间的联系，这种联系是自发的和个体的行为，并且是极少数人参加的活动。产业革命不仅促进了生产力的巨大发展，而且也深刻地改变了生产关系和生活方式。旅游活动日渐普及，旅游业应运而生。第二次世界大战后，旅游业持续迅猛发展，确立了它在国民经济中的产业地位。根据世界旅游理事会的报告，1996 年，全世界旅游业总产值占全世界 GDP 总量的

10.7%；全世界居民旅游消费支出占全球总消费支出的11.3%；全世界旅游业的资本投资占全球总投资的11.9%；全世界旅游业直接和间接就业人数占全世界就业劳动力的10.8%。这些数字表明，进入20世纪90年代后旅游业已经发展成为世界上最大的产业。早在1980年，世界旅游组织（WTO）发表的《马尼拉宣言》中明确提出：数以百万计的当代人，在利用休假时间和理解生活质量时对旅游表示出的重视程度，使各国政府有必要研究并扶持旅游业的发展。1989年，在荷兰海牙举行了各国议会旅游大会，通过了《海牙旅游宣言》，其中提出：旅游业将能成为各国社会经济增长的有效手段，要把旅游业置于同农业、工业、卫生、社会福利教育部门相等同的优先发展地位，并作为国家综合发展计划的一个组成部分。毫无疑问，旅游业作为国民经济中的一个重要产业的地位是明确的和不断提高的，旅游业的发展对于经济增长和社会进步都具有重要意义。目前，世界上几乎所有国家政府都在积极倡导和支持发展旅游业。现代旅游业不仅已经成为世界经济中的支柱产业，而且是具有广阔前景的“朝阳产业”。

但是，就理论上看，关于旅游业概念的争论一直没有停止，旅游业概念迄今尚未统一。日本旅游学家前田勇先生在《观光概论》一书中认为：“旅游业就是为适应旅游者的需要，由许多不同的独立的旅游部门开展的多种多样的经营活动。”美国旅游学家唐纳德·兰德伯格在《旅游业》一书中认为：“旅游业是为国内外旅游者服务的一系列相互关联的行业。旅游关联到旅客、旅行方式、膳宿供给、设施和其他各种事物。它构成一个综合性的概念——随时间和环境的不断变化，一个正在形成和正在统一的概念。”而美国著名旅游学家托马斯·戴维逊则认为：“旅游根本不是一个产业，而是一些产业的集合。”他的结论是：将旅游定义为产业是不正确的，因为这个定义贬低了旅游的真正意义。旅游是一种社会经济现象，它既是一个经济进步的发动机，也是一种社会力量。旅游远不止是一个一般意义的产业，旅游更像一个“部门”，它影响着一大批产业。

关于旅游业概念之所以有不同见解，是因为在经济学中，“产业”被定义为：“所有生产相同产品的单个企业的集合”。所谓相同产品是指相互可替代性的产品。也就是说，作为一个产业应当是由一些单个的同类企业组合而成，这些企业具有共同的基本活动（经营相同的业务或生产相同的产品）并且有统计意义的规模。一个产业的投入产出应当能准确地核算和确定。显然，旅游业距离这些传统的产业界定标准相去甚远。首先，旅游者的旅游活动是一种社会现象而不是一种生产性活动。而旅游活动的顺利实现需要借助多种行业或企业提供的商品和服务，作为一种经济力量，旅游者花费的影响几乎是无所不及，因此同类企业的标准不适合于旅游业。饭店的业务和产品不同于旅行社，旅游交通的业务和产品也不同于饭店。而可替代性的标准也不适合于旅游业，旅游者所购买的各种产品都是其旅游经历或过程中的一个组成部分，相互之间不可替代，食品和住宿不可替代，娱乐和交通也不可替代，诸如此类的情况在旅游业中普遍存在。其次，旅游业的投入产出难以准确地核算和确定。因为从宏观上看，旅游业的行业范围不清，旅游业是分散于和时隐时现于社会经济的巨系统之中，旅游业的产品是诸多有关的行业或企业共同提供的，国民经济中几乎没有哪个消费企业根本不从旅游者身上赚钱。而从微观看，除了旅行社是实实在在为旅游而出现和存在的企业外，很难说哪一种企业是专为旅游活动而单独存在的，也几乎没有哪个企业的收入完完全全地是从旅游者那里得到的。因此，要准确地核算出旅游业的投入产出几乎是不可能的。目前，人们只能通过对有关的交通运输业、住宿业、饮食业、旅行社业等产业或行业的投入产出情况进行调查、分析和综合，从而估定出旅游业的投入和产出。

可见，按照传统的产业界定标准，以产品为依据的产业定义法不适用于旅游业。也正是由于上述原因，在世界上绝大多数国家颁布的标准产业分类中，甚至在联合国公布的《国际标准产业分类》中，都没有将旅游业列为单独的立项产业。

显而易见，旅游业不是传统意义上的“产业”。旅游业是随着旅游活动的发展和普及而兴起的，而旅游活动又是以旅游者的消费活动为起点的。旅游者的消费活动可以简要地表述为下面的过程（见图5-1）。

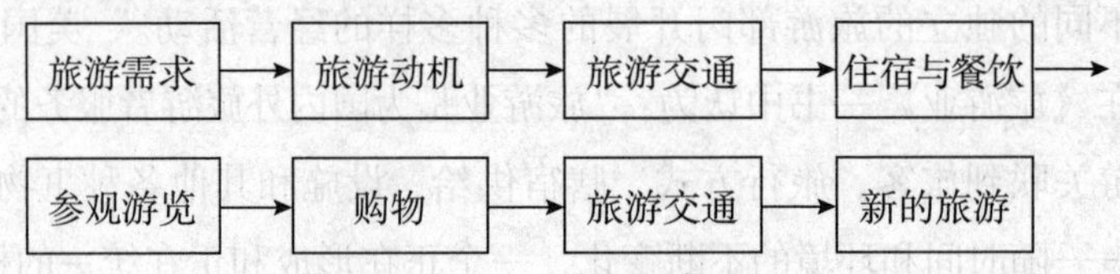

图5-1　旅游者的旅游消费过程

从旅游活动的过程来看，旅游者旅游需求的多样性决定了旅游产品的综合性。旅游业至少应包括以下三方面的内容：第一，与旅游“准备”相关的行业，如办理旅游宣传、旅游问询和预订业务的旅行社、出售旅游用品的商业等；第二，与旅游“移动”相关的行业，如交通运输业的铁路、航空、汽车、轮船运输等；第三，与旅游“逗留”相关的行业，如饭店业、饮食业、出租车业、旅游娱乐、旅游购物以及旅游景点经营部门等。此外还涉及许多相关行业。

如果从旅游活动的组织和经营管理的角度来看，旅游业还涉及许多经济部门和非经济部门，其范围更为广泛。除了直接和间接与旅游有关的企业外，支持旅游发展的各种旅游组织也是旅游业的组成部分。虽然这些旅游组织属非经济部门，但是它们负责旅游开发、管理、教育等方面的事务，与旅游者和相关旅游企业有着十分密切的关联，对于推动旅游活动和旅游业的发展起着重要的支持作用。事实上如果从整个社会经济系统的角度来看，旅游业的发展不仅有赖于旅游资源的开发和利用，而且还要依靠工业、农业、商业、电信、金融、文教、卫生、环保、公安、海关等诸多部门和行业的配合，它们共同构成旅游业发展的客观环境，而当这些部门和行业在同旅游者发生关系时，都要提供相应的服务。

旅游业的范围包括各种各样的企业和组织，旅游业的行业范围难以明确界定。但是旅游业又是一个实际存在的产业，而把各种各样的企业和组织贯穿到一起，组成旅游业这个广大而实在的产业的因素就是它们拥有共同的服务对象——旅游者。因此，传统的以产品为依据的产业定义法不适用于旅游业，而在市场经济的发展中，行业的交叉与融合也已成为趋势。就旅游业而言，以服务对象为依据来定义旅游业更为科学。据此，我们可以将旅游业定义为，以旅游者为对象，为旅游者提供旅游活动所需产品和服务的行业群体所组成的综合性产业。

这种定义的科学性体现在以下三点：第一，体现了旅游产业各行业的内在关联——以旅游者为服务对象。旅游产业由众多不同行业组成，各行业的产品性质和服务内容差异很大，各不相同，如饭店业提供食宿服务，旅游交通业提供交通服务，旅行社业提供接待服务，如此等等。但这些行业都有一个共性，就是均以旅游者为服务对象，为旅游者的旅游活动创造便利条件并提供所需的有形产品和无形劳务。旅游者这个共同的服务对象是把各行业联系到一起并归并于旅游产业之中的内在因素。第二，突出了旅游产业大产业的特点。旅游需求的多样性和旅游活动的综合性决定了旅游业的综合性。旅游业不仅包括旅行社业、饭店业、景观业、旅游交通业，而且还包括商业、娱乐业、邮电通信业、餐饮业及其他相关行业。旅游业不是一般意义上的“产业”，而是大旅游和大产业，它既包括了一大群行业，又影响着一大批产业。只有当所有相关行业处于彼此协调，共同发展的状态时，才能推动旅游业健康发展；反之，其中任何一种行业的滞后都可能制约旅游业的发展。因此，发展旅游业不是依靠一个部门或行业就能实现的，必须依靠众多部门和行业的共同努力。第三，以服务对象为依据定义旅游业更能体现旅游业第三产业的产业属性——服务性产业。作为第三产业的组成部分，旅游产业是为了满足人类除物质需要以外的更高级的需要即精神需要。旅游业的发展必须以第一、第二产业的一定发展为基础；反过来，旅游业的发展又从更广的领域为第一、第二产业的发展创造有利条件，同时也使社会生活内容更加丰富，社会生活质量更加提高。因此，旅游服务就成为旅游产业各组成行业和企业共有的产品。旅游产业中各行业和企业基于共同的服务对象必须进行合作与协调，也必须“以人为本”强调旅游者满意，因为让旅游者感到满意与实现旅游业的经济与社会效益是完全一致的。

二、旅游业的构成

旅游业是由以旅游者为共同服务对象的一些行业群体所组成的综合性产业。由于旅游者旅游需求的多样性和旅游活动的全方位性，旅游业的行业范围广泛。在旅游业的行业群体中，根据各行业与旅游者关联度的不同，可将旅游产业的行业群体分为以下两大类：一类是旅游核心行业——专门或主要为旅游者提供旅游产品和劳务的行业，最具代表性的是旅行社业、饭店业、旅游交通业和旅游景观业。这些行业同旅游者的关联度最大，以旅游者为主要服务对象，满足他们最基本最直接的旅游需求，依赖旅游者的存在而存在和发展，其发展水平最准确和直接地反映出一国或地区旅游产业的发展状况和所处阶段，可以把他们称为"狭义旅游业"。另一类是旅游依托行业——既为旅游者，同时又为其他社会公众提供产品和劳务的行业，如餐饮业、娱乐业、商业、水电等。之所以称之为"旅游依托行业"，是因为它们是旅游活动必不可少的依托，旅游核心行业的日常运营和发展无不受到依托行业的制约影响。这些行业同旅游者的关联度较小，不以旅游者为唯一或主要的服务对象。当这些行业为旅游者服务时，是事实上旅游业的一部分；在它们为其他社会公众服务时，只是可能性的旅游业。因此，从某种意义上说，旅游业作为一个实际存在的产业，其行业范围不清，也许是一个始终无法完全解决的问题。

此外，支持旅游发展的各种旅游组织，虽然不是以直接营利为目的的企业，与旅游者的关联度小，但它们在引导和规范旅游业发展方面起着重要的支持和干预作用，毫无疑问是旅游业构成的重要部分。

三、旅游业的功能

旅游业是随着旅游活动的发展应运而生的，而旅游业的形成反过来又大大推动了旅游活动的发展和普及。旅游活动作为人类社会生活的一项重要内容，历史悠久，但在旅游业诞生之前，旅游活动的规模小，内容单一，没有普遍的社会意义。其中一个重要原因是因为从本质上看，旅游活动属于人类一种高层次的消费活动，是非生产性的活动。旅游意味着消遣、休闲和娱乐，传统意义上是工作的反义词。因此在相当长的历史时期里旅游没有被看成是经济发展的一个组成部分，尽管有一定的旅游需求和旅游市场，但是一直缺乏必要的旅游供给和旅游产品，旅游活动也难以迅速发展和普及。而旅游业诞生之后，情况发生了根本变化。旅游业一方面在旅游者和旅游资源之间架起一座便利的桥梁，使旅游活动变得方便易行。更为重要的是，旅游业通过生产和提供旅游产品和旅游供给，不断满足旅游市场和旅游需求，从而引导、刺激和推动着旅游活动的规模日益扩大。现代旅游的迅速普及和发展，与旅游业的推动作用是密不可分的。

（一）经济功能

在旅游业的多种功能中，经济功能是最基本的，具体表现在：旅游业创汇能力强，换汇成本低，有利于平衡国际收支；旅游业提供就业机会较多，且就业成本较低；旅游关联带动作用强，能有力地带动交通、通信、商业、建筑等相关产业的发展；旅游业还有助于缩小建区差别，促进区域间经济和社会协调发展。

（二）文化功能

因为旅游者是在一定文化背景下的产物，其旅游需求总体都是属于精神需求，旅游者在各种各样旅游活动中体现出来的本质是文化享受。而旅游各行业或企业向旅游者提供的有形产品和无形劳务，都是一定地域和民族文化的表现形式，表征着旅游目的地国家和民族的文化水平和文化特色。因此，旅游业还有助于提高民族素质，弘扬民族文化，更新思想观念，增进国家和民族之间的相互了解与交流。

（三）社会功能

世界旅游组织（WTO）早在1980年发表的《马尼拉宣言》中提出：旅游是人类社会基本需要之一，各国政府应将旅游纳入本国社会发展的内容，使旅游度假成为人人享有的权利。从这个意义上说，不论各国旅游业发展水平如何，旅游都是促进社会发展的积极因素。在现代社会中，人们的工作和生活节奏明显加快，紧张的劳动、工作和竞争，不仅会造成人们体力和精力的消耗，也会带来巨大的心理压力，影响着人们的身心健康，这一情况显然同发展社会经济的目的相违背。而从另一方面看，探索和认识外界事物，这是在社会发展过程中形成的人类的特性之一。因此在现代条件下，旅游成为满足人们调节身心和探奇求知需要的重要方式之一。

旅游活动发展的实践表明，参加旅游活动不仅可以调节人们身心节律，使人们恢复体力和放松身心，而且可以开阔视野，增长知识，提高人们的生活质量。因此，世界上不少国家都把发展旅游业纳入本国社会经济发展的内容之中，其出发点就是旅游业的社会功能。例如，法国政府明确提出，发展旅游旨在提高人民的生活质量。美国政府1961年在商业部下设“美国旅游事务处”时便规定该机构的三大宗旨之一是“尽最大可能为美国人民的健康和福利作贡献”。1981年，美国颁布的国家旅游政策法案中也指出：“旅游和娱乐业对美国之所以重要，不仅是因为其市场和产业规模的庞大，而且是因为它们给个人和整个社会所带来的巨大福祉。”2008年我国正式施行的《职工带薪年休假条例》从法律规定和保障了我国职工的休闲度假权利。也正是基于旅游社会功能的考虑，世界上很多国家都以不同方式倡导和支持“社会旅游”，以帮助低收入阶层参加到旅游活动中来。

（四）环境功能

大多数旅游资源，无论是自然旅游资源还是人文旅游资源，其本身就是旅游目的地环境的组成部分。而旅游资源如果利用和保护不当，又很容易遭到破坏，这种破坏轻者会造成旅游资源吸引力下降，重者可能会使目的地的旅游业失去赖以存在的基础。因此，随着大众旅游的发展，旅游业对环境的依存性越来越强，人们对于发展旅游业的环境意识也日益提高。如今，在不少国家，保护环境和有助于改善环境已经成为旅游开发决策者首先要考虑的问题，发展旅游业起到了保护和改善环境的积极作用。旅游业有助于旅游景点的维护、恢复和修整，旅游业有利于促进旅游目的地环境设施的改善，旅游业还使旅游目的地的环境卫生得以重视。优美的环境是吸引旅游者前来访问和旅游业持续发展的必要前提，旅游业的环境功能正日益显现出来。

第二节　了解旅游业的性质和特点

一、旅游业的性质

旅游业的性质与一般产业不同。作为一个产业，旅游业是随着旅游活动的扩大和商品经济的发展而产生的，其首要目的是为旅游者服务，为旅游者提供旅游活动所需产品和服务。因此，通过旅游产品的生产与销售为旅游者的旅游活动提供便利服务，从中获取收入和盈利是旅游业生存与发展的前提。就宏观角度来看，旅游业是国民经济的组成部分，和其他经济产业一样，也存在生产、流通、交换、消费的经济过程，也生产具有价值和使用价值的产品，也存在生产要素的投入和产出，也存在市场竞争。就微观来看，旅游业的主要构成是各类旅游企业，而它们都是以营利为目的并需要进行独立核算的经济组织。因此，旅游业是一项经济性产业，这是旅游业的本质属性。

但是，旅游业又有别于其他经济产业，就在于它还具有很强的文化性。旅游业发展的最终目的是达到人民生活质量的全面提高。因此旅游者在行、游、住、食、购、娱等方面所付出的旅游消费，本质上都是文化消费，旅游者旅游活动所追求的也是高层次的精神和文化享受。而旅游业要为旅游者的旅游活动创造便利条件，其产品使用价值的核心就是“服务”，通过“服务”来提高旅游者旅游活动的经历质量和满意程度。因此，旅游业在生产和销售旅游产品——服务时，必须要突出文化性。旅游业的生产与经营必须“以人为本”，强调人文关怀精神，为旅游者提供全方位和个性化的服务，以满足旅游者高层次精神和文化享受的需求，提高人们的生活质量。所以，旅游业还具有突出的文化性，这是同一般产业性质根本不同的地方。

旅游业的产业性质可以表述为具有文化性的经济产业。经济性是旅游业的本质属性，而文化性是旅游业与其他产业相区别的特性。旅游业只有从市场观念出发，按经济规律办事，为旅游市场生产和提供适销对路的优质产品，才能获得生存与发展。旅游业的经济性是旅游产业发展的基础，也是旅游业其他功能得到更好发挥的保证。实质上，旅游业性质的“双重性”就是由旅游活动的双重结构所造成的。

二、旅游业的特点

（一）综合性产业

旅游业的服务对象是旅游者，而旅游者旅游活动的需要是多种多样的。为了满足旅游者的多种需要，就要由多种不同类型的行业和企业为旅游者提供商品和服务。它们各自独立又相互依存，互为补充，共同为旅游活动创造便利条件，保证旅游活动的顺利进行。就产业范围看，旅游业包括所有为旅游者旅游活动提供产品和服务的行业群体；就生产要素的投入看，旅游产业中既有资金密集型的饭店业，又有知识密集型的旅行社业，也有劳动密集型的旅游工艺品生产销售业，还有资源密集型的旅游景观业。所以，旅游业是一个综合性的大产业。

旅游业的综合性特点，对于旅游业的经营和管理具有重要的实际意义。第一，就一个旅游目的地而言，构成旅游业的各独立行业，虽然其产品的生产过程和特点各不相同，但是，它们都是该地总体旅游产品的组成部分，各行业之间相互依存与补充。其中任何一个行业都不可能脱离其他行业取得独自发展，反之，其中任何一个行业发展滞后，也会制约整个旅游产业的发展。因此，旅游业中各行业必须相互协调，紧密协作。第二，旅游业各组成行业和企业由于分布分散，生产经营独立，所有权各不相同，使得相互之间的协调与协作不可能自动地实现。因此，必须加强对旅游产业的宏观管理与干预，以引导和规范旅游业的健康、协调和持续发展。第三，综合性还使旅游业具有较强的关联带动作用。作为一个行业群体，旅游业发展必然会使直接为旅游者服务的旅游核心行业首先发展起来，如旅游交通业、旅行社业、饭店业等；而间接为旅游者服务的相关各业也会受到旅游业发展的刺激而相应发展，涉及公共交通业、餐饮业、商业、娱乐业、邮电通信业、城乡基础设施、工业、农业、园林业以及环保、医疗、文化、体育、外事等众多行业和部门。

（二）依托性强的产业

旅游业是依托性很强的产业。旅游业属于第三产业，在国民经济产业链条中处于下游产业的位置，其本身是以第一、第二产业的一定发展为基础的，具有较强的依托性。具体来看，旅游业的发展，不仅要凭借旅游资源，更重要的是要依托工业、农业、邮电通信业、交通运输业以及水、电、气等基础设施的发展，实质上是以国民经济总体的相对发达或高度发达为依托的。国民经济的发达程度在一定程度上决定着旅游业的发展水平，也影响着旅游服务质量。由于旅游业的依托性强，因此旅游业的投入产出呈现出由低到高的发展过程。在旅游业发展的早期，由于基础设施不完备，依托的基础不足，旅游业发展是高投入，低产出的时期，且旅游收入主要在旅游经营企业和个人手中，对地方财政收入的贡献不大，表现为“富民不富国”。旅游业发展的中期是中投入、中产出的时期，这一时期地方财政收入得以增加，表现为“富民富地方”，旅游业对国民经济的贡献开始趋于显著。到了旅游业发展的后期，国民经济的相对发达加强了旅游业发展所依托的基础，旅游业进入低投入、高产出的时期，旅游总收入相当于国内生产总值的比重明显提高，达到“富民又富国”。

原来有一种观点，认为旅游业是投资少，见效快，效益高的产业，这种观点本身并不错，是从西方旅游业发达的国家照搬过来的，但它所反映的是旅游业发展后期的情况，与我国旅游业发展的现实并不相符。

（三）服务性的产业

旅游业属第三产业，在本质上是服务性产业。旅游业的产品是旅游目的地为满足旅游者的需要而提供的全部服务的总称。在旅游产品的构成中，既包括有形的物质产品，如餐饮产品、旅游工艺品等；也包括无形的精神产品如社会文化氛围、服务员的状态与劳动等。但就旅游者而言，其旅游需求的本质是精神需要，是人们物质需要得以满足之后的更高级的需要。因此，旅游产品总体上表现为旅游服务。“服务”是旅游产品的核心和精髓，旅游产品中的有形产品在消费过程中与无形服务是不可分割的。旅游者对旅游产品的消费得到的是一种体验，是生理和心理上的满足感与愉悦感。所以，旅游产品质量高低取决于其产品适合和满足旅游者的程度，取决于旅游服务质量的优劣。

旅游业的服务性对旅游业的经营管理具有重要意义。旅游业的服务对象是人，而旅游产品的生产者也是人。因此，旅游业经营管理必须“以人为本”，尊重人，关心人，强调人情和文化。

（四）环境密集型产业

旅游业与自然、社会文化环境之间有着非常紧密的联系。旅游资源是旅游业赖以生存与发展的前提条件，而无论是自然旅游资源还是人文旅游资源，其本身就是旅游目的地环境的组成部分：由于旅游者旅游活动的开展是以旅游目的地的环境为背景和依托的，因此，旅游目的地的环境就成为发展旅游业最基本的要素。旅游目的地环境不仅是吸引旅游者来访的重要决定因素，而且其质量还影响来访游客的访问经历和满意程度。从这个意义上讲，旅游业是一项环境密集型产业。旅游业比任何产业都更依赖自然、社会文化环境的质量，而旅游目的地环境的破坏对旅游业所产生的不利影响比其他产业更为直接和显著。过去在认识和宣传上对此存在误区，片面强调旅游业是“无烟工业”，其结果导致旅游资源开发和旅游业发展在产生经济利益的同时，也付出了大量的环境代价，比如旅游资源开发破坏了旅游目的地的自然生态系统，旅游业发展冲击了旅游目的地社会的价值观念和文化传统等，从而威胁旅游业持续发展。因此，发展旅游业必须保护好自然和社会文化环境，强调经济效益、社会效益和环境效益并重，坚持可持续发展的战略和原则。

第三节　旅行社业

一、旅行社的概念、性质与作用

旅行社起源于19世纪40年代的英国，是随着人类旅游活动的发展应运而生的，旅行社的产生与发展给人类旅游活动带来了重大变革。旅行社已成为旅游业的支柱企业和集中代表，在旅游业中占据着十分重要的地位。

（一）旅行社的概念

旅行社，顾名思义就是为旅游者提供旅游服务的机构，但由于世界各国社会经济和旅游发展状况不同，人们对旅行社的解释和规定也不一致。我国国务院2009年颁布了《旅行社条例》，根据条例中的解释，旅行社是指从事招徕、组织、接待旅游者活动，为旅游者提供相关的旅游服务，开展国内旅游业务、入境旅游业务和出境旅游业务的企业法人。

（二）旅行社的性质

旅行社种类很多，企业名称不一，规模相差悬殊，但就其性质看都是旅游产品生产者与消费者之间的中介，是通过提供中间商服务获取收益的企业。

1. 旅行社是旅游中介机构，而不是生产机构

作为一个企业，旅行社自身不生产产品，而是根据市场需求和供应可能。对各种旅游产品进行“再加工”——设计与组合，这些各种旅游产品分别由不同的旅游产品生产者提供，如饭店提供食宿，航空公司提供空中交通等。旅行社在对旅游产品进行设计与组合的过程中，资金、技术、劳动力等生产要素的投入很少，而主要是观念上的创新。因此，原则上旅行社组合自己产品并不创造新的价值。旅行社的收益主要来自作为中间环节的批零差价以及作为提供代理服务的佣金。所以，旅行社不是生产性企业，而是旅游中间商。虽然有些旅行社除了从事旅游产品销售外，还为旅游市场提

供咨询和导游服务，但是这些服务不能从根本上改变旅游产品的性质，而是为了达到扩大旅游产品销售之目的而附加的服务。因此，从本质上说，旅行社是沟通旅游产品生产者与消费者的重要流通环节，具有中间商的性质。

2. 旅行社是通过提供中间商服务获取收益的企业

旅行社作为旅游中间商，销售旅游产品以获取收益。旅行社作为独立的企业法人，应当自主经营、自负盈亏，独立承担民事责任。要实现上述目标，旅行社也必须以营利为目的。旅行社是通过提供旅游中介服务获取收益的，因为旅游者旅游活动的需要是多种多样的，而满足旅游者旅游活动所需的产品和服务是分别由不同旅游企业生产提供的，这些产品和服务可以由生产者直接出售，但通过旅行社出售则是一种更为经济合理的选择。换言之，旅行社从旅游产品生产者那里买进各种旅游产品与服务并转售给旅游者。从广义上来说，旅行社行业是旅游产品的主要销售渠道，因此，旅行社是通过提供中间商服务获取收益的企业。

（三）旅行社的作用

1. 旅行社是联系旅游需求与旅游供给的纽带，是旅游业的支柱企业

旅游需求与旅游供给都是社会经济发展到一定阶段的产物，也是旅行社赖以生存和发展的前提条件。旅游者的旅游需求具有多样性、差异性和高弹性。一方面，旅游者旅游需求表现为行、游、住、食、购、娱等诸多方面的需要。旅游者不仅要获得物质上的满足，而且还要求获得精神上的享受。另一方面，受旅游者个性及社会经济与文化因素的影响，旅游需求又表现出明显的差异性，不同旅游者的旅游动机和旅游需求不同。此外，旅游需求还受旅游者各种主客观因素以及社会政治、经济、文化和自然因素的影响，具有高弹性。

旅游供给也具有综合性，影响因素众多。但旅游供给产品总体上表现为旅游服务，作为一种无形的服务性产品，旅游产品的生产与消费同步进行，具有不可储存性。显然，旅游需求的高弹性与旅游供给的不可储存性之间存在着反差。更为重要的是，旅游供需关系还有独特的空间特征。一方面，旅游供给在地域上是不可移动的，而旅游需求是可移动的。旅游需求必须到达旅游供给地才能得到满足，这与一般的商品供需情况正好相反。另一方面，旅游资源是旅游供给的重要组成部分，而旅游资源的分布在地域上也是不均衡的，从而加剧了旅游供需的空间不平衡现象。在旅行社出现之前，旅游供需之间是分离的，而旅游供需之间存在的反差和空间不平衡，使旅游活动的规模难以扩大。随着旅行社的出现，在旅游需求与旅游供给之间形成一条联系紧密的纽带，从而推动着旅游需求不断增长和旅游供给的不断扩大。

从旅游需求看，旅行社是旅游活动的组织者和便利者。第一，旅行社把旅游者需

要的多种服务组合起来，一次性销售给旅游者，使旅游活动方便易行；第二，旅行社提供咨询、预订等有关服务，保证旅游活动顺利进行；第三，旅行社提供的总体旅游产品比之旅游者自己分头直接购买更为便宜；第四，旅行社通过精心设计和组合产品，提供优质服务，提高旅游者旅游活动的质量。

从旅游供给看，旅行社是旅游产品的销售渠道。旅游产品的生产者如交通运输部门、饭店等虽然也直接向旅游大众出售自己的产品，但由于旅游者分布广泛，并且具有潜在性，因此单个旅游企业要完全依靠自己的力量打开和占领旅游市场力有不及。旅行社作为专门从事旅游中介服务的企业，分布各地的旅行社广泛联系，共同组成一个庞大的销售网，深入到客源市场之中销售旅游产品。在现代大众旅游的情况下，旅游产品的生产者经常不直接与旅游者发生购销接触，而是通过旅行社这一中介完成销售工作。

旅行社一方面为旅游者实现其消费需要服务，另一方面又为旅游产品生产者实现其销售需要服务，从而把供需双方结合起来，推动和促进旅游业的发展。因此，旅行社是旅游业的支柱企业。

2. 旅行社是旅游业的前锋

旅游活动是一种人的地理位置的移动，旅游者必须从旅游客源地到旅游目的地才能达到旅游的目的。旅行社作为沟通旅游供给与旅游消费的重要流通环节，一方面，在旅游业的各有关组成部门中，旅行社是最接近客源市场并且首先直接同旅游者接触。因此，旅行社对旅游市场的信息了解得也最快。另一方面，旅行社同旅游业其他各组成部门都有密切联系，有关部门或企业的产品和信息往往也是通过旅行社传达到客源市场的。所以，旅行社在了解旅游需求及指导旅游供给方面起着非常重要的作用，旅行社是旅游业的前锋。这一点无论是在旅游目的地还是旅游客源地都表现得十分明显（见图5-2）。

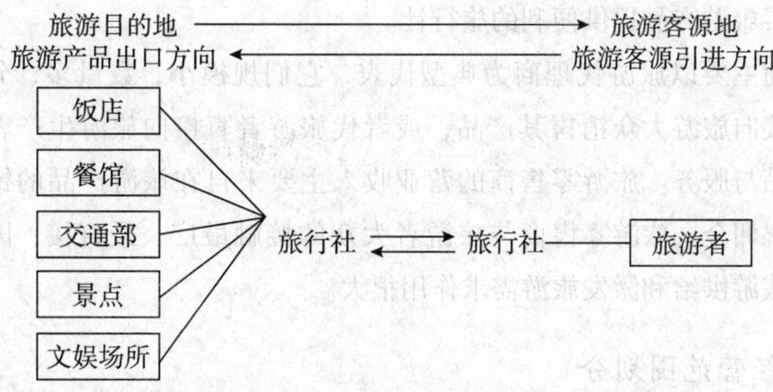

图5-2 旅行社在旅游业中的地位

二、旅行社的分类

旅行社是旅游中间商企业。由于世界各国国情不同，旅游业发展目标和水平不一，使得旅行社分类存在着不同的划分标准和类别。各类旅行社企业的业务类型、经营范围以及地位和作用都存在着较大的差异。

（一）按业务类型划分

欧美国家将旅行社企业划分为两大类。

1. 旅游批发经营商

旅游批发经营商是指根据自己对市场需求的了解和预测，大批量地订购各类不同的旅游产品如交通运输公司、饭店、旅游景点等产品和服务，然后对这些单项产品进行设计组合并融入自身的服务内容如导游服务等，使之成为能满足旅游者整体性需要的包价旅游产品的旅行社。

旅游批发经营商又可分为旅游批发商和旅游经营商两个亚类。两者之间存在一些细微的差别：一是旅游批发商在组成自己的包价旅游产品后一般不从事零售业务，而是通过独立的零售商向旅游大众零售；而旅游经营商则通过下属的零售机构兼营零售业务。二是旅游批发商对产品的设计组合多以现成产品为主；而旅游经营商在产品的设计和组合中往往融入一些自身的服务内容。三是旅游批发商可以是经营商或代理商。作为代理商时，它承担的经营风险较小；而旅游经营商则承担着较大的经营风险。旅游批发经营商的规模一般都比较大，因而数量相对较少。

2. 旅游零售商

旅游零售商即主要经营零售业务的旅行社。是指直接面对旅游者并向其推销旅游产品或为其购买旅游产品提供便利的旅行社。

旅游零售商主要以旅游代理商为典型代表，它们规模小，数量多，分布广，代理各旅游企业直接向旅游大众销售其产品，或者代旅游者直接向旅游生产者预订或购买相关的旅游产品与服务。旅游零售商的营业收入主要来自在旅游产品的销售过程中被代理企业的销售佣金。旅游零售商与旅游者大众的接触最广、最直接，因此，旅游零售商对于扩大旅游供给和激发旅游需求作用很大。

（二）按经营范围划分

我国旅行社的分类不同于欧美国家。在1985年国务院颁布的《旅行社管理暂行条例》中按经营范围将旅行社划分为三类，即一类旅行社，二类旅行社和三类旅行社。其中一类旅行社的经营范围是从事对外招徕和接待海外游客；二类旅行社的经营范围是从事接待由一类旅行社和其他涉外部门组织来华的海外游客；三类旅行社的经营范围是中国公民国内旅游。

1996 年我国国务院颁布《旅行社管理条例》以及 2009 年正式颁布的《旅行社条例》，对我国旅行社的分类作了新的调整。按经营范围将我国的旅行社划分为两类，一类是国际旅行社，另一类是国内旅行社。

1. 国际旅行社

国际旅行社的经营范围包括入境旅游业务、出境旅游业务和国内旅游业务。具体业务内容包括：

（1）招徕外国旅游者来中国，为其安排行、游、住、食、购、娱及提供导游等相关服务；

（2）招徕海外华侨及香港、澳门、台湾同胞归国及回内地旅游，为其安排行、游、住、食、购、娱及提供导游等相关服务；

（3）招徕、组织我国境内的居民在国内旅游，为其安排行、游、住、食、购、娱及提供导游等相关服务；

（4）经国家旅游局批准，招徕、组织我国境内居民到外国和香港、澳门地区旅游，为其安排领队及委托海外旅行社组织接待服务；

（5）经国家旅游局批准，招徕、组织我国境内居民到规定的与我国接壤国家的边境地区旅游，为其安排领队及境外委托接待服务；

（6）经批准，接受旅游者委托，为旅游者代办入境、出境及签证手续；

（7）为旅游者代购、代订国内外交通客票、提供行李服务；

（8）其他经国家旅游局规定的业务，指不是在《条例》及《实施细则》中做出的，国家旅游局认为有必要专门为国际旅行社的经营业务做出的规定。

2. 国内旅行社

国内旅行社的经营范围仅限于国内旅游业务。具体业务内容包括：

（1）招徕、组织我国旅游者在国内旅游，为其安排行、游、住、食、购、娱以及提供导游等相关服务；

（2）为我国旅游者代购、代订国内交通客票，提供行李服务；

（3）其他经国家旅游局规定的旅游业务，指未在《条例》及《实施细则》中做出规定，但根据国内旅游业发展的需要，国家旅游局认为有必要专门为国内旅行社的经营业务做出的另外规定。

我国对旅行社类别的划分旨在国家对旅游业行使宏观控制与干预、确保旅游接待质量的提高。国际社与国内社除了经营范围不同，在业务职能上并无根本区别。在国际、国内旅行社核定的经营范围内，旅行社可以同时经营招徕和接待旅游业务，这有利于提高旅行社的服务质量和经营规模，也有利于理顺旅行社之间的经济关系。与欧美国家的旅行社相比，我国的旅行社既经营批发业务，也经营零售业务。在批发业务方面，我国旅行社同欧美国家中的旅行社并无大的不同。但在零售业务方面，特别是在代理预订方面，我国旅行社一般不是向被代理企业收取代理佣金而是向顾客收取手续费，这是我国旅行社同很多外国旅行社的一个明显不同之处。

三、旅行社的经营特点

（一）旅行社是知识密集型企业

旅行社是旅游中间商，旅行社主要业务活动包括旅游产品的设计组合、产品促销、销售，以及旅游服务和导游等，一般多表现为人的脑力劳动，旅行社经营和管理充满着创意和想象。因此，旅行社业对员工要求有广博的知识和较高的素质。旅游者的旅游需求本质上是精神需求，旅游活动所追求的也是一种精神和文化享受。因此，旅行社员工需要掌握丰富的历史、地理、文学、艺术、心理学等方面的知识；要熟练掌握外语，还要懂得名胜古迹、园林建筑、民俗风情、花草树木、风味特产、卫生保健以及美学等方面的知识。就企业管理来看，旅行社工作人员要懂得企业管理、旅游经济、市场营销、国际金融等知识。对于一些专项旅游，还要求旅行社的员工具有一定的专业知识，例如组织修学旅游的专门旅行社。因此，旅行社是一个知识密集型企业。旅行社的经营与管理没有什么固定的模式，只有从自己的实际出发，从市场的实际出发，依靠知识去思维创新，才能在激烈的市场竞争中发展壮大。旅行社经营成败的关键是人员的知识和素质，这在旅行社经营和管理中具有特殊的重要性。

（二）旅行社是依附性很强的企业

旅行社作为旅游中介机构是不可能单独进行业务活动的。首先，旅行社对客源市场严重依赖。为此，需要有一批分布合理、数量充足和关系稳固的异地旅行社作为引进客源的网络，从而在多变和竞争激烈的市场中获得客源。没有客源就意味着失去市场，旅行社就难以生存。其次，旅行社对旅游供给严重依赖。旅行社自身不直接生产什么来满足旅游者需要，旅行社要依靠当地众多的旅游产品与服务供应者为其顾客提供各种旅游服务。为此，旅行社必须与饭店、餐馆、车船公司、旅游景点等各旅游企业广泛联络与协作，形成一个完善的旅游供给网络。上述旅游客源网络和旅游供给网络就如同一部大机器，各个零部件正常运行，才能生产出合格的产品。其中任何一个方面或一个环节的缺失，都会影响到旅行社的经营与管理。因此，旅行社是一个依附性很强的企业，如何从“大生产”“大协作”的特点出发，把协同作业的各个单位的协调和组合工作做好，与相关企业建立长期可靠的相互协作与信任关系，是旅行社经营管理的重心工作之一。旅行社应该把公关管理放到重要位置上，真诚、热情、主动地搞好与各相关单位的协作关系。在业务上协作，经济上互利，感情上互尊互谅。实现旅游服务这部大机器的各个零部件优化组合，正常运转。

（三）旅行社是脆弱性很强的企业

旅游需求与旅游供给之间存在着反差和空间不平衡。从需求方面看，旅游作为一种社会现象，涉及社会经济、文化等许多方面，有许多因素都可能对旅游需求的产生和实现产生很大影响，比如国际政治局势及国家间关系、社会经济发展状况与国民收入、各国各地区的旅游政策、物价与汇率、旅游地吸引力及安全状况、客源地与旅游地之间的社会文化差异、自然灾害因素等，这些因素的变化都会使旅游需求发生这样或那样的变化，导致旅游需求的波动性很大。从供给方面看，旅游产品具有不可储存和不可转移的特点，而旅游产品的供给能力又相对稳定。在一定时期内，旅游业所能提供的旅游产品，无论从数量、质量或结构上，都不可能随着旅游需求的变化而迅速地做出反应，从而导致旅游供给对供需关系的变化十分敏感，供需关系稍有变化都有可能导致旅游产品价格的大涨大落。旅行社作为沟通旅游供需的纽带和中间商，处于旅游服务供需不平衡和不稳定关系中，这种关系使得旅行社的客源和经营效益也不可能稳定，使旅行社经营有较大的风险。因此，旅行社是脆弱性很强的企业。旅行社经营中必须十分注意市场的变化并适时调整自己的业务，旅行社经营要善于把握机遇，要用创新的思维、超前的意识去发现市场和洞察未来，广开市场综合经营，使旅行社企业建立在比较稳固的基础之上。

（四）旅行社是要求具有良好企业形象的企业

企业形象主要是指一个企业在社会公众中建立起来的声誉和信用。在现代社会中，企业形象是一个企业最重要的无形资产。良好的企业形象是企业产品质量的保证，有助于企业开辟市场，增加客源，良好的企业形象还有助于创造优越的企业经营的空间环境。旅行社是通过提供旅游中间商服务获取收益的企业。作为一个中间商企业，旅行社销售的产品是无形性的旅游服务产品，具有生产与消费的同步性，旅游者无法在决定购买和消费旅游产品之前检查和验证旅游产品的质量。因此，旅游者外出旅游选择旅行社的一个重要依据就是该旅行社的企业形象，企业形象决定了旅游者对旅行社的信任程度。从另一方面看，旅行社自身不生产产品，而要依赖众多旅游企业为其顾客提供各种旅游服务，旅行社必须与饭店、餐馆、车船公司等旅游企业广泛联络与协作，而协同作业的各个单位对旅行社业务的协调与配合在很大程度上也取决于旅行社的声誉和信用。因此，企业形象是旅行社在激烈的市场竞争中求得生存与发展的根本。由于旅游产品的特殊性和经营环境的特殊性，与一般企业相比，旅行社企业对企业形象的要求更高更严格。

（五）旅行社企业的业务是一项复杂的组织工作

旅游活动是一种人的地理位置的移动，在旅游者实现旅游的过程中，涉及克服空间距离障碍，多种旅游服务项目以及要求很高的旅游服务质量。旅游活动的主体是人，而旅游活动的目的是精神和文化享受。因此，要准确地、高质量地实现这样的活动需要细致的安排，任何一个环节出现差错，都有可能引起旅游者的不满，比如误了一个航班，缺了一间客房，少安排一个节目，或者一顿饭没有吃好，等等。如果发生了意外事故，则更是损失巨大，影响极坏。随着社会的发展与科技的进步，人们的生活观念和消费需求发生了新的变化，开始出现多元化的市场，对产品的个性化要求也日渐提高。在实际工作中每个旅游团在路线、内容、档次和要求等方面各不相同，而旅游团内部各个成员也存在着需求的个性化特征。因此，旅行社在旅游组织工作中对每一项工作都要精益求精，以最大限度地满足旅游者的需求。

旅行社工作的这一特点，要求旅行社必须建立起一套科学而严格的管理办法，必须要有一套热情周到服务的操作规程，更重要的是要培养一支训练有素和具有良好职业道德的职工队伍。

四、旅行社的基本业务

在不同的国家和地区旅行社企业类型众多，旅行社的经营规模、经营方式和业务范围各有不同。但是，旅行社是从事旅游业务的企业，不同旅行社企业在业务内容上具有很多共性。旅行社的基本业务有：

1. 设计、组织和促销旅游产品

旅游产品是综合性的服务产品。旅游者完成一次旅游活动需要有行、游、住、食、购、娱等各项旅游服务，而各项旅游服务又是由相关的旅游企业生产提供的。作为旅游中间商，旅行社把旅游者需要的多项服务集中起来，通过对旅游市场的分析和预测、设计、组合适销对路的旅游产品。经旅行社设计或组合的旅游产品在现实中多以旅游线路或旅游项目的形态出现。因此，设计、组合旅游产品是旅行社的基本业务之一。

旅游产品具有无形性和不可移动性。旅游者只有离开旅游客源地到达旅游目的地才能满足其旅游需求，因此，旅游产品一经组合形成，激发旅游动机，刺激旅游需求就显得至关重要。必须积极主动地开展促销活动，通过各种方式传递旅游产品信息，提高旅游产品的市场认知程度，以影响和促进旅游者的购买行为。

2. 公关协调、接待服务

旅行社是旅游活动的组织者、安排者和联系者，在整个旅游活动中处于核心地位。要保证旅游活动的圆满成功，旅行社必须和饭店、交通运输部门、参观游览点、餐饮部门、娱乐部门、邮电通信部门、旅游商店、保险公司等方面进行良好协作，组织各项旅游服务的供给，安排落实旅游者旅游活动所涉及的各项事宜。旅行社公关协调的好坏，直接影响旅行社的生存和发展。因此，公关协调是旅行社的基本业务之一。

旅行社还要根据旅游者所购买的旅游线路或旅游项目提供接待服务，帮助旅游者安排交通、食宿、参观游览以及提供导游等一系列相关的旅游接待服务，还要帮助旅游者解决在旅游过程中遇到的各种困难。旅行社接待服务水平决定着旅游产品的质量高低，关系到旅行社的声誉、信誉以及经营管理水平。因此，接待服务也是旅行社的基本业务之一。旅行社的接待业务除上述接待服务之外，还包括承接同旅游有关的各种委托代办业务，这类接待业务主要是针对散客的需要开办的，比如代购各种票据、代订旅馆房间、代租汽车、代办旅游签证、代办行李托运、代办接送服务等，有的还根据客人的要求提供翻译导游。随着散客旅游的日渐普及，旅行社接待业务中的委托代办业务大量增加，并有继续发展的趋势。

上述两项是旅行社的基本业务。随着旅游业的蓬勃发展，旅行社的业务内容也在不断发展与扩大。目前，多元化经营和集团化经营是旅行社业务拓展的两大趋势，旅行社在现代旅游业中的地位和作用将进一步提高。

第四节　饭店业

一、饭店业的发展

人类的旅行活动古已有之，为旅行者提供食宿的设备简单的设施自公元前600多年就出现了，相传欧洲最初的食宿设施始于古罗马时期。在经历了一个漫长的发展和演变过程后，到“第二次世界大战”结束，现代大众旅游迅速普及，市场的激烈竞争促使饭店在数量上和质量上向新的高度发展，饭店的经营管理的专业化程度不断提高。饭店业的发展过程大体上分为四个阶段。

（一）客栈时期

客栈最初的产生已无证可考。但在一定程度上，客栈的产生同游牧生活的消亡有关，人们出行不再自带行囊，就在游途中以及目的地寻找住处。随着贸易的兴旺和商业活动范围的扩大，古罗马统治者下令沿交通要道设置驿站（简易客栈），免费提供简单的食宿。但随着市场规模的扩大和需求层次的提高，这种官办的驿站越来越难以满足需要，于是商业性的客栈便应运而生并逐渐发展起来，客栈不仅为过往旅客提供食宿，还成为人们互相交往和交流信息的场所。在西方，客栈真正流行起来是在12世纪以后，盛行于12—18世纪。在中国，客栈的历史也很悠久，而且很普遍。

客栈大都分布于交通干道沿线，设施简易，仅提供食宿，主要服务于平民百姓和一般商旅人等，满足旅客生活的基本需要。

（二）大饭店时期

18世纪中叶，欧洲工业革命爆发，上层社会商务活动和交流日益频繁，客栈显然难以满足这部分人的需要。18世纪末，在欧洲一些国家和地区大都市里开始兴建高级大饭店。此类具有代表性的饭店有巴黎的巴黎大饭店和罗浮宫大饭店、柏林的恺撒大饭店、伦敦的萨依伏大饭店等。大饭店不仅是为旅游者提供服务的场所，也是一个地区重要的社交中心。

大饭店都是建在繁华的大都市，规模宏大，设施豪华，装饰讲究，提供多种服务，主要服务于王室贵族和社会名流，大饭店设施的使用是作为一种身份、地位的炫耀，满足的是心理需要。

大饭店时期，服务有了创新，饭店管理职能初步形成。本时期饭店经营的代表人物瑞士人恺撒·里兹（Caesar Ritz）提出了“客人永远是对的”的经营格言，至今仍是饭店服务哲学的准则。

（三）商业饭店时期

商业饭店时期大约从20世纪初到20世纪50年代。随着西方资本主义的发展，差旅型旅游者的人数不断增加，而交通工具的更新与发展为人们出行提供了更多的机会和可能，但却受到了住宿业的极大制约。一方面是设施豪华的大饭店，另一方面是设施简陋的客栈，二者都不太适合商务旅游市场。于是，介于二者之间的商业饭店应运而生。

美国人埃尔斯沃思·斯塔特勒（Ellsworth Sattler）是商业饭店的倡导者和开创者。20世纪初，他凭着多年从业经验和对市场的了解，立志要建造一种“为一般公众既能负担得起又能享受到必要的舒适与方便、优质的服务与清洁卫生”的新型商业饭店。1908年，他直接参与设计了布法罗斯塔特勒饭店，创立了一切为顾客着想，完全服务于顾客、方便经营、提高工作效率的设计思路。在服务设施与服务项目上奠定了现代商业饭店的基础，开创了大众化商业饭店的新篇章。斯塔特勒继承并发展了“顾客至上，服务第一”的思想，提出“饭店从根本来说，只销售一样东西，这就是服务。”

商业饭店服务对象主要是商务旅行者。服务设施与服务项目讲求清洁、舒适、方便、安全，而不刻意追求豪华奢侈；价格合理，物有所值；经营管理注重科学化、标准化，强调成本控制。商业饭店是饭店发展史上最为重要的阶段，奠定了现代饭店业的基础。

（四）现代新型饭店时期

20世纪50年代以来，世界经济迅速复苏和振兴，人们收入水平不断提高。由于民航的发展和汽车的普及，形成了大众化的国际和国内旅游热潮，饭店业需求猛增，竞争激烈。随着国际旅游业的发展，一些有实力的饭店公司以直接经营、租赁经营、代管经营和特许经营等形式，外延扩张进行国内以及跨国的连锁经营，逐渐形成了一个个统一名称、统一标识、统一标准、统一预订等具有规模经济的现代饭店联号系统，成为现代及至未来饭店业的主宰。

现代新型饭店面向全社会各阶层旅游者。饭店功能趋于多样化、全面性；饭店服务趋于规范化、个性化；饭店经营管理趋于科学化、专业化；饭店分布趋于国际化。

二、饭店业在旅游业中的地位与作用

饭店业是旅游产业中的核心行业。在我国，人们通常将饭店、旅行社和旅游交通并称为旅游业的“三大支柱”。在旅游业中，饭店也是一个国家或地区旅游接待能力的重要标志之一，因此，饭店在旅游业中具有举足轻重的作用。

（一）旅游业中的支柱行业，旅游创收的重要渠道

现代饭店是提供综合性服务产品的企业，具有多功能和综合性的特点，能够满足宾客餐饮、住宿、娱乐、购物、商务、健身、通信等多种需求。饭店既作为旅游者外出旅游活动必不可少的住宿设施，又提供综合性服务项目和产品。因此，饭店业收入是整个旅游业收入的重要来源，成为赚取外汇和回笼货币的重要渠道。2013年，我国旅游业中饭店业收入达到2292.93亿元，发展势头迅猛。

（二）旅游业发展的物质基础

饭店企业直接为旅游者提供最基本的食宿以及其他多种产品和服务，是旅游者的家外之“家”，在旅游服务体系中不可或缺。可以说，旅游业的发展有赖于饭店业的建设与发展，饭店业是旅游业发展的物质基础。饭店业的规模制约着旅游业的接待能力和旅游供给能力，饭店业的服务水平也直接影响着旅游业的发展水平和对客源的吸引力。事实上，一个有特色的提供高质量服务产品的饭店本身就是一项有吸引力的旅游资源。

（三）旅游业关联度高的重要因素

旅游业综合性大，关联度强，能够促进和带动许多相关行业的发展。饭店业是其中一个重要原因，作为提供综合性服务产品的企业，饭店需要有许多行业的支持和配合才能顺利运转。在饭店建设和运营过程中，势必会刺激带动建筑业、装饰装修业、家具业、纺织业、化工业、农副业、食品业、邮电通信业、交通业、水、电、煤以及饭店用品和礼品业的发展。此外，饭店企业还通过提供地方财政收入，改善投资环境等，在宏观意义上起到了促进地方经济发展的作用。

（四）旅游业吸纳就业的重要渠道

虽然饭店初期投资很大，但从本质上讲饭店属于劳动密集型企业。因为饭店在实际运营过程中，工资成本在全部营业成本中占据了较高的比重。从另一方面看，饭店产品的核心是无形的服务产品，需要员工面对宾客以良好的服务态度直接操作而提供。在服务产品的生产与消费过程中贯穿着人与人之间的沟通与交流，这种交流是机器所无法取代的。尽管饭店也提供有形的物质产品，但这些产品的提供与员工的服务行为是不能割裂开来的。饭店不仅就业岗位众多，而且饭店就业层次丰富。根据国际调查统计：在低工资成本地区，例如在远东、亚洲和非洲年均客房员工数为1.5~2.0人，而其他直接旅游企业可相应增加2.5~3.0人，即整个旅游业的直接就业人数同当地饭店客房数的比例达到4.5∶1。而根据我国近年来的实践经验，高档饭店每增加一个房间，可以直接和间接为5~7人提供就业机会；中低档饭店每增加一个房间，可以为4~5人提供就业机会。

（五）有助于强化旅游业的社会文化功能

旅游活动是一种社会文化活动，旅游业具有社会文化功能。而饭店业则起着强化旅游业社会文化功能的作用。

饭店企业是国民经济的“窗口”行业。饭店宏伟的建筑和良好的品牌有助于树立旅游目的地良好形象，优化和改善旅游目的地投资环境。饭店良好的硬件如设施设备，优质的软件如科学管理、员工整洁的仪容仪表、注重礼节礼貌、热情的微笑、周到的服务等都有助于弘扬民族文化，促进旅游目的地社会文明的进步。饭店还通过对社会消费方式和消费结构的倡导和促进，例如饭店服务和产品的社会化、饭店综合经营等，有利于改善旅游目的地人们的生活方式，提高他们的生活质量。饭店作为旅游目的地的社交中心，通过组织商务、科考、会展等专项旅游提供良好的服务接待，有利于推动科学技术和文化的交流。

三、饭店的类型

饭店业是由各种类型、各种等级的饭店企业组成。饭店类型不同，所接待的宾客类别和需求不同，饭店的服务项目、设施设备以及市场营销也有所不同。对饭店进行分类，既有利于饭店明确市场营销对象，针对性地开发产品，满足不同层次的需求，也有利于对饭店进行宏观管理和调控，树立旅游目的地的良好形象。

饭店类型没有统一的划分标准。通常可以根据饭店的市场、规模和经济类型等进行分类。

（一）根据饭店市场分类

1. 商务型饭店

商务饭店多位于商业活动比较发达的大、中城市，或位于政治、文化活动比较集中的中心城市。以从事商业活动或公务活动的旅游客人为主要服务对象，这类饭店适应性广，在饭店业中所占的比例最大。商务客户业务活动的特点使他们对饭店的依赖性比较大。因此此类饭店的服务设施齐全，服务项目多样，并且对饭店设施和服务要求高。例如，饭店设有商务中心，提供邮电通信、传真、复印、打字、翻译等多种商业活动所需要的服务；饭店拥有多种不同风格的餐厅；饭店还提供快捷的洗衣、熨衣、送餐、提醒、出租车等周到服务；客房设施完备、舒适。另外，根据商业宾客的需要，商务饭店还提供健身、游泳等多种康乐设施和服务，有的还设有商务套房和行政楼层。这类饭店对服务规范和服务标准要求非常高。

2. 度假型饭店

度假饭店多位于风景区或休养度假地如海滨、湖畔、山林、温泉等地，远离繁华的都市。这类饭店的市场主要是以度假、休闲、娱乐、健身为目的的宾客。因此，度假饭店除提供一般的饭店服务设施和项目外，还尽量开辟各种体育娱乐项目如滑雪、骑马、狩猎、垂钓、冲浪、潜水、网球、保龄球、高尔夫球等活动来吸引游客。度假区以及度假活动的吸引力是一个度假饭店成功的关键，这类饭店更强调人情化的服务和努力营造一种和谐、轻松、方便的度假休闲环境。由于旅游度假季节性强，这类饭店经营风险比较大。

3. 会议饭店

这类饭店既可位于大都市或政治、经济中心城市，也可分布在交通方便的游览胜地。会议饭店以各种会议团体为主要接待对象。由于会议服务的特点是量大集中，因此要求有一支能提供快捷准确服务的员工队伍。会议饭店除具备相应的住宿和餐饮设施外，还必须配备专门的会议设施和设备，如各种会议厅或多功能厅、展览厅、先进的通信、视听、投影、录放像设备，接待国际会议还要具备同声传译装置。由于会议要求的复杂性和特殊性，会议饭店一般都配备有专门的工作人员进行高效率的会议组织和接待。

4. 长住饭店

长住饭店也称公寓饭店。这类饭店的主要市场是住宿期较长的或在当地短期工作与度假的宾客。因此长住饭店一般以公寓为主，地点多位于大中城市的商业中心。长住饭店一般与宾客签订一个租约。这类饭店客房多采用家庭式布局，以套房为主，并配备适合宾客长住的家具和电气设备，通常还提供厨房设施设备。既可满足商务办公的需要，也可满足宾客的日常生活需要。这类饭店服务强调亲切、周到、针对性强，具有家庭式气氛。

（二）根据饭店的规模分类

1. 大型饭店

客房数在600间以上。大型饭店因客房多，接待量大。因此，饭店设施设备和服务项目十分齐全、完备，所适合的市场面宽，服务标准化程度要求高。大型饭店投资额大、投资回收期长，一般多设在商业中心城市。定位于商业饭店，多属于豪华型饭店。

2. 中型饭店

客房数在300~600间。适用于商业、度假、会议等各种类型的饭店。中型饭店价格适中，服务项目较齐全，设施也较现代化，以大众旅游者为主要市场，多属中档饭店。

3. 小型饭店

客房数在300间以下。一般拥有100来间客房，有的只有几十间客房。由于规模小，服务项目、服务设施有限，只提供一般性服务，价格也比较低廉。多属经济类饭店。

（三）根据饭店经济类型分类

1. 国有经济饭店

饭店生产资料归国家所有。

2. 集体经济饭店

饭店生产资料归集体所有。

3. 私营经济饭店

饭店生产资料归私人所有。

4. 合资经济饭店

饭店生产资料归两个或两个以上投资者所有。

5. 外资经济饭店

饭店生产资料归外国投资者所有。

6. 股份制经济饭店

饭店生产资料归股份公司所有。

除了上述三种常用的饭店分类外，还可根据饭店地理位置将饭店分为汽车旅馆、机场饭店、城市饭店、风景区饭店等；根据饭店建筑投资成本又可将饭店分为中低档饭店、中档或中档偏上的饭店、高档或豪华饭店。

四、饭店的等级

为了控制国家旅游产品的质量，维护国家作为旅游目的地的对外形象，保护旅游者的利益，同时也为了协调饭店间的关系，促进饭店业的发展，世界各国都对饭店进行了分级。对宾客而言，饭店等级可以使他们了解饭店的设施和服务情况，以便有目的地选择饭店。

由于世界各国具体国情不同，各国饭店等级评定机构不一，有的是由饭店行业协会主持，有的是由政府机构主持，也有的是由以上两者联合主持。迄今国际上饭店等级评定尚未有统一标准，饭店分级制也各不相同。目前国际上采用的分级制度大体上有四种：第一，星级制。即根据一定的标准对饭店进行分级，并以星号（☆）表示，星号多少代表饭店的档次。目前国际上流行的是五星级制，许多国家如法国、澳大利亚、瑞士、美国、英国均采用五星级制，我国也采用五星级制。第二，字母级别制。即用英文字母来表示饭店的等级。通常为 A、B、C、D、E 五级，A 级最高，E 级最低。也有的五级制只用四个字母 A、B、C、D 表示，最高级用 A 或“特别豪华”表示。如奥地利、阿根廷等。第三，数字级别制。即用序数数字或基数数字表示饭店档次，如“豪华、1～4 级”制等，意大利、西班牙、罗马尼亚等国采用。第四，价格级别制。即按价格高低分级。

虽然各国饭店分级标准和分级制度不同，但究其内容，总是针对饭店硬件和软件两大部分做出规定。一般硬件包括饭店位置、建筑、设施设备等；软件包括服务项目和服务质量、管理水平、员工素质以及饭店知名度和美誉度等因素。

1988 年，我国国家旅游局制定了《中华人民共和国评定旅游涉外饭店星级的规定和标准》，1993 年，我国国家技术监督局正式批复《旅游涉外饭店星级的划分与评定》为国家标准，编号为 GB/T 14308—1993，自 1993 年 10 月 1 日起执行。

我国饭店业实施星级评定制度，这是我国饭店业发展的一个里程碑，它不仅为我国饭店从设计、建造、管理和服务提供了一整套详细的、符合国际惯例的规范，同时也使我国的饭店行业管理工作有了强有力的手段，也大大推动了我国饭店真正与国际惯例接轨。

从旅游业和饭店业管理的角度看，对饭店进行星级评定，其意义主要有三方面。

第一，保护消费者利益。可以使消费者在预定或使用之前，就对饭店有一定的了解，并根据其星级标志对该饭店的设施与服务质量进行鉴定。第二，保护饭店业的行业利益。饭店星级评定对饭店来说是一种促销手段，有利于提高饭店促销效果和树立市场形象，同时星级评定对饭店经营管理和服务质量是一种规范和约束，有利于同行之间的公平竞争，维护饭店业的信誉和行业利益。第三，便于社会监督。饭店星级评定是政府加强行业管理、规范行业行为的一种手段，也是政府对饭店实施监督调控的一种手段。对社会来说，星级是一种象征和标志，也是公众评价和监督的标准。

我国饭店星级评定工作从1988年开始进行，十多年来成效显著。我国旅游涉外饭店的管理水平及服务水平得到了空前的飞跃，硬件水平也得到了极大的提高和规范。截至2013年年底，全国涉外星级饭店13293家。目前，我国星级饭店在国际上已经有了相当的影响，树立了中国饭店业在国际上的良好形象和信誉。随着社会经济的不断发展，旅游市场需求趋于多元化和个性化，饭店竞争日趋激烈，质量竞争和文化竞争成为饭店竞争的焦点。因此，调整饭店产品结构，创造特色去适应并满足多元化和个性化的旅游市场需求，已成为饭店业发展面临的重大课题。为此，1997年我国对饭店的星级标准进行了修订，并发布了GB/T 14308—1997替代GB/T 14308—1993，自1998年5月1日起实施。其中最重要的改进就是减少了星评的必备项目，增加了选择项目，从而有利于饭店因地、因时、因店去变革，去创新，增加特色和个性化服务，为旅游者创造更好的旅游环境。

五、现代饭店集团

现代饭店集团也称饭店联号或饭店连锁经营，是指饭店公司拥有、控制或管理两家以上的饭店。这些饭店分布在本国乃至世界各地，以统一的店名，统一的经营管理模式和统一的服务标准进行联合经营，形成集团化、网络化、专业化的饭店经营系统。

现代饭店集团源自20世纪初的美国。第二次世界大战以后，随着旅游市场的不断扩大，饭店业的规模、结构也在不断发展，饭店业中的竞争愈显激烈，现代饭店集团的大规模发展正是这种竞争的必然产物。在经济活动全球化的今天，旅游市场发展已步入成熟期，竞争进一步向深度和广度拓展，跨国经营日益普遍，饭店集团化经营已成为新形势下世界饭店业发展的趋势和潮流（见表5-1）。

表 5-1 2011 年最新全球酒店集团排名

2011 年排名	2010 年排名	酒店名称	总部	房间数量（间）	酒店数量（家）
1	1	洲际酒店集团	英国	658348	4480
2	2	万豪国际集团	美国	643196	3718
3	4	希尔顿全球	美国	633238	3843
4	3	温德姆全球	美国		
5	5	雅高酒店集团	法国	531714	4426
6	6	精品国际饭店公司	美国	497205	6178
7	7	喜达屋酒店及度假村	美国	321552	1090
8	8	最佳西方国际集团	美国	311894	4086
9	12	上海锦江国际酒店集团	中国	193334	1243
10	13	如家酒店集团	中国	176824	1426

资料来源：《HOTELS》杂志。

（一）现代饭店集团发展优势

由于饭店集团所享有的规模经济，相对于独立经营的饭店来说，饭店集团占有明显的优势，表现强大的生命力和竞争力。

1. 资本优势

在饭店业中，饭店连锁集团在根据市场需求变化开发新产品和更新饭店设施设备方面一直都走在本行业的前列，扮演着行业潮流引领者的角色，其重要原因之一就在于它们拥有资本优势。首先，饭店连锁集团由于规模大，集团公司本身的资金实力就比较雄厚。此外，在确实因需要开发某些重大项目而一时面临资金短缺时，集团公司一方面有条件在成员饭店间调集资金以应对这些开发项目的需要，另一方面可凭借其资产实力作担保，从而能够比较容易地从银行等金融机构获得贷款，甚至获得低息贷款。而这些都是独立经营的单体饭店所难以做到的。

2. 技术经济优势

饭店连锁集团可根据成员饭店的分布情况，将某些重大设施设备集中起来统一为各成员饭店服务，从而可降低成员饭店有关服务项目的单位产品成本。例如，在成员饭店比较集中的城市或地区，集团公司可集中设立为成员饭店所共用的洗衣房、食品生产加工厂以及工程设备维修队等。同各饭店自行配备这些大型设备或施工队伍的情况相比，这种集中提供的做法可有效地降低有关单位产品或服务的成本，提升有关产品或服务的价格竞争力。同样，这一点也是独立经营的单体饭店所难以做到的。

3. 市场营销优势

第一，由于饭店连锁集团的各成员饭店都使用同样的店名和店徽，采用统一规格的设施设备，实施统一的服务程序和实行统一的服务标准，从而易于在市场上树立品牌形象；第二，最重要的是，上述标准化的统一实施，可令旅游消费者熟悉或毫不困难地预知该集团每一个成员饭店的产品或服务项目以及这些产品或服务的质量；第三，每一个成员饭店开展的营销宣传客观上都可起到对整个集团的宣传效应；第四，各成员饭店之间可通过相互代理预订，互通客源，从而有助于客源不外流；第五，饭店连锁集团可凭借其实力，利用最先进的应用技术，建立和完善自己的计算机预订系统（CRS）。这些方面的情况都决定了饭店连锁集团在客源竞争中的能力和优势。而所有这些都为独立经营的单体饭店力所不及。

4. 集中采购优势

饭店连锁集团可为成员饭店集中采购营业所需的大宗设备和各种物资。由此所带来的优势主要反映在两个方面：第一，由于大批量采购，可增强饭店连锁集团在与有关供应商进行谈判时的地位，易于获得价格和其他方面的优惠，从而能够使成员饭店的营业成本得以降低；第二，面对多种品牌的同类设备和饭店用品，饭店集团公司可试选某些品牌的产品在部分成员饭店中通过试用进行检验，然后再择优进行大批订购，从而可减小采购失误的风险。在这一方面，独立经营的单体饭店则难以做到。

5. 管理效率方面的优势

首先，饭店的管理费用与营业量之间并非呈完全的正比关系。换言之，如果甲饭店每年接待 10 万名住宿客人，乙饭店每年接待 5 万名住宿客人，并不意味着甲饭店的管理费用将会是乙饭店的两倍。在饭店连锁集团的经营中，由于很多方面的管理职能（例如人力资源管理、员工培训、财务管理等）是由集团总部集中行使，因而其成员饭店的管理费用普遍低于业务规模大致相同的独立饭店。其次，对于某些聘用代价很高、仅在某些重要时刻才会派上用场的高级专业人员（例如高级会计师、财务专家、高级营销专家等），则可由集团总部聘任，在成员饭店遇到有关难题时，派出这些高级专业人员去帮助解决问题。通过这种安排，不仅可做到人尽其才，充分发挥这些高级专业人员的作用，更重要的是可使各成员饭店在实现高水平管理的同时，又不致付出过重的代价。这一点，独立经营的单体饭店无论如何都难以做到。

6. 分散风险的优势

成员饭店分散在不同国家或地区开展经营，这样有助于减小整个集团的经营因某地的经营环境突发不利情况，而有可能带来灭顶之灾的风险。

（二）饭店集团的类型

饭店集团旗下的成员饭店并非都是由该饭店公司自己拥有产权和经营权。纵观半个多世纪以来的发展，饭店集团旗下的成员饭店基本上可分为四种类型：

1. 完全成员

这类成员饭店是饭店连锁公司自己拥有产权，并且有该公司自己经营的饭店。

2. 租赁成员

这类成员饭店是饭店连锁公司从房地产开发商或者从其他投资者（饭店设施的业主）手中租来经营的饭店。换言之，饭店连锁公司对这些饭店只有经营权而没有产权。饭店连锁公司根据双方签署的租赁合同，定期向这些饭店设施的业主支付租金。

由于以上两类成员饭店都是由饭店连锁公司自己直接经营，因而是饭店连锁集团成员饭店中的核心力量，也可以说是饭店连锁集团旗下的“嫡系”成员。

3. 管理合同成员

这类成员饭店可分为两种情况，一种情况是由饭店连锁公司代理经营和管理的饭店，即某些饭店设施的投资者（例如投资于饭店房产的保险公司）在购进饭店房产后，因自己无力经营或不擅长饭店业务，转而委托某一饭店连锁公司进行经营和管理。另一种情况是由饭店连锁公司参与经营和管理的饭店，即某些饭店企业因自己竞争不力，希望借助某一饭店连锁集团的品牌和管理经验谋求生路，因而委托该饭店连锁公司派遣管理人员，在该饭店连锁公司的名义下进行经营。但不论哪种情况，都是饭店连锁公司作为代理人，根据同这些饭店业主签订的管理合同（Management Contract），派遣人员代为管理或协助管理这些饭店的经营。饭店连锁公司按双方所签管理合同中的相关规定，或收取管理费或按比例分享利润。在这类成员饭店中，饭店连锁公司可能对其有投资或贷款，也可能没有这种关系。最根本的特点在于由饭店连锁公司派员直接参与管理。到目前为止，我国饭店业中的中外合资饭店和中外合作饭店大都属于有关连锁集团中的这类成员。

4. 特许经营成员

这类成员饭店是经饭店连锁公司的特许，在连锁公司旗下开展经营的饭店。所谓特许经营（Franchising），即饭店连锁公司同意向某些独立饭店的业主出让特许经营权，后者根据同饭店连锁公司签订的特许协定，在交付特许使用费或利润分成的前提下，使用饭店连锁集团的品牌，按照由饭店连锁公司设计和规定的服务程序和产品规范，在饭店连锁公司的监督和指导下，由业主自行管理和经营这些饭店。换言之，这类成员饭店的特点在于，饭店连锁公司并不派员参与其经营管理，只是在必要时对其经营工作给予指导。因此，我们也可以称这类成员饭店为受饭店连锁公司指导经营的饭店。

半个多世纪以来，饭店连锁集团规模的不断扩大，很大程度上是由于后两类成员饭店的数量不断增加的结果。特别是，很多发展中国家为了发展旅游业，在缺乏管理知识和技术，但又急于开拓国际市场的情况下，不得不“借船出海”，以管理合同方式加盟某些国际知名的饭店连锁集团。此外，西方国家中一些实力弱小的独立饭店或小型饭店公司为了在竞争中求生存，也纷纷向大型饭店连锁公司购买特许权，以图借助这些大型公司的品牌和市场形象去争取客源，从而进一步扩大了饭店连锁集团中第四类成员饭店的队伍。

由于饭店连锁集团所拥有的管理实力和竞争优势，特别是对于它们已经在市场上树立起来的形象和市场声誉，因此可以断言，饭店连锁集团的发展今后将会继续下去。

六、我国饭店业的发展

随着改革开放和我国旅游业发展的步入正轨，我国饭店业也取得了令人瞩目的发展。1978 年以前，我国有条件接待入境旅游者的住宿设施为数很少，总计不过百十处。这些住宿设施有一部分是解放前遗留下来的老饭店，其余部分则是新中国成立后各地为了接待来华访问的外国政府官员、海外华侨以及来华工作的外国专家，而兴建的国宾馆、华侨饭店和高级招待所。在这些涉外住宿设施中，虽然有很多都冠有“饭店”或“宾馆”之称，但在管理方式上基本都属招待所的性质。

改革开放以来，我国饭店业的发展在经历了起步开拓、高速发展等阶段之后，如今正朝着国际化、现代化的方向稳步前进。

在改革开放之初的 1980 年，我国具备涉外接待条件的饭店仅有 203 家，客房总计 3 万多间，不仅总体规模小，而且绝大多数饭店功能单一，设备陈旧，难以满足入境旅游迅速增长的需要。在此后的几年中，我国各地在对原有涉外住宿设施进行更新改造的同时，通过利用内资和引进外资等方式增建了一大批现代化的新饭店。到 1985 年，我国的饭店数量比 1980 年翻了一番。1985 年，国务院关于发展旅游业的“五个一起上”政策的颁布，有力地调动了中央、地方、部门、集体和个人投资旅游设施建设的积极性，特别是旅游饭店的建设出现了空前高涨的势头。在此后的 30 年中，随着新增饭店设施的不断出现，饭店业的供给规模持续增长。到 2013 年年底，我国有旅游饭店 13293 家，11687 家完成了财务状况表的填报，客房 153. 91 万间，总营业额 2292. 93 亿元。从总量上看已达到一个较高程度，但饭店集团化发展程度不高，档次结构不合理，品牌和客源结构单一等问题普遍存在，这是我国旅游饭店业发展亟待解决的问题。

20 世纪 80 年代以来，国际上许多饭店管理集团纷纷涌入中国旅游市场。目前世界上几十家著名的大饭店管理集团基本上都已进入中国市场，并且在我国都有庞大的扩展计划。因此，面临着国际饭店管理集团的强劲挑战，而中国加入世界贸易组织也迫在眉睫。在出租率降低，饭店进入微利时期和市场竞争加剧的多重压力下，国内单独经营的饭店生存空间日益变小。中国饭店业要发展也必然要走集团化发展的道路。一定要联合，不联合便形不成网络，不联合便形不成规模，不联合便无法在日益激烈的饭店市场竞争中求得生存与发展。我国国家旅游局对我国饭店集团化发展十分关注和支持。早在1988年就发布了关于这一问题的10号文件，提出8项优惠政策，提供政策引导和支持。1993年国家旅游局又发布了关于“对饭店管理公司的管理办法”的文件，批复了39家饭店管理公司。近年来，伴随中国旅游业的快速发展，我国的酒店集团化也开始取得很大进展，锦江、凯莱、万达等酒店集团开始壮大，走出国门，是众多中国饭店管理集团中的优秀典范。

七、饭店业的发展趋势

（一）饭店经营管理理念现代化

经过第二次世界大战后半个世纪的发展，旅游市场日益成熟，旅游者已形成挑剔性的市场需求。因此，饭店经营理念的根本变化就是对消费者的尊重，一切经营都必须建立在对消费者尊重的基础上。饭店从设计、建造、经营到日常管理与服务，都必须以市场为导向，以顾客为中心，体现以人为本，全面关怀的精神，真正做到宾至如归。就饭店管理而言，由于饭店产品是以服务形式表现的无形产品，其特殊性在于它是人与人之间的交流，带有感情和文化色彩。员工只有把自己的感情和人情融入到服务中去，才能真正让顾客感到宾至如归。因此，饭店管理理念的变化就是以人为本，员工第一。管理者要充分尊重、关心、帮助、信任员工。

（二）饭店经营形式集团化、专业化

饭店经营形式将会出现两个趋势，一个是集团化发展趋势。由于饭店集团规模经济的优势和经济活动全球化以及国际旅游的发展，饭店集团化经营将是大势所趋。饭店经营将打破地域和行业限制，实行联号、联合，联网和客源合作，形成网络和规模，发展饭店集团。饭店集团进一步还会与航空公司、景点、汽车公司等诸方面实行一体化系统经营，形成超大旅游集团。另一个发展趋势就是专业化经营。针对旅游市场的高度细分化，饭店实行专业化经营，将会形成小而专、小而精的特色饭店。例如专门的会议饭店、海底宾馆等。

（三）饭店服务产品多元化、个性化

随着经济的发展，人们的收入水平和消费水平不断提高，旅游消费需求也向高级阶段发展。旅游者从原来的数量消费、质量消费向个性化消费转变。因此，饭店服务产品发展的趋势就是从统一化转向多元化，从标准化转向个性化。现在饭店产品大多

是整齐划一的规范化产品，但是旅游市场的多元化需求，必然要求饭店产品的多元化发展，以满足不同层次、不同市场的旅游者。目前饭店产品是标准化产品，服务员的语言、操作、程序、培训等都有严格的规范，服务设施和项目都有统一的标准，并且有良好的制度保证。但是针对越来越成熟旅游者，旅游者旅游消费的个性需求和挑剔性越来越强，标准化、规范化难以让旅游者满意，必须追求变革，不断创新，以更完善、更有针对性、更有人情味、更有文化内涵的服务产品来满足每个旅游者的不同需求，饭店服务产品趋于个性化、特色化。

（四）饭店竞争文化

旅游活动的根本性质是综合性的社会文化活动。旅游者是有一定文化背景的人，旅游资源是一定社会文化环境的化身，而旅游设施和服务都是一定社会文化环境的自我表现形式。饭店作为旅游业核心行业的重要组成部分，饭店建筑、设施设备、服务态度、菜肴美食以及饭店气氛，无不有着深厚的文化内涵。因此，真正从饭店经营的角度来看，饭店竞争的根本是靠文化。饭店现在大多依靠制度和人情，而制度、人情和文化的全面结合则是饭店竞争发展的方向。具体到竞争手段来说，饭店竞争将从现在的以资源、客源为主的竞争转化为以文化、信息为主的竞争，从以价格为主的竞争转变为以质量为主的竞争，最终发展到以文化为主的竞争。可以这么认为，价格竞争是对应发展初期的大众旅游市场，是量的竞争；而质量竞争是对应发展中期的成熟旅游市场，是质的竞争；而文化竞争则是对应发展后期的个性化旅游市场，是核心的竞争。

（五）绿色饭店成为潮流

旅游业是具有经济、社会、文化和环境四大功能的环境密集型产业，旅游业比任何行业都更依赖环境质量。保护生态环境，坚持可持续发展是旅游业发展的必然选择，这对旅游行业提出了更高的要求。就饭店业来看，传统的技术经济模式是追求最大经济利益而很少考虑环境成本，但是在可持续发展的大背景下，政府法规制约和公众环保意识与参与性都在增强，更重要的是旅游市场的绿色需求不断扩张，绿色旅游、生态旅游已经成为一种时尚，并且将会成为21世纪真正长远的潮流。因此，饭店实施绿色经营，建设绿色饭店势在必行。绿色饭店不仅是饭店着眼于长远发展的一种趋势，而且也是饭店为迎合市场需求取得竞争优势占领市场所必须采取的发展战略。

发展绿色饭店的要点是融生态环境保护的观念于饭店的经营管理之中。就发展对策看，一是开发绿色产品，二是开展绿色经营。开发绿色产品，就是在饭店的产品里尽可能增大自然含量，减少化工污染类产品的含量。例如开辟绿色客房、绿色餐厅、提供绿色服务等，采用新技术、新工艺和无毒替代产品，以利于节约资源，保护生态环境，促进旅游者身心健康和生活品质提高。开展绿色经营就是饭店要承担社会责任，积极参与社区环境整治，开展绿色营销和宣传，树立绿色饭店良好的企业形象。在保护环境和公众参与越来越发展的今天，饭店开展绿色经营，有助于培养人们的绿色意识，优化人们的生存环境，可以使旅游者产生一种亲切感和信赖感，而饭店也可以降低成本。因此，绿色饭店将会成为饭店业发展的一个重要而长远的趋势。

第五节 旅游交通业

旅游交通业是指凭借运输工具和交通线路，促使旅游者实现空间位移的物质生产部门：这种空间位移既包括旅游者从长住地到目的地之间，也包括旅游者在目的地之间以及目的地内从暂时居留地点到旅游活动地点之间。因此，就完整的旅游活动来看，旅游交通业的构成除了专生性的旅游交通外，还应包括公共交通，因为它们都承担着旅游者的运送任务。公共交通的方式主要包括火车、轮船、汽车和飞机四种基本运输方式，其中长距离旅行主要依靠飞机，而中短途旅行则主要依靠汽车、火车和轮船。而专业性的旅游交通，诸如旅游车、旅游船等，只是专门为旅游者提供交通运输服务。但在旅游者旅游活动中使用最广泛的还是公共交通。所以，旅游交通是同整个交通运输系统联系在一起的，与通常所指的交通运输之间很难划出一个明确的界限。实际上，在旅游研究中，旅游交通业和交通客运业应为同义语。

旅游业作为联系旅游供给与旅游需求的媒体，是随着社会生产力的发展而产生的。而旅游交通业作为旅游产业的核心行业，则是随着旅游活动的发展而不断发展的，并且反过来推动着旅游活动的进一步发展。旅游产品与其他产品的供求关系相比，具有独特的空间特征。首先，旅游供给面在地域上是不可移动的，而需求面是可移动的，旅游需求必须到达旅游供给地才能得以满足，这与一般的商品供需情况正好相反。其次，旅游资源具有垄断性，在地点上是不可移动的，在空间上分布不均衡，这造成了固有的旅游资源供需空间不平衡现象。因此，旅游交通业是维持旅游供给与需求动态平衡的重要条件，也是旅游者满足旅游需求，实现旅游目的的先决条件。

一、旅游交通的作用

（一）旅游业产生和发展的先决条件

旅游业是以旅游者为服务对象的产业，旅游者的来访是旅游业产生与发展的前提。因为旅游供给是不可移动的，只有旅游者来访，旅游业的各类设施和服务才能真正发挥作用，实现它们的价值和使用价值。而旅游者来访的实现，首先要解决旅游者从长住地到旅游目的地的空间位移问题；到达旅游目的地后，还要求在目的地内各旅游活动地点之间有良好的交通联系；最后旅游者访问结束能够安全、顺利地返回。即所谓旅游者能够“进得来，散得开，出得去”。显然，要达到这一目标，旅游目的地同外界以及旅游目的地内部通畅的交通联系是前提。“进得来、散得开、出得去”是旅游者旅游活动的一个完整环节，在这个过程中，旅游业各组成部门向旅游者提供其所需的各种产品和服务，从而促进旅游活动的顺利进行和旅游业的不断发展。因此，旅游交通是旅游业产生和发展的先决条件。

值得指出的是，作为旅游业发展的先决条件，旅游交通不仅要解决旅游活动空间距离的障碍，更要注意解决其中的时间距离和经济距离问题，这关系到旅游目的地来访游客数量和旅游业发展规模。

就旅游业发展历史看，19 世纪初火车、轮船的问世，直接导致了近代旅游业的诞生；19 世纪末内燃机的发明、汽车的出现和普及推动着旅游活动和旅游业不断扩大，近代旅游开始向现代旅游过渡；而第二次世界大战之后，喷气式飞机在民航中的广泛应用，不仅促进了国际旅游的大规模发展，而且也促进了大众旅游蓬勃兴起，从此进入到现代旅游发展阶段。由此亦可见，旅游交通是旅游业产生和发展的先决条件。

（二）有助于促进旅游区的兴起与发展

旅游资源是旅游活动的客体，也是旅游业赖以存在和发展的基础。旅游资源吸引力越大，旅游需求也越大。但按照商品供需关系，旅游需求与旅游产品价格成反比，旅游产品价格越高，旅游需求越小。考虑到旅游供求空间关系的特殊性，旅游产品的价格直接与客源地与旅游目的地之间的距离相关。换言之，距旅游目的地越远，旅游产品价格越高，旅游需求就越小。因此在决定旅游资源经济价值的因素中，旅游资源所在地的可进入性比旅游资源自身固有的质量水平更为重要。

旅游交通可以提高旅游资源所在地的可进入性，在旅游目的地与客源地之间和旅游目的地内部建立起便利的交通联系，有助于扩大旅游资源所在地的吸引力和市场需求，把潜在的旅游资源变为现实的旅游资源。而随着来访游客数量日益增多，旅游供给日渐完善，旅游区就逐渐形成与发展起来。世界上所有旅游热点地区莫不与发达的交通有关。

（三）旅游业经济收入稳定而重要的来源

旅游交通是旅游者实现旅游的先决条件。旅游交通费是基础性旅游消费，属于旅游收入中的必要收入部分。因此，旅游交通费用在旅游业总经济收入中占有相当的比重，是旅游业经济收入重要和稳定的来源。据统计，旅游者旅游费用的20%～40%是用于旅游交通方面的。据国家统计局1997年的抽样调查，在国内零散游客人均花费中，长途交通和市内交通费用约占34.7%。在海外来华的过夜旅游者的旅游花费构成中，长途交通费和市内交通费用占31.84%。另据中国旅游年鉴提供的数字，1997年我国旅游外汇收入构成中，来自长途交通和市内交通服务的外汇收入占28.8%。

由于客运交通的服务对象也包括非旅游者，如此交通运输业本身就是一个独立的经济部门，所以交通客运的营业收入不能完全理解为旅游收入，在统计一个国家或地区的国际旅游收入时一般都不包括国际间的往返交通费。因此，如果从旅游者一次旅游的全部消费构成来看，交通费用在其中所占的比重更大，因为它们毕竟是用于旅游的花费。

（四）旅游活动的重要内容

旅游具有异地性，是人类一种有别于日常生活的短暂而特殊的生活方式。因此，旅游交通本身就是旅游活动的一项重要内容，因为从旅游者乘坐交通工具开始旅行的时候起，他的旅游活动也就开始了。乘坐交通工具就是旅游活动的一种体验，无论是乘飞机、乘火车，还是乘汽车、乘轮船旅行，均可观赏沿途风光，并且随着交通运输工具的行进，景物不断变化，别有一番情趣。而乘坐以前从未乘坐过的交通工具或是具有突出地方特色和民族风格的交通工具，则更可丰富旅游活动内容，为旅游活动增添色彩。

二、现代旅游交通工具的类型与特点

现代旅游交通工具主要有汽车、飞机、火车、轮船。不同交通工具的技术经济优缺点不同，在为旅游活动提供便利条件的过程中需要相互协作和相互补充，形成综合运输网络。

（一）汽车

汽车是目前世界上使用最多的旅游交通工具。主要原因在于乘汽车旅行具有许多独特的优势：第一，汽车旅行灵活性大。汽车旅行机动灵活，对各种自然条件有较强的适应性，旅游者可以从其家门口直接到达旅游目的地，也可以在旅游目的地自由选择旅游景点；第二，汽车旅行自由度大。在国外人们往往是乘私人小汽车外出旅行，方便自由。何日启程、何时停车、作息、用餐、计划何时抵达目的地等，完全由自己支配掌握，几乎不受时间限制；同时，还可以按照自己的意愿改变旅行线路，选择新的旅游目的地，几乎也不受空间限制。此外，当今欧美国家用作家庭旅游用的私人汽车，往往还带有挂车和备有野营帐篷、小汽艇、冲浪板等游乐设备以及食品、饮料等，既可观赏沿途风光，又可任意选择划船、钓鱼、野餐、宿营等，充分享受旅游和大自然；第三，汽车旅行普及性广。一方面公路网最为稠密，绝大多数旅游点都有公路衔接。另一方面私人汽车最为普及。在欧美各国，拥有私人小汽车的家庭比例相当高，驾车旅游者占各国旅游者总数的60%～90%。

汽车旅行的缺点是载客量小，安全性能较差，不能适应长距离旅游，尤其是汽车易造成旅游地的拥挤和环境污染问题。

由于汽车旅游市场广阔，许多国家旅游业都设置了相应的业务来迎合这一市场的需要。例如，开办租车业务；开展铁路、飞机、轮船的小汽车托运业务；简化边境公路的出入境和检查手续；沿公路发展汽车旅馆、餐馆等中转服务和休息设施。

（二）飞机

飞机是当今世界上远程旅游中最主要的运载工具，广泛使用于洲际、国际、大中城市间以及各大旅游区之间的旅游活动中。一个国家或地区航空运输的能力和机场的吞吐量，往往更能反映该地国际旅游发展的水平。

飞机旅行具有以下优点：第一，快速省时。具有先进性能的民航飞机，如波音747、波音767、空中客车等，飞行时速都在1000千米以上，这是其他运输工具望尘莫及的。同时，飞机能实现两点间路径最短的直线运输，几乎不受地面任何障碍物的影响。因此，乘飞机旅行最能节省时间，对于闲暇时间宝贵的旅游者而言，这一点是飞机旅行的重要优势所在；第二，安全舒适。现代喷气式民航飞机技术性能优良，空中交通的安全性也大大提高。据统计，飞机旅行的平均事故死亡率比汽车旅行和火车旅行的平均事故死亡率都要低。所以，空中交通运输的安全系数还是很高的。但由于飞机失事相对伤亡大，影响也大，造成人们认为空中飞行不如地面旅行安全的印象。乘飞机旅行极为舒适。现代大型飞机机舱宽敞，座位宽大，设备考究，旅客行动方便。飞行平稳安静，机舱内还提供餐饮、视听娱乐以及一流空中服务，因此旅客享有舒适的旅途生活环境。同时，乘飞机旅行可以观看平时难以观赏的空中和地表景观，以及飞机起降时的快速感觉，给人们以一种特殊和愉快的旅游生活体验；第三，航程远、灵活性大。飞机被誉为“空中桥梁”。当今世界大型喷气式客机，最远航程可超过1万千米，加之空中飞行路径短，因此，飞机是远程旅行的主要交通工具。目前来我国的国际旅游者90%乘坐民航飞机。此外，飞机空中飞行受地面障碍物影响较小，可以到达其他交通工具难以到达之地。飞机飞行虽有固定航线，但也可以根据旅游市场的变化进行调节。例如，针对旅游季节性增加或减少航班，针对旅游发展新开航线，开办包机服务等，所以，飞机旅行还具有灵活易变的特点。

然而，飞机旅行也有不足之处：第一是运输成本高，载运量较小，因此飞机票价相对比较昂贵，不适宜短途旅行；第二是飞机飞行受气候条件制约，班机提前、延误、转道甚至取消时有发生，影响旅游者旅游活动的计划和安排；第三是飞机飞行只能从点到点，不能展开面上的旅游。因此，飞机必须同其他交通运输工具配合才能提供完整的旅游交通服务。

目前，随着经济全球化的发展，国际旅游规模日益扩大，市场竞争将日趋激烈。许多交通运输公司正在努力采取措施，以期解决或改善飞机旅行存在的不足之处。可以预料，飞机将在今后长途旅游和国际旅游中占有不可替代的重要地位。

（三）火车

从近代旅游开始兴起一直到第二次世界大战结束以前，火车一直是旅游活动中最主要的交通工具。迄今在世界上许多国家，特别是发展中国家，如我国，火车仍然是陆上旅游交通的主力军。火车旅行的优点是：第一，客运能力强。一般每列客运列车可载客上千名。若以单个交通工具作比较，火车客运能力最大，是飞机的10~50倍，比汽车大得更多；第二，旅行费用低。由于火车运载量大，运输成本相应降低。旅游者所支付的火车票价费用比飞机和汽车要便宜；第三，安全可靠，连续性强。火车沿固定钢轨运行，沿线有严密的管理系统，安全有可靠保障。而火车又是全天候的交通工具，受气候等自然条件影响小，可保证一年四季、昼夜不停地按照列车时刻表连续运营；第四，火车污染小。目前采用内燃机车和电力机车作为牵引动力，环境污染小。

但是，由于火车的速度远不及飞机，在灵活性和普及性方面不及汽车，加之航空公司和汽车客运公司的竞争，因此，就世界范围看，自20世纪20年代以来，火车在旅游客运交通中的地位不断下降。长途旅游交通为飞机所取代，而中短途旅游交通则被汽车所取代。到20世纪60年代，美英等国家中乘火车旅行的游客人数锐减，铁路交通客运量仅占交通总客运量的10%左右。为了提高竞争能力，扭转火车客运的颓势，特别是随着20世纪60年代以后人们对可持续发展问题的关注以及环保意识的不断增强，许多国家都对发展火车交通给予了相当大的重视，开展了以提高火车运行速度为中心的改革，致力发展高速铁路和高速列车。如今，利用气垫和磁悬浮技术，火车行驶时速可达200~480千米，最高时速已突破500千米。自20世纪80年代中期起，法国、德国、荷兰、比利时、卢森堡等国批准了一个长达2.67万千米的泛欧高速铁路网建设计划并着手实施。日本也在继续改进其著名的“子弹列车”并扩大其运行线路网络。英国、西班牙、瑞士、瑞典、意大利以及澳大利亚等国也纷纷投入巨资建设高速铁路，我国更是建成了全世界里程第一的高速铁路网。许多国家还在改善火车交通服务条件，提高服务质量方面狠下功夫。可以说，火车交通目前已进入一个新的大发展时期。

火车交通作为产业革命的产物，是陆地上最早出现的现代交通运输工具。它见证了近代旅游和现代旅游的发展过程，因此，火车本身还具有一定的历史感和文化内涵。目前世界上不少地区的铁路客运本身就已成为一项特定的旅游项目或旅游内容，例如观光列车和专项旅游列车等。

（四）轮船

轮船是人类最古老的交通工具之一，历史上轮船曾对旅游的发展做出过巨大贡献。20 世纪 50 年代以前的近一个半世纪中，远程班轮曾是洲际旅游的最主要交通工具。当时欧美两大陆之间的国际旅游非常兴盛，1897 年到美洲大陆访问的英国游客超过 50 万人，而往返于大西洋上的远程班轮则是这种大规模跨海旅游的唯一交通工具。20 世纪 50 年代后，民用航空的高速发展与普及使远洋客运走向衰落，轮船作为旅游交通工具逐渐把经营重点转到游船业务上来。

轮船旅行存在着速度慢、灵活性差以及受气候和水文等自然因素影响大的缺陷，但轮船旅行的优点也很突出：第一，轮船客运能力大，是所有交通工具中客运能力最大的；第二，轮船运输成本低，票价便宜；第三，轮船运行自由、舒适、悠闲。大型游船上活动空间宽敞，住宿和生活设施齐全，还设有游泳池、健身房、美容室、娱乐室、舞厅、酒吧、咖啡馆等休闲康乐设施，被称为是“漂浮的旅馆”。世界上有许多这样著名的游船。

目前，就世界范围看，欧美一些洲际和环球豪华游船的海上巡游比较盛行。我国的邮轮旅游产业更是发展迅速，进入 21 世纪以来，世界三大著名邮轮公司纷纷在我国沿海地区开设航线，我国自主运营的大型邮轮公司也在这两年开始运营。在海上巡游过程中，人们既可在不同地点登岸观光游览，又可随时回船休息，免除了每到一地后上下搬运行李和寻找旅馆的麻烦。而游船上设施齐全，服务周到，消遣娱乐项目多。因此，海上巡游是一种特殊的豪华旅游形式，这种旅游形式实际上就是一种高级度假旅游，其最大的特点是舒适、悠闲。海上巡游价格昂贵且耗时较长，主要针对的是富有和高层旅游市场，一般收入较低和闲暇时间较少的旅游者难以享用。海上巡游多选择气候温和、沿岸可供参观游览的旅游地较多的海域。目前世界上最流行的海上巡游区域是加勒比海域和地中海域，北美的阿拉斯加海域每年夏季也是游船活动较为集中的海域。

内河客运作为旅游交通的重要组成部分，也开始向游船方向发展。世界上一些著名的大江、大河和湖泊的水上游览业务都很繁忙。轮船旅行不仅成为现代化的旅游交通，而且也成为一种专线旅游项目。

三、特种旅游交通

特种旅游交通，是指人们常用的四种现代旅游交通方式外，为满足旅游者娱乐、游览的需要而产生的特殊交通运输方式。一般而言，这类交通工具除为旅游者提供空间位移服务外，还各具特色，体现了较强的地方和民族风格，往往更富有娱乐性和享受性。因此，虽然特种旅游交通方式在一定程度上可以起到交通工具的运输作用，但绝大多数在实质上属于旅游服务或游乐项目。特种旅游交通方式往往是为配合旅游区的开发和旅游活动的开展而设置的，故多分布于旅游景区或景点内。特种旅游交通方式各具特色，但受不同环境因素的制约而难以推广普及。

特种旅游交通工具主要有：

（1）缆车。缆车又称索道。是用驱动机带动钢丝绳牵引缆车车厢，在距离地面一定高度的空间运行的交通方式。多用于山岳风景区、滑雪场、游乐场等风景旅游区和游乐场所。2010 年，我国缆车数量已经达到 1071 条，位于世界第一。

缆车具有对自然地形适应性强，爬坡角度较大，能缩短运输距离等特点，可将人或物品运送到其他交通工具不易到达的地形复杂、险要的地点，使旅游者的游览变得十分方便。由于缆车在距离地面一定高度运行，空中观景别具情趣，并且会产生某种紧张和刺激感，从而增添旅游地的吸引力以及旅游活动的乐趣。

缆车建设涉及面广，对风景区的植被、生态环境以及自然景色有一定破坏或影响，所以建设缆车一定要进行可行性论证，尤其是环境评价，并精心设计和施工。

（2）畜力交通工具。如马、牛、驴、骆驼等，畜力车（如马、牛、骆驼等拉的车）和爬犁（如马、狗等拉的雪橇和冰爬犁等）。这些交通工具在某些特定环境下具有重要意义。它一方面反映了一定地区的民族特色，可以满足人们求新、求奇的旅游心理；另一方面这些交通工具本身还体现了人与自然协调的思想，特别符合人们亲近自然、回归自然的现代需求。

（3）人力交通工具。包括自行车、三轮车、手划船等。自行车是依靠自身体力和机械功能的旅行工具，具有健身、节能、无污染、自由灵活等优点，适合短途旅游，也适合城市旅游，发展前景十分广阔。开办各种自行车租赁业务，可为零散客人提供许多方便。其他人力交通工具。如滑竿等，可以给旅游者特殊体验，在某些特定环境下，尤其是交通不便的旅游景区景点有适用性。

（4）风力交通工具。包括帆船、冰帆、热气球等。帆船和冰帆是传统的风力交通工具，而热气球则是现代风力交通工具。它们都可以满足旅游者增长知识和探新求异的旅游需求。

四、我国旅游交通的发展

改革开放以来，我国的交通运输事业有了很大的发展，其中铁路运输、公路运输和航空运输的发展为我国旅游业的发展做出了突出的贡献。我国交通运输今后的发展目标是：到21世纪中叶，建立起一个可持续性的、以高速化和智能化为目标的新型综合交通运输体系，交通科学技术达到世界先进水平，交通运输技术装备、运输组织和运输管理进入世界先进行列。

（一）航空运输

1990—2012年中国民用航空业以近两倍于国民经济增长的速度迅速发展。进入新千年后的发展情况可参见表5－2。

表5－2　中国民用航空运输航线和飞机数量（1990—2012年）

指　标	单位	1990年	2000年	2010年	2011年	2012年
定期航班航线条数	条	437	1165	1880	2290	2457
国际航线	条	44	133	302	443	381
国内航线	条	385	1032	1578	1847	2076
港澳地区航线	条	8	42	85	91	99
定期航班航线里程	万公里	50.7	150.3	276.5	349.1	328
国际航线	万公里	16.6	50.8	107	149.4	128.5
国内航线	万公里	32.9	99.5	169.5	199.6	199.5
港澳地区航线	万公里	1.1	5.6	12.1	13.5	13.3
定期航班通航机场	个	94	139	175	178	180
民用飞机架数	架	503	982	2405	3191	3589

资料来源：根据中国民航网站资料整理。

进入21世纪以来，我国民用航空旅客运输量的增长很快。2013年，我国民航业的旅客运输量为35397万人次，比上年增长10.8%。国内航线完成旅客运输量32742万人次，比上年增长10.6%，其中，港澳台航线完成904万人次，比上年增长8.4%；国际航线完成旅客运输量2655万人次，比上年增长13.7%

根据中国民航管理局的预测，预计2010—2030年，我国民航业也将大致保持这样的增长速度。这意味着到2030年时，我国民航业的旅客运输量将达到6.6亿人次。航空运输在综合交通运输体系中的地位将大大提高，成为人们执行公务和商务、旅游、探亲访友的重要交通工具之一。

21 世纪，民用机场建设仍将是我国基础设施建设的重点。预计到 21 世纪中叶，在合理布局的前提下，全国各地区（州、盟）都可实现通航，一部分有条件的重要县级城市也有望实现通航。根据发展需要，今后将在一些重要城市建设第二机场，使全国 2/3 的机场能起降中型以上的飞机，并形成若干个设施先进、功能完善、服务一流、高度现代化的、具有中心辐射功能的大型枢纽航空港。

（二）铁路运输

在铁路运输方面，一个以北京为中心的全国铁路网已经形成。截至 2013 年，全国铁路营业里程达到 10.3 万公里，比上年增长 5.7%。其中，高铁营业里程达到 1.1 万公里；合资铁路营业里程达到 3.2 万公里，地方铁路营业里程达到 0.4 万公里。路网密度 106.9 公里/万平方公里，比上年增加 5.7 公里/万平方公里。

在运输线路不断延伸的同时，线路质量也得到改善，包括增加复线建设、采用重型钢轨和无缝钢轨的线路里程以及电气化铁路的通车里程不断增加，建设高速铁路，等等。在线路等基础设施大大改善的基础之上，铁路部门还适应市场需要，不断提高运营效率。自 1997 年以来的数次铁路调图和提速，大大提高了全国铁路客车的运行时速和运输能力。

在铁路运输的未来发展方面，根据预测，21 世纪初到中叶我国铁路的发展将大致经过两个大的阶段：第一阶段到 2010 年，铁路营业里程达到 8 万公里以上，运输能力适应国民经济和社会发展需要；第二阶段到 21 世纪中叶，铁路营业里程将是 2000 年的 1.75 倍，建成我国现代化的路网，运输能力有更大的提高，适度超前于国民经济和社会发展的需要。从 21 世纪初到中叶期间，我国将集中力量建设一批对国民经济全局有重要影响的，在路网上起骨干作用的大能力干线，与此同时，还要建设一批区域性的线路，建成布局合理、干支协调、四通八达的铁路网，使得全国各省、市、自治区首府都有铁路线与北京贯通，幅员辽阔的西部地区形成合理的路网布局；路网开放度将进一步提高，全国国土边境都有必需的铁路线贯通全国，并与国外铁路相连。

在营业里程不断延长，路网不断完善的同时，我国高速铁路快速发展，在第一条高速铁路——京津高铁于 2008 年建成和通车以后，经过 10 余年的高速铁路建设和对既有铁路的高速化改造，我国已拥有全世界最大规模以及最高运营速度的高速铁路网。数据显示，截至 2013 年年末，我国高速铁路总营业里程达到 11028 公里，稳居世界高铁里程榜首。

（三）公路运输

在公路运输方面，截至 2013 年年末全国公路总里程达 435.62 万公里，其中全国高速公路里程达 10.44 万公里，详见图 5-3。

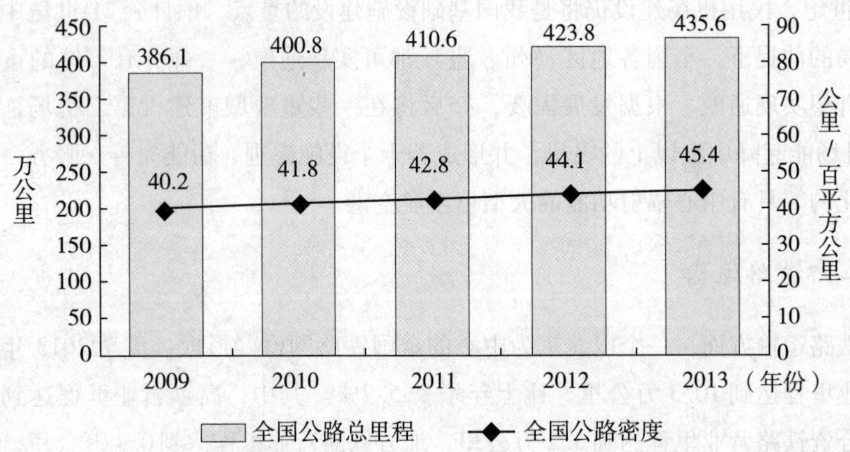

图 5－3　2009—2013 年全国公路总里程及公路密度

在公路交通的发展布局方面，我国已建成“五纵七横”12 条国道主干线，贯穿全国所有省、市、自治区，连接所有百万人口以上的大城市和大部分 50 万以上人口的城市。在此基础之上，我国将进一步完善公路网络，形成以高速公路为骨架，主要公路客货运输段为枢纽，实现全国重要城市、工农业生产中心、交通枢纽和主要陆上口岸的连接，并通过发达的干支线公路和农村道路连接全国各地，形成国道主干线、干线、支线相衔接、高速便捷的全国公路网。

在高速公路方面，目前我国各地已建成的高速公路主要包括：西宝高速公路（西安—宝鸡）；西铜高速公路（西安—铜川）；西临高速公路（西安—临潼）；广深高速公路（广州—深圳）；广珠高速公路（广州—珠海）；广佛高速公路（广州—佛山）；深汕高速公路（深圳—汕头）；成渝高速公路（成都—重庆）；贵黄高速公路（贵阳—黄果树）；宁合高速公路（南京—合肥）；宁连高速公路（南京—连云港）；宁通高速公路（南京—南通）；福厦高速公路（福州—厦门）；郑洛高速公路（郑州—洛阳）；京沪高速公路（北京—上海）；京津塘高速公路（北京—天津—塘沽）；京石高速公路（北京—石家庄）；京沈高速公路（北京—沈阳）；沈大高速公路（沈阳—大连）；沈丹高速公路（沈阳—南芬河段）；四长高速公路（四平—长春）；沪宁高速公路（上海—南京）；沪杭高速公路（上海—杭州）；杭甬高速公路（杭州—宁波）；济青高速公路（济南—青岛）；烟青高速公路（烟台—青岛）；海南岛环岛公路等。

尽管我国在发展客运交通方面成就巨大，但在我国旅游业中，交通运输仍属薄弱环节。这主要表现在两大方面：一方面是运力不足的问题仍未完全得到解决，旅行难的现象在很多地区和线路上依然存在。虽然航空、铁路、公路和水路等，交通线路已将全国各地连接成网，但由于受交通基础设施规模和质量的制约以及定期或定时客运班次数量的影响，很多旅游目的地的可进入性程度仍然较低。另一方面是交通运输部门的服务质量落后于其他旅游服务部门。交通运输服务所涉及的内容很多，其中主要有两个方面，一是机场、车站、码头等在旅客候乘期间的服务；二是运输途中的旅行服务。我国交通运输部门在前一方面普遍存在服务质量差的问题，旅客登乘时普遍存在的拥挤和混乱现象便是其中最突出的反映。在途中服务方面，除了航空公司之外，其他客运部门都存在较多的问题。这些情况说明，随着市场经济的发展，虽然很多交通运输企业已经感受到竞争的压力，但是距离现代营销观念的真正树立尚有一段距离。

五、影响旅游者选择旅行方式的因素

一般地讲，旅游者对交通运输服务的要求普遍涉及安全、便利、快速、高效、舒适、经济等诸多层面。实际上，不同的旅行者对上述各层面的强调重点往往会有顺序上的区别。这意味着，人们在外出旅行时，对旅行方式往往会有不同的选择。对于客运服务经营者来说，面对市场竞争的加剧，了解影响人们选择旅行方式的因素无疑是重要的。影响人们选择旅行方式的因素很多。归纳起来看，较大的影响因素主要包括以下四项。

1. 旅行目的

在第三章中，我们将旅游者划分为消遣型、差旅型和个人及家庭事务型三大类。因公差旅者的最大特点是，他们外出旅行的目的旨在完成既定的工作任务。这不仅决定了他们不能随意更改外出旅行的目的地和动身出发的时间，而且决定了他们在一定程度上不大考虑旅行费用的问题。对于外出旅行，除了安全因素之外，他们最关心的往往是便利、快速和舒适。因此，他们乐于选择的旅行方式通常是航空、铁路和小汽车旅行，一般很少乘坐长途汽车和轮船。

消遣型旅游者的外出目的是为了消遣或度假。他们在外出动身时间的安排上不像因公差旅者那样严格受限，因而对不同旅行方式的选择性较大。由于这类消费者对价格敏感，所以他们可能会尽量选择那些运输价格较为低廉的旅行方式，有时甚至可能会不使用商业性的运输服务，而采取诸如徒步、骑自行车、自驾车或顺路免费搭车等方式外出旅行。一般来说，对于距离较短的旅行，在条件允许的情况下，多数消遣型旅游者都喜欢采取自驾车的方式。在远程旅游，特别是出国旅游的情况下，乘飞机或乘火车则是其常会选用的旅行方式。总之，对于因消遣性目的而外出旅行的人来说，他们在选择旅游方式时，除了安全因素之外，所注重考虑的因素往往是经济和高效。

个人及家庭事务型旅游者的需求特点虽然难以一概而论，但在以下两点上则是共同的：第一，他们的旅行目的地已经固定，无法随意更改；第二，他们在具体的动身时间上有一定的选择余地，既不像消遣型旅游者那样对出游时间有很大的选择自由，也不像因公差旅者那样在出发时间上几乎没有选择的余地。所以，他们选择旅行方式的标准，除了安全因素之外，一般是既要高效，又要价廉。

2. 运输价格

差旅者由于旅费报销的缘故，外出旅行时一般对运输价格都不敏感。但其他各类旅行者对运输价格都很敏感。由于后者在旅游市场中占绝大比重，因而交通运输公司在客运服务价格上的稍微变动，都有可能导致营业量发生很大变化，特别是在客运市场供大于求、竞争激烈的情况下更是如此。由于人们的收入毕竟有限，所以对于大多数人来说，生活中的各个方面，包括旅游度假在内，都会有其预算。旅游者所关切的问题之一便是在自己的旅游预算限额之内，如何使旅游活动更充分、更有效率。所以，在计划外出旅游时，人们往往会考虑和比较各种可供选择的旅行方式的价格。甚至在选定某一旅行方式之后，例如选定航空旅行之后，人们还可能会比较不同航空公司的服务价格，并且可能会进一步选择适合自己需要的舱位等级，甚至会考虑前往机场的所需费用。所以，从另一相关侧面来讲，收入水平也是影响人们选择旅行方式的因素。由于实际上很多旅游者都来自中、低收入水平的工薪阶层，这使得运输价格对其选择旅行方式的影响显得更为突出。

3. 旅行距离

旅行距离通常涉及空间距离和时间距离两个方面。空间距离越大，完成旅行所需要的时间也就越多，旅行的代价也就越高。前面已经谈到，对大多数人来说，外出旅游度假的预算都有限度。同样，人们可用于外出旅游度假的时间也有限。为了更有效地利用有限的度假时间，人们必须努力缩短用于往返交通的时间。因此，对于长距离的旅行，特别是1000公里以外的旅行，人们通常会选择航空这种旅行方式，这不仅是因为航空旅行速度快，而且也因为它相对比较经济。反之，对于中、短距离的旅行，人们则较倾向于选择乘火车或汽车作为旅行方式，因为这不但比航空旅行经济，而且也比较便利。

4. 旅行偏好和经验

我们常常会发现，在同时有多种旅行方式可供选择的情况下，即使是其他条件完全相同的人，对旅行方式也可能会有不同的选择。这一情形的出现往往是因个人旅行偏好和经验的不同而导致的结果。

一般地讲，外出旅行者对某些旅行方式的偏好主要是受其个性或心理类型的影响。帕洛格（Stanley Plog）在其所提出的关于旅游者心理类型的理论中，曾将人的心理类型划出两个极端，即依赖型和冒险型。依赖型心理类型的人远不及冒险型心理类型的人富有冒险精神，因而，表现在对旅行方式的选择上，不论旅途远近，他们往往都倾向于自驾车前往，而不愿，甚至惧怕乘飞机旅行。而冒险型心理类型的人恰恰相反，特别是外出作中远程旅行时，所喜欢的是乘飞机而不是自己驾车。

除了心理类型的影响之外，一个人对某些旅行方式的偏好还往往会基于自己过去的旅行经验。例如，不论是在中国还是在其他国家，不少人都喜欢乘火车外出远程旅行，因为他们过去的旅行经验使其深信，乘火车旅行比乘飞机安全，尽管统计数据表明航空旅行的安全系数实际上很高。

当然，除上述因素之外，有可能会影响人们选择旅行方式的其他因素还有很多，例如天气、旅伴、目的地的地理位置特点，等等。实际上，所有各种因素在决定人们对旅行方式的选择时，都是相互联系、相互影响、综合起作用的。因此，我们只能在假定其他因素不起作用的前提下，讨论某一因素的影响作用。不论一个人对某种旅行方式如何偏好、依赖型的心理类型多么典型、外出旅行的距离多么遥远，如果他不具备足够的支付能力，也不便选择自己所喜欢的那一旅行方式。在这种情况下，经济因素（运输价格或收入水平）便成为影响其选择旅行方式的决定因素。反之，假定一个人经济条件十分宽裕，或者航空票价非常便宜。但他仍然倾向于选择乘火车而不是乘飞机，则往往是因为他个人认为火车运输的安全记录高，乘火车比乘飞机在安全方面更为保险。

第六节　认识旅游产品

作为一个产业，旅游业也生产自己的产品，这些产品就是旅游产品。旅游产品是旅游者旅游活动的基础，也是旅游业经营的核心，它的品种、数量和质量关系到旅游业的兴衰。因此，认识和分析旅游产品，不仅是旅游学研究的重要内容，而且对于旅游开发和旅游管理也具有重要的现实意义。

一、旅游产品的概念

从现代经营角度看，产品是任何能在市场上销售的东西。它能引起顾客的注意，被顾客获得、使用以满足其某种需求或需要。它包括了实物、服务、人员、过程、位置、组织和思想等。产品即供给、价值或利益。

旅游产品的概念是什么呢？旅游产品的概念可以从两个角度加以理解，即从旅游业的角度和从旅游者的角度。从旅游业的角度出发，旅游产品是指旅游经营者凭借旅游吸引物、交通和旅游设施，向旅游者提供的满足其旅游活动需要的全部服务的总称。由此可见，旅游产品不是一种具体物品，也不是一种单项服务，而是许多种服务产品共同的名称。旅游产品是个整体概念，因为旅游业是一个综合性的产业，它是旅行社业、饭店业和旅游交通业等多种行业的“集合”。具体而言，一条旅游线路就是一个单位的旅游产品。在这条旅游线路中除了向旅游者提供各种旅游吸引物外，还包括沿线提供的变通、住宿、餐饮、娱乐等保证旅游活动顺利进行的各种设施和服务：

在旅游整体产品结构中，由各旅游行业和企业分别提供的项目服务称之为单项旅游产品。经营单项旅游产品的行业和企业的经营活动是各自独立的，比如饭店业提供客房、餐饮产品，交通运输业提供位移产品等，但是它们都为共同的服务对象——旅游者提供服务。因此，虽然各旅游行业和企业的产品也属于旅游产品，但它们实际上只是整体旅游产品结构中的一个组成部分，它们都是单项旅游产品。

旅游业是市场导向的产业。因此从旅游者的角度定义旅游产品对于旅游业经营更有现实意义。从旅游者的角度出发，旅游产品是旅游者从离家外出开始到返回家为止这一期间旅游经历中所需要的全部服务的总称。显而易见，旅游者的全部旅游经历实际上由两大部分组成，一部分是往返于长住地与旅游目的地之间的旅行经历；另一部分是在旅游目的地逗留期间旅游活动经历：由于旅游者一次完整的旅游经历中包含着多种旅游需求和旅游消费，因此，满足旅游者需求的各种产品和服务之间存在着密切的关联性而构成一个整体性的产品——旅游产品。这表明，虽然在生产者眼里飞机舱位和饭店客房是旅游产品，但在旅游者眼里它们只是旅游者整体经历中的一个要素；因此，旅游产品是一种综合性产品，各旅游行业和企业之间是相互依存的。

二、旅游产品的构成

整体旅游产品是一种综合性产品，整体旅游产品的构成主要包括四个方面：旅游吸引物、旅游设施、可进入性和旅游服务。其中，旅游服务是旅游产品的核心。

（1）旅游吸引物是旅游者选择旅游目的地的决定因素，也是一个国家或地区旅游业赖以存在的基础。因为旅游具有异地性，旅游者之所以愿意离家远行去某地旅游，是因为那里的环境对他们具有吸引力。不难想象，如果该地的环境同旅游者长住地的环境相同或相似，甚至不及其长住地的环境，旅游者是不会被吸引前来旅游的。构成这种吸引力环境的基础可能是自然因素，也可能是人文因素或其他因素。旅游吸引物的数量、质量和坐落地点是一个国家或地区旅游业成功的根本，也是决定旅游产品市场规模的根本。毫无疑问，旅游吸引物数量多、质量高、地理位置优越，则吸引来访的旅游者数量就多，旅游产品的市场规模就大，反之亦然。可见，旅游吸引物是旅游产品的基础构成。

（2）旅游设施是直接或间接向旅游者提供服务所凭借的物质条件。旅游设施具有各自不同的使用价值，虽然旅游设施在旅游产品构成中不是激发旅游者购买动机和决定市场规模的主要因素，但是旅游设施可以保障旅游者旅游活动的顺利进行，是旅游业生产经营必不可少的依托。旅游设施不配套或不完善会影响旅游者对旅游吸引物的追寻，也会影响旅游者旅游活动的经历，进而影响旅游者对旅游产品的评价和购买。

旅游设施包括旅游基础设施和旅游上层设施。旅游基础设施是指主要使用者为当地居民但旅游者也必须依赖的服务设施。这些设施可以向人们提供从事各种社会活动和经济活动的广泛可能性，是人们现代社会生活必需的基本条件。旅游基础设施主要包括交通运输系统、邮电通信系统、水、电、热、气的供应系统，废物、废气、废水的排污系统等一般公用事业设施，以及商业、治安、金融、医疗、教育、环保等部门的设施。旅游上层设施是指主要使用者为外来旅游者但也可供当地居民使用的服务设施。由于这类设施主要供旅游者使用，因此必须根据旅游者的需要、生活标准和价值观念来设计建造，并据此提供相应的服务。旅游上层设施主要包括宾馆、饭店、旅游咨询中心、旅游商店以及某些主要供旅游者使用的娱乐设施等。

（3）可进入性。现代旅游活动作为大规模的社会文化活动，越来越多地受制于内外部环境条件。在决定旅游产品经济价值的因素中，旅游吸引物所处的区位条件比旅游吸引物本身显得更为重要。能够同外界产生便捷联系的场所已经成为决定旅游流向和流量的重要因素。而能否同外界产生便捷的联系，取决于该场所的可进入性。可进入性也是旅游产品的重要构成，指旅游者进入旅游目的地的难易程度，主要取决于三个方面：一是旅游目的地的地理位置和知名度，指旅游目的地距离客源市场的方位和距离，以及客源市场对旅游目的地的了解程度；二是旅游目的地与对外交往的成本，指旅游者进入旅游目的地所付出的时间和费用；三是旅游目的地社会和制度因素所决定的对外交往的便利程度，如社会文化的异同、历史渊源的长短、旅游手续的繁简等。

（4）旅游服务是旅游产品的核心。旅游产品整体上表现为无形产品，旅游者花费了一定的时间、费用和精力所换取的是旅游活动中全部服务所组成的一项旅游经历。旅游服务是一种行为，它是以有形物质产品、自然物和社会现象为载体，在满足旅游需要的前提下实现其价值和使用价值的。旅游服务在心理上和生理上满足游客的程度越高，旅游产品质量就越好，反之，旅游产品质量就越差。旅游者对旅游经历的评价主要取决于他所受到的服务水平和质量。

旅游服务贯穿于旅游者旅游活动的始终。根据经营阶段划分可分为售前服务、售中服务和售后服务三个部分。售前服务即旅游活动前的准备性服务，如旅游咨询、签证、办理入境手续、货币兑换、保险、财政信贷等服务。还包括旅游产品的设计和线路编排等技术性服务。售中服务即在旅游活动过程中向旅游者直接提供的行、游、住、食、购、娱及其他服务。售后服务即当旅游者结束旅游后离开目的地时的服务，如机场、港口、办理出境手续、托运及委托代办服务等，甚至包括旅游者回到家以后的跟踪服务。

从广义的旅游服务来看，除了在旅游过程中直接向旅游者提供的服务外，还包括间接向旅游者提供的物质和非物质产品的服务，如各级旅游组织、卫生、环保、文化、科教、治安、公用设施等部门提供的服务。这些部门提供的产品和服务虽然不是直接地面对旅游者，但是它们共同构成旅游企业向旅游者提供直接服务的载体或环境，失去它们旅游活动就无法正常开展。

可见，旅游服务是个整体概念，它是由各种单项服务组合而成的一体化服务，无论缺少哪一环节的服务，旅游者都会感到不满。即便在旅游过程中某项服务不够周到，旅游者也会感到失望和遗憾。这些都会影响旅游整体产品的质量。

除上述之外，如果从市场营销角度研究旅游产品结构，旅游目的地的形象也很重要。旅游目的地的形象是旅游者对某一旅游目的地旅游整体产品的总体印象。它是由旅游目的地旅游资源的本体素质、旅游业各部门所组成的服务环节以及旅游宣传等诸方面要素在旅游者脑海中形成的对旅游目的地的形象和认知。旅游目的地的形象影响旅游者对旅游目的地的评价和态度，并直接影响他们的旅游行为决策。而旅游产品的形象和旅游目的地的形象是联系在一起的。

现代市场营销理论认为，产品可以分为三个层次。第一层产品是核心产品，即顾客购买产品所需要解决的问题是什么；第二层是形式产品，即真实有形的产品；第三层次是延伸产品，即扩大的服务和利益。据此，旅游产品的构成可如图 5－4 所示。

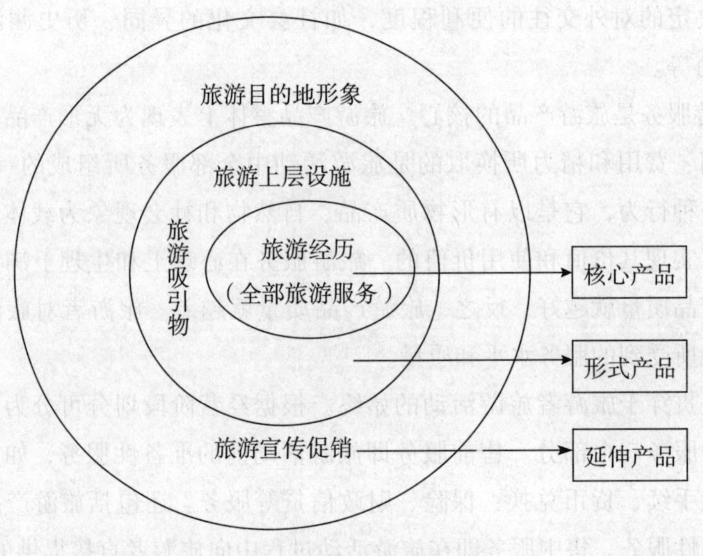

图 5－4　旅游产品构成

三、旅游产品的特点

就根本性质而言，旅游产品是属于服务性产品。这种服务性产品能够满足旅游者的多种需要。相比一般服务产品，旅游产品中既有有形的物质实体，又有无形的非物质服务，而且无形的非物质服务在旅游产品中起主导作用。人们购买旅游产品主要不是为了获得物质上的享受，而是为了得到精神文化的满足。因此，旅游产品是一种特殊的服务产品，具有以下一些主要特点。

1. 综合性

旅游活动是一种综合性的社会文化活动。旅游者在整个旅游活动中的需求是多方面的，这就决定了旅游产品的综合性。旅游产品的综合性首先表现在它是由多种旅游吸引物、旅游上层设施、旅游基础设施和可进入性以及多项服务组成的“集合”产品。它既包括物质的有形产品，又包括精神的劳动产品，还包括非劳动产品和自然物，可以满足旅游者在旅游活动中行、游、住、食、购、娱等各方面的需求。其次，旅游产品综合性还表现在生产旅游产品所涉及的部门和行业众多。除了直接向旅游者提供产品与服务的旅游核心行业外，还涉及间接向旅游者提供产品和服务的其他部门和行业，如轻工业、卫生、环保、文化、科技、治安、金融等部门。再次，旅游产品的综合性还表现在旅游产品涉及非部门性质的自然与社会因素，如旅游目的地国家和地区人民对旅游者的态度、旅游目的地民情风俗与生活方式等。

旅游产品的综合性表明，旅游产品的各个组成部分既是相互促进又是相互制约的。例如，只有得天独厚的名胜古迹或是自然风光，而不具备应有的设施，特别是缺乏高质量的服务工作，那么这种旅游产品是没有多大销路的。因此，旅游产品的综合性决定了各类旅游企业的发展要协调配套，谋求旅游业整体水平的提高，只有这样才能保证旅游产品的供应与质量，任何旅游行业或企业都不可能脱离其他配套部门而取得独自发展。旅游产品的综合性还表明，旅游产品各组成部分的生产经营是各自独立的，其生产过程和产品性质都不相同，各有关方面难以实现自动的协调。因此，必须加强旅游业行业管理，特别是在旅游目的地的协调开发和协调营销方面。

2. 无形性

旅游产品对于旅游者来说是旅游经历中所需要的全部服务，对于旅游目的地和旅游企业来说则是借助一定的设施和条件所提供的全部服务。因此，无论从哪个角度讲，旅游产品都属于非物质的无形产品。因为服务是一种活动、一种行为，它既无一定状态又不可触摸。

旅游产品主要表现为旅游服务。只有当旅游者到达旅游目的地享受到旅游服务时，才能感受到旅游产品的使用价值。而当旅游者在决定购买旅游产品之前却无法对其进行检查和验证，在旅游者心目中只有一个通过媒体宣传和相关介绍所形成的印象，这就是旅游产品无形性的反映。这也说明旅游目的地形象或旅游产品形象在旅游者行为决策中具有重要影响。除此之外，无形性还表现在旅游产品的价值和使用价值不是凝结在具体的物上，而是凝结在无形的服务中。只有当旅游者在旅游活动中享受旅游服务时，才能认识到旅游产品使用价值的大小。也只有当旅游者消费旅游服务时，旅游产品的价值才真正得以实现。

3. 不可转移性

旅游产品不可转移性的特性具有双重含义：一是旅游服务所凭借的旅游吸引物和旅游设施无法从旅游目的地运送到客源所在地供旅游者消费。即旅游产品不能送到旅游者手中，只能将旅游者吸引过来。旅游产品只有通过旅游信息的传递，通过旅游中间商的宣传促销活动把旅游者组织到旅游目的地来进行消费。因此，旅游产品在地点上是不可转移的，旅游者只能到旅游产品的生产地点进行消费。这也是交通运输成为旅游活动先决条件的重要原因。二是指旅游产品销售后，在所有权上不可转移。有形的物质产品的交换带来了所有权的转移。而旅游产品的交换带来的不是产品所有权的转移，而是旅游者在一个特定的时间和地点上对旅游产品的有限使用权。旅游产品的所有权在任何时候都属于旅游目的地或旅游企业所有，不可转移给旅游者。因此，旅游者无权将旅游产品据为已有，也无权将产品使用权自行转让或出借给他人。

4. 生产与消费的同步性

旅游产品表现为旅游服务，旅游产品的生产过程就是旅游服务的提供过程。而旅游服务的提供必须以旅游者的到来为前提，服务活动的完成需要由生产者和消费者双方共同参与。换言之，只有当旅游者来到旅游目的地，旅游服务才会提供。也只有旅游者接受旅游服务，旅游产品的消费才开始。而当旅游者结束旅游活动离开旅游目的地时，旅游服务立刻停止，旅游者对旅游产品的消费亦终止。在这个意义上，旅游产品的生产与消费是同时发生的，并且是在同一地点同时发生的。这种旅游服务和旅游消费的时空同一性现象表明旅游产品生产和消费具有不可分割的特性。

旅游产品生产与消费的同步性是旅游产品市场营销中一个重要概念。旅游产品营销工作的重点之一便是通过预订方式对旅游产品进行销售，设法拉大旅游产品购买与消费（生产）之间的时间间隔，以使旅游产品的生产有较强的计划性和充分的准备，从而确保旅游产品的质量和旅游企业的经济效益。

5. 不可储存性

由于旅游服务和旅游消费在时空上的同一性，没有旅游者的购买和消费，以服务为核心的旅游产品就不会生产出来。因此，旅游产品不可能像其他有形产品那样，不断地生产出来并储存起来，留待销售。对旅游企业而言，旅游产品的效用和价值是不可储存的。旅游产品的效用和价值不仅固着在地点上，而且固着在时间上。随着时间的流逝，旅游产品在这一时间段的价值也在消失，并且永远不复存在。例如，饭店客房一天无人租住，这一天客房服务的价值就得不到实现，虽然这间客房第二天可能被租用，但该客房只能实现第二天的价值，而未被租用的这一天的客房价值则永远无法得到补偿。因此，旅游企业必须十分关心自己产品的使用率，并千方百计地提高其使用率。这也是很多旅游企业对其产品实行差别定价以及运用各种营销手段驾驭市场需求的根本原因。

思考题

1. 旅游业仅仅是指旅行社吗？请简述旅游业的构成。
2. 请罗列出旅游业的特点。
3. 汽车、飞机、火车和轮船，它们各自既有优点也有缺点，你外出旅游选择时会考虑哪些因素？
4. 如何理解旅游业具有关联性强的特点？请结合实例证明观点。

《印象·刘三姐》十年：演出4500场 接待游客千万

中国网4月14日讯 近日，桂林广维文华旅游文化产业有限公司在《印象·刘三姐》十年之际，在中国阳朔旅游可持续发展论坛发布十年回顾报告。报告显示，十年来，《印象·刘三姐》一直保持着“全国文化演出行业观众接待量最多、影响力最大、年营业额最高”的市场地位，在中国各地“印象”齐放的当下，作为“印象系列”开山之作的《印象·刘三姐》，以一个小小山歌，唱出了引领文化演出发展的大产业。

据统计，从2004—2013年，《印象·刘三姐》共安全演出近4500场，累计接待观众超过1000万人次，其中接待境外观众（含港澳台地区）约200万人次，缴纳各项税费近2亿元。其中：2013年，《印象·刘三姐》共安全演出518场，接待国内外观众135万人次，其中接待境外观众（含港澳台地区）近17万人次，未发生重大安全事故和服务质量投诉事件，赢得了广大观众的好评，实现了社会效益和经济效益的双赢。

数据显示，在梅帅元、张艺谋、王潮歌、樊跃等67位中外著名艺术家共同努力下，历时5年零5个月，经过109次修改演出方案，2003年10月1日，“山水实景演出”第一次由理念变为现实，导演组终于将一台由当地渔民和张艺谋漓江艺术学校学生为演员，时长约1小时的实景演出呈现在了观众面前。这是《印象·刘三姐》的试演版。随后，经过不断的修改完善，《印象·刘三姐》于2004年3月20日向全国及全世界正式公演。2001年7月18日，由项目投资方提出申请，经阳朔工商管理部门批准，注册成立了桂林广维文华旅游文化产业有限公司，专门负责《印象·刘三姐》项目的运作和管理。

《印象·刘三姐》项目演出地“中国漓江山水剧场”坐落在桂林阳朔的漓江与田家河交汇处，与闻名遐迩的书童山隔水相望。1.654平方公里的漓江水域是演出舞台，广袤无际的天穹形成自然幕布，周围12座拔地而起的山峰构成背景图画，首次突破了传统的“一个舞台三面墙”的剧场概念。演出巧借晴、烟、雨、雾等自然景观，利用山峰屏障及回声形成天然的立体声效果，配以变幻莫测的灯光，通过舞台艺术、环境艺术、行为艺术的组合，给人以全新的视听冲击，展示出如梦如诗、亦真亦幻的艺术情景，构成天人合一的美妙境界，被誉为“与上帝合作之杰作”。

报告认为，《印象·刘三姐》有力带动了当地社会经济发展。项目公演以来，吸引了大量的中外游客来阳朔旅游，给阳朔及桂林相关产业带来了强大的拉动力，增加了就业岗位，提高了当地群众的收入水平。仅以旅游业为例，项目公演以来，阳朔县旅游人数从2003年的281.8万人次增加到2013年的1170万人次，其中留宿人数从23.3万人增加到430万人次，床位数从6100张增加到42000张，旅游收入从2.44亿元增加到了60.5亿元，对当地经济产生了1∶5的拉动效应。

业内人士分析指出，《印象·刘三姐》开创了大型山水实景演出的先河，成为文化与旅游结合的典范，引发了全国性的实景演出建设热潮。《印象·刘三姐》成功推出以后，各地纷纷效仿和借鉴《印象·刘三姐》的成功模式，结合本地资源特色，推出了一批实景演出项目。

“今后，《印象·刘三姐》力争越演越精彩，吸引越来越多来自世界各地的游客，成为中国的“红磨坊”，能演100多年，并一直演下去，经久不衰。同时，作为中国文化产业的旗舰品牌，《印象·刘三姐》将依托桂林国际旅游胜地平台，深耕文化产业，开发系列衍生产品，拓宽、延长品牌产业链，打造中国文化产业的世界级响亮名片。”桂林广维文华旅游文化产业有限公司相关负责人最后强调。

（作者：伍策　元月）

1. 由案例可知，《印象·刘三姐》成功的关键原因有哪些？

2. 《印象·刘三姐》代表了旅游业中旅游娱乐业，旅游娱乐业应如何适应当前旅游市场的需求？

第六章　旅游组织

教学目的

了解中国和世界旅游组织的基本情况。

教学内容

1. 介绍了旅游组织概述，包括概念、分类、产生、职能、作用和发展趋势；

2. 介绍中国主要的旅游组织，包括国家旅游局和国内行业组织；

3. 介绍了几个世界性的旅游组织，包括世界旅游组织、世界旅行社协会联合会、国际饭店与餐馆协会、亚太旅游协会等。

重点难点

教学重点：介绍中国主要的旅游组织和几个世界性的旅游组织。

教学难点：旅游组织职能、作用和发展趋势。

本章介绍了旅游组织概述，包括概念、分类、产生、职能、作用和发展趋势。在此基础之上我们讲述了中国主要的旅游组织，包括国家旅游局和国内行业组织。最后我们介绍了几个世界性的旅游组织，包括世界旅游组织、世界旅行社协会联合会、国际饭店与餐馆协会、亚太旅游协会等。

第一节　政府对旅游发展的干预

自改革开放以来，我国的旅游业取得了长足发展，目前，我国的旅游业发展尚处于初级阶段，旅游业作为一种经济产业尚未成熟，政府的扶持、调节、干预等行为成为现阶段我国旅游业发展的必然环节。政府干预行为在旅游业的发展中有着不可替代的重要作用。现阶段应当采取政府主导型发展模式，即用积极科学的政府行为引导旅游业的健康发展。

一、政府干预

政府有广义和狭义之分。经济学上的政府是指狭义的政府，主要是指政府行政部门。本文所指的政府干预仅限于中央和地方行政主管部门，具体可以分为以下三个层次。

（1）中央政府的宏观决策。由中央政府制定法律法规和长期的发展战略，考虑旅游产业的长远利益，引导旅游产业的发展方向，指导并协调旅游资源开发，同时以政府名义组织各种活动，在形象宣传等方面发挥统筹作用；

（2）地方政府的综合管理职能。针对各地不同情况，制订科学的旅游发展规划，进一步加大财政投入，但是重视旅游产业发展并不等于随意的开发旅游资源而不尊重客观规律；

（3）各级旅游主管部门的行业管理职能。由各级旅游主管部门来引导旅游产业的投资经营方向，培育良好的行业环境，加强行业管理，严格负责该行业从业人员的资格考试和各部门人力资源管理。

二、政府干预行为的必要性

旅游产业发展之所以受到国家和各级政府的高度重视，这是由旅游产业自身的特点和其在国民经济中无可替代的地位与作用决定的，也是弥补市场缺陷的必然要求，符合当前中国国情。因此，国家和各级地方政府关注、参与和投入旅游产业的力度在不断加大。

（一）符合旅游产业的自身特点

旅游业具有综合性、经济性、依赖性、关联性都很强的特点。首先，旅游业是集行、游、住、食、购、娱等服务为一体的综合性产业，由此带来的复杂性与社会性必然要求政府干预行为的存在。其次，旅游业作为一项产业必然具有其经济性，而政府有着对经济的管理职能与发展经济的使命，因此政府干预的存在是十分必要的。再次，旅游业的生存和发展依赖于相关行业，依赖于自然、社会、经济、政治等多种因素。而政府在其中扮演着不可或缺的重要作用。最后，发展旅游业可以带动相关产业的发展，这就需要相关产业和政府部门的大力支持与配合才能更好地带动其他产业的科学可持续发展。在此，政府干预行为主要是协调作用。

（二）促进旅游业在国民经济中的地位与作用

现代旅游业已经成为国民经济发展的重要组成部分，旅游产业对国民经济及其社会发展的促进作用日益增强，成为具有明显竞争力的产业之一。各个国家或地区都把旅游产业作为经济发展的一个重点，大力支持和引导旅游产业市场化。

旅游产业之所以引起各国政府的高度重视，归因于旅游产业表现出来的非比寻常的产业作用：旅游产业是创汇的有效工具，发展旅游产业具有快速回笼货币，促进市场繁荣，保证国民经济稳定发展的重要作用；旅游产业在带动就业方面也有显著功能，它属于劳动密集型产业，随着市场化发展不仅能够提供更多的就业机会，为缓解就业压力做出巨大贡献，还会促进并带动其他产业发展，改善国民经济结构，从而有力地保障社会稳定；发展旅游业有利于增强国民文化交流，促进精神文明建设，提高人民生活质量，提高全社会的经济效益，振兴繁荣地方经济。正因为发展旅游产业有着种种好处，政府干预行为的存在也就十分必要，一些国家甚至加大了对旅游产业的干预力度，促进旅游产业最大限度的发挥其产业功能，促进国民经济增长。

（三）适应当前中国国情，弥补旅游市场的缺陷

旅游产业市场化要和其他行业一样，客观地遵循市场经济发展规律，依靠市场调节功能达到资源优化配置。由于市场经济这只“看不见的手”自身存在缺陷，其调节机制并不完善，政府必须充当“社会人”的角色。即在充分发挥市场调节和政府干预的运行机制的同时，统筹规划，突出重点，要根据当前中国国情：经济发展水平不高、资源分布广泛且不均衡、市场覆盖力有限、各种旅游基础设施不完善，这些问题决定着旅游产业市场化发展需要政府干预行为，需要政府采取强有力的措施来弥补市场缺陷，加强对旅游市场的监管，惩处各种不利于旅游业发展的行为。

三、政府干预行为的表现形式

（一）提供基础设施建设，促进旅游产业发展

在旅游业发展初期，交通、能源、环保等基础设施是影响和制约旅游业发展的基础条件和关键因素。对于这些投资额大、风险高、回收期长的公共产品投入，一般企业无力承担，也无承担的积极性与驱动力。因此政府就必须站出来提供公共产品的生产或投入，并以管理者的身份对其进行有效的监督。政府利用手中的经济资源，大力开发旅游景区，特别是在核心景区兴建大批旅游配套设施。

政府还通过指定财政、税收、出入境管理等一系列优惠政策，来引导、鼓励优先发展旅游产业，使旅游业空前发展，形成了较大规模和较强的竞争力。

随着旅游产业的蓬勃发展，市场化进程逐步加快，产业经济迅速增长，我国已经迈向世界旅游强国的行列。

（二）制定相关政策法规，规范旅游市场发展

旅游业在我国起步较晚，但它的综合效益非常明显。旅游业作为优势产业和新的经济增长点，健全的旅游立法是旅游产业良性发展的法律前提和基本保障。我国旅游立法与西方发达国家相比，还存在着比较严重的滞后性。

在旅游业逐步发展后，国家为了规范旅游市场，颁布了一系列法规和条例，我国开始逐步建立适应市场化的法律体系和相关制度。1985 年，国务院发布《旅行社管理暂行条例》与《风景名胜区管理暂行条例》；1988 年，国家旅游局发布《中华人民共和国评定旅游涉外饭店星级的规定》；1999 年，国家旅游局发布《导游人员管理条例》；2001 年，国家旅游局发布修改后的《旅行社管理条例》。导游资格考试制度等也促进了我国旅游产业市场化的健康发展。

地方旅游主管部门大力贯彻中央精神，在自己权限范围内出台了一系列的地方性旅游法规，地方旅游立法成果显著，并积极有效地得到贯彻落实。政府不仅用法律法规来约束和规范旅游产业开发行为，也以此来规范旅游经营行为，制定景区娱乐场所的经营规范。

通过制定相关产业政策和规章制度，引导各个环节为旅游业的发展提供一个和谐的外部环境，从而形成可持续发展的良性循环。因此，各级政府应当致力于完善和健全相关的法律法规，全面考虑旅游行业立法的整体性和完善性，各部门要依照法律法规、严格执法，对旅游产业实行法制化管理。通过政府出面，制定出规范旅游市场发展的法规条例，进一步强化对旅游产业市场化发展的法治管理力度，加强行政监督和法律制约，加大执法力度，制定科学的产业政策和相关政策法规，规范旅游企业和个人的经营行为，有利于维护旅游市场的有序发展，有利于引导旅游企业建立合理的竞争模式，从而起到完善市场机制和结构的作用。

（三）协调相关部门联系，承担旅游形象宣传

旅游业的健康快速发展离不开宣传促销，离不开市场推广。我国旅游产业市场化尚未成熟，旅游企业的规模相对较小，还无力承担国家整体形象宣传。因此，对旅游市场全局性的思考，对旅游市场推广全局性的把握是政府义不容辞的职责。对于协调社会各方力量，统一宣传城市或国家整体形象，改善旅游环境等方面，政府行为更是发挥着市场行为所无可替代的作用。

从 1992 年起，国家旅游局每年推出一个主题，进行中国主题旅游年的形象宣传活动。比如 2005 红色旅游年、2006 中国乡村游、2007 和谐城乡游、2008 中国奥运旅游等。这些活动的举办，不仅向世界各国宣传了中国作为旅游目的地的形象，在旅游者

的心中留下美好的印象，吸引各国旅游者前来旅游，而且显示了政府的统筹兼顾、协调各部门共同办好主题宣传活动的能力。诸如北京奥运会这样的重大节事，就是国家整体旅游形象宣传的一次重大机遇，国家和各级政府都给予了高度重视。又如中国优秀旅游城市评选活动，通过政府出面举办，突出地方特色，各地市的形象都得到了改善和优化，使国家整体形象得到改善。从中可以看出，这些大规模的宣传、组织和监督工作，唯有政府才能承担。

（四）制定发展旅游规划，引导旅游投资方向

经过多年的开拓和培育，我国旅游市场已经形成了入境、出境和国内旅游三大市场相互配合、共同发展的局面。对于这三大市场的培育，政府行政主管部门必须制定长远的发展规划，而这一行为是所有旅游企业所无法完成的。没有规划的开发旅游资源、缺乏地方特色的低水平建设等问题，是造成我国旅游产业市场化步履维艰的一个主要原因。这要求政府必须科学制定旅游发展规划，致力于解决上述问题。根据旅游发展规划，正确引导社会资金增加对旅游产业的投入力度。政府通过制定长远的发展规划来指导各级部门的实际工作，各级部门再通过相关工作职能与程序向旅游企业渗透，来引导和吸引旅游企业按照长远规划，科学合理地开展业务、拓展市场。

政府在旅游产业市场化发展过程中应该充当投资顾问的角色，制定和出台相关的优惠政策措施，吸引社会资本的恰当投入，避免因行业过度进入而造成竞争激烈和经济效益低下。各级政府应该通过财政手段，增加旅游开发资金，调整政府财政对旅游产业的投入比例，缓解旅游产业中因资金不足而造成的发展困扰。目前，我国政府对旅游产业的投入仍然明显不足，各级政府可以考虑借鉴国外经验，适当征收旅游税；也可以通过制定财政金融政策，为旅游业提供更多的融资机会，增加对旅游产业资金投入的同时，各级政府还要正确引导这些资金的投资方向，保证旅游产业市场化运作的正常进行。政府在旅游产业市场化发展过程中应该充当投资顾问的角色，制定和出台相关的优惠政策措施，吸引社会资本的恰当投入，避免因行业过度进入而造成竞争激烈和经济效益低下。各级政府应该通过财政手段，增加旅游开发资金，调整政府财政对旅游产业的投入比例，缓解旅游产业中因资金不足而造成的发展困扰。目前，我国政府对旅游产业的投入仍然明显不足，各级政府可以考虑借鉴国外经验，适当征收旅游税；也可以通过制定财政金融政策，为旅游业提供更多的融资机会，增加对旅游产业资金投入的同时，各级政府还要正确引导这些资金的投资方向，保证旅游产业市场化运作的正常进行。

除此之外，政府的作用还表现在解决旅游产业外部性信息不对称的问题，通过建立公正权威的旅游产品信息系统，向消费者提供关于旅游产品的正确信息。可见，政

府干预在旅游产业市场化发展中是十分必要的，其干预行为会直接影响到旅游产业市场化的发展进程。

四、旅游业发展中政府行为的负效应及其解决方法

政府行为在旅游业的发展壮大中起到了积极的作用，但由于行政手段不科学，行政职能欠缺，行政人员素质良莠不齐等原因，也给旅游业的发展带来了一些“不和谐的音符”。

（一）部分区域各自为政，圈地经营

由于旅游资源在分布上的特殊性，许多资源所在的地理区域往往与所属的行政区域不能相对应。同一旅游资源可能跨越好几个行政区域，某些资源甚至跨越了国界或洲界。如欧洲的阿尔卑斯山横贯法国、德国等诸多国家，国内的长江、黄河等几大水域跨越了若干省份，这些资源都不是按照行政区域的划分分布的。然而在国内一些地方出现了“你占一片山，他圈一席地”的新一轮“圈地运动”，行政区域间各自为政，掠夺性开发旅游资源、粗放型发展旅游业，导致了大家“一哄而上干旅游”“村村点火、户户冒烟”的局面。这种目光短浅的做法严重制约了旅游业规模的进一步扩大和产业结构的优化，也阻碍了资源间的互补，导致旅游与环境之间的矛盾日益突出。

另外，由于我国旅游管理体制建立较晚，在管理体制上条块分割比较严重，旅游景区（点）、饭店、旅行社等在日常经营中会遇到各方面的管辖与限制。有些城市和地区，旅游行政主管部门往往只负责本地区的旅行社年检、饭店星级评定、组织导游员资格考试等工作，而对于景区（点）及其他相关的行业没有管理与监督的权利。在一座城市中，旅游资源往往分属于不同的部门，如有些是隶属于园林、宗教部门，有些挂靠在文化部门，有的甚至是隶属于房地产管理部门，这在很大程度上限制了旅游主管部门的职能行使。

针对这种情况，一方面上级行政部门要加强整体协调，对资源区内的各级行政区域进行科学的分工，形成产业链，使之变成真正的“靠山吃山、靠水吃水”；另一方面，各级部门要敢于打破行政壁垒，放下心中的“私”，以资源为纽带，以联合为手段，打破各自为政的局面，制定合理的职能分配制度，建立行之有效的合作模式。例如，长江三角洲地区已经开始打破行政地域概念，联手发展旅游。三地之间旅游行政机构定期召开“江浙沪旅游年会”，碰头磋商发展大计。在该区域不到10万平方公里的土地上，集中了全国近半数的经济发达县，也汇集了如上海、苏州、杭州、无锡、南京等一大批旅游大市、旅游强市。另外，还有诸如宁波、绍兴、扬州、镇江、南通、舟山等资源丰富、发展迅速的跟进城市。

在旅游业快速发展的今天，各地区、各城市不仅要在一个行政区域内打通相关阻隔，还要在不同的行政区域、不同的行政级别之间打破梗塞，构建一个资源共享、信息互通、相辅相成、利益共增的有效区域经济。

（二）宣传促销缺乏创意

由于一般大型宣传推介活动都由政府来牵头完成或由政府完成决策、操办，导致了部分宣传推介活动成了政府的形象工程。在活动形式上部分政府间相互攀摩，有的甚至是全盘拷贝，而不注重结合当地特色和实际情况。近年来举办最多的活动形式就是旅游交易会、展览会，各地政府纷纷希望通过举办旅游交易会来扩大知名度，提升自身形象。这一方面反映出了各地对旅游业重视力度的加大，另一方面也暴露了各地政府间相互照搬，盲目跟从，缺乏新的宣传手段和宣传途径的弊症。

要解决该问题，宣传促销工作由政府来牵头，而运作执行的权力则下放到企业的手中，让企业在运作宣传促销的同时既提升了自身的知名度，又可获得相关的既得利益，两全其美的结果又会促使企业参与宣传促销的积极性提高，从而形成由参与到收益再到参与的良性循环。

综上所述，现阶段政府干预行为在旅游业发展壮大中起着不可替代的作用，在未来很长一段时间内，政府行为与市场行为并行不悖，相辅相成。但旅游业的前进与发展不能完全依赖于政府的扶持，作为市场经济体制下的产业模式，市场主导是旅游业发展的终极模式，而政府还权于行业是旅游业成熟后的必然趋势。届时，政府将从现在管理者的角色中退出，充当起服务员的新角色，其职能也必将变为以制定行业规划和宏观调控为主。

第二节　国家旅游组织

一、国家旅游组织

国家旅游组织是指一个国家中为国家政府所承认，负责管理全国旅游事务的组织。成立于 1901 年的新西兰旅游局是世界上最早的国家旅游组织。世界各国家旅游组织的设立并无统一的模式，其设立形式、地位高低和权力大小取决于本国的国情。国家政治经济制度、旅游业的规模以及政府对旅游业的重视程度等因素都会影响到国家旅游组织管理部门的组织架构。

二、国家旅游组织的设立形式

世界上很多国家的政府都把推进本国旅游业的发展摆在重要的位置，并对旅游业的发展实行国家干预和介入，为了便于国家对旅游业的干预和有效地组织国家旅游政策的实施，几乎所有的国家都设立了全国性的旅游管理机构，这便是国家旅游组织。

按照世界旅游组织的解释，国家旅游组织是指一个国家中为国家政府所承认，负责管理全国旅游事务的组织。就一般情况而言，一个国家的最高旅游行政管理机构通常代表这个国家的国家旅游组织。从上面的阐述可知，国家旅游组织即为代表国家政府，行使政府对旅游发展的干预职能的载体。综观世界各国的情况，国家旅游组织的设立形式大体可划分为以下三种情况。

（一）由国家政府直接设立，并且在编制上作为国家政府的一个部门或机构

1. 设为一个完整而独立的旅游部或相当于部级的旅游局

例如菲律宾、墨西哥、埃及、泰国等国家中的最高旅游行政管理机构都属于这种形式。

2. 设为一个混合部，即与其他部门合并为一个部门

例如法国为工业、邮电与旅游部，意大利为旅游与娱乐部，葡萄牙为商业与旅游部，斯里兰卡为旅游与民航部等。

3. 设为某一部门的下辖机构

例如美国在商业部下设旅游管理局，加拿大在工商贸易部下设旅游管理局，日本在运输省下设国际观光局，韩国在交通部下设旅游管理局，匈牙利在商业部下设旅游局等。

（二）经国家政府承认，代表国家政府执行全国性旅游行政事务的半官方组织

这种形式的旅游行政管理机构常见于欧洲的一些国家。在这些国家中，有关国家旅游发展的重大决策虽然划归国家政府中的某个部门负责，但该部并不承担具体的旅游行政管理事务。因此，在这些国家的政府部门之外，另设一个组织执行全国性的旅游行政管理工作。换言之，这一组织在编制上并非属于政府机构，其工作人员也不属政府雇员，但是该组织的主要负责人需由国家政府中分管旅游的部任命，并且该组织的部分经费由国家政府拨款。例如英国、挪威、爱尔兰、瑞典、丹麦和芬兰等国家的国家旅游局都属于这种法定组织。

（三）经国家政府承认，代表国家政府行使旅游行政管理职能的民间组织

这种民间组织多为影响力较大的、由民间自发组成的全国性旅游协会。政府同意其代表旅游行政机构管理职权后，通常会定期提供一定的财政拨款，但是该组织的领

导成员并非由政府指定，而是由该组织的会员自己选举产生，例如德国和新加坡的国家旅游组织都是由这种民间组织兼任。

三、各国国家旅游组织的差异

世界各国的国家旅游行政管理机构除了在组织形式上不尽相同之外，在所拥有的权力和地位等方面也往往存在很大差别。造成这些差别的原因是多种多样的，人们通常从以下三个方面进行综合分析。

（一）国家政治经济制度

在政治上实行中央集权或在经济上实行计划经济的国家中，旅游业中的私营部分很小，主要旅游企业多为国家所有。在实行资本主义政治制度和自由市场经济的国家中，旅游业中的私营部分十分强大，旅游业的发展主要靠私营部分的力量。这意味着同资本主义国家发展旅游业的情况相比较，实行中央集权的社会主义国家和发展中国家旅游业的发展通常需要政府较大程度的直接干预，否则旅游业便难以实现迅速发展。所以，在大多数社会主义国家和发展中国家中，其国家旅游行政组织都是由国家政府直接设立，并且将其列为国家政府的一个部门或机构。国家政府通过这一机构直接指挥、管理和参与全国旅游业的发展工作。所以，这些国家中的国家旅游组织在很大程度上既是国家政府的代表，又是旅游业的代表。

（二）旅游业发达水平

一个国家的旅游业的成熟程度和发达水平，也可影响其国家旅游组织的地位和权力。在多数发展中国家，旅游业的发展历史较短，有的国家的旅游业则处于起步阶段。为了促使旅游业迅速成长，国家政府不得不进行干预。因此，这些国家中的国家旅游组织不仅设为政府部门，而且它所拥有的权力也比较大。这主要反映在，这些国家中的国家旅游组织不仅是国家旅游政策的监督执行者，而且在很大程度上也是国家旅游政策的参与制定者。换言之，它不仅负责监督国家旅游政策的贯彻实施，而且直接参与这些政策的制定。所以，这些国家中的国家旅游组织一般都有权解释本国发展旅游业的大政方针。反之，在经济发达国家中，旅游业开发历史较久，因此旅游业一般都比较成熟和发达，加之私营部门构成其旅游业的主力，政府对旅游业的直接干预程度较低，所以在很多旅游业发达的国家，其国家旅游组织通常都不是政府部门，而是由半官方的法定组织或民间的旅游行业组织担当。这类国家旅游组织都无权制定国家发展旅游的大政方针。多数情况是由国家政府部门就发展旅游的重大方针做出决定之后，授权这些国家旅游组织制定具体的政策条例，并负责管理这些政策条例的实施。

（三）旅游业在国民经济中的地位

在有些发达国家中，其国家旅游组织的设立所采用的也是国家政府部门形式。这很大程度上是因为这些国家的旅游业在国民经济中占据了非常重要的地位。所以这些国家在干预旅游业的过程中，赋予国家旅游组织政府部门的地位，并将其纳为国家政府部门编制的组成部分。例如根据有关研究资料的统计数据，2012 年，法国旅游业收入为 537 亿美元，意大利旅游业的收入为 412 亿美元，西班牙旅游业的总收入为 559 亿美元。旅游业收入在国民经济中占有较高比例。因此，这些国家在设立国家旅游组织时，也都采用了国家政府部门的形式，以便于国家对旅游业的控制和管理。

据世界旅游组织（WTO）的最新调查显示，2013 年各国旅游业产出已占到全球服务出口的 30%，不少欧美发达国家将旅游业视为刺激经济企稳复苏的重要产业。总之，世界各国对国家旅游组织的设立形式并无统一的模式。一个国家的国家旅游组织的设立形式、地位高低和权力大小都是依据本国国情来决定的。

四、国家旅游组织的职能

国家旅游组织代表国家政府工作，直接或间接地协助执行国家制定的旅游政策，并负责使本国的旅游事业朝最优化方向发展，其职能包括下述内容。

（一）总体规划与宏观调控

旅游发展总体规划是旅游发展的纲领性文件，是旅游业健康、持续、稳定发展的根本保证。国家旅游组织不仅要制定科学的规划，确定合理的发展方向、目标与重点，更要按照总体规划的目标与思路，科学制定发展的阶段、步骤与政策，有计划、有步骤地发展旅游业，保证旅游业健康、持续、稳定的发展。

同时，国家旅游组织可以加强对旅游市场需求的预测与管理，在此基础上对旅游产业的总供给进行宏观调控，使供求不仅在总量而且在结构上保持相对平衡。这是旅游产业发展对政府的基本要求。

（二）开展旅游促销，提升整体形象

旅游促销是国家旅游组织的基本职能，通常也形成其最大的职能区域。国家旅游组织的市场部门通常会提出旅游促进策略，并负责广告策划、宣传资料设计，以及通过传媒及旅游交易会等进行旅游促销。一般的促销手段有：向媒体和旅游中介机构提供赴旅游目的地访问的机会，让他们熟悉所宣传的目的地；定期发布新闻稿并召开新闻发布会；参加各种旅游交易博览会，比如柏林旅游交易会和伦敦国际旅游博览会这

种在业内有比较大影响的博览会。

另外，国家旅游组织在危机应对中也发挥着重要作用。例如亚洲金融危机以后，香港特区政府拿出上亿元港币成立了盛事基金，通过举办大型促销活动加快复苏旅游业；再如印尼巴厘岛爆炸案、中国曾流行的“非典”疫情，都是危害旅游形象和旅游环境的事件，最终都是由政府出面尽快消除不良影响的。

（三）建立与维护市场秩序

市场经济秩序尚有很多不完备的方面，需要由政府出面解决。例如，旅游市场的无序竞争、旅游运行的地方壁垒、旅游服务的非规范化等。

旅游企业的竞争主要有两类：一类竞争是企业的价格竞争。对此政府一方面应当解决旅游市场价格中的过度竞争问题，另一方面，政府也需要制定政策限制企业利用垄断地位进行不公平竞争。另一类竞争是非价格竞争。它包括旅游企业的准入政策、旅游产业的组织政策、服务质量的竞争政策、服务创新的激励政策等。公平的竞争环境需要合理的竞争规则来保证，竞争规则是政府对旅游企业竞争行为的规范与准则。政府通过制定竞争规则，实现对企业行为的引导，完成对产业组织的重建。国家旅游组织需要充当市场规制者的角色，只有市场规制者真正做到公平与公正，市场才可能有真正的效率。

（四）提供产业公共性服务

一些旅游产业的公共性服务或公益事业，单靠市场的力量无法做到，必须由国家旅游组织来承担。这些服务主要包括旅游资源的规划与开发、旅游服务的评定与检查、旅游市场的调查与研究、旅游人才的培训与考核、旅游业界间的合作与协调等。

第三节 我国的旅游组织

一、我国的国家旅游组织

（一）中国国家旅游局

我国的国家旅游组织是中国国家旅游局。它是直属于国务院的主管我国旅游行业的行政机构。国家旅游局是我国旅游行政管理机构，负责统一管理国际、国内旅游业。

1. 国家旅游局的产生和发展

1964 年 2 月，中央外事工作小组上报中央《关于开展我国旅游事业的请示报告》，强调在新形势下加强旅游事业组织和领导的重要意义，提出了改组和扩大国家旅行社总社为旅游事业管理局的建议。同年6月，国务院决定设立中国旅行游览事业管理局，同年7月，全国人大作出了批准成立的决议。当年12月，中国旅行游览事业管理局正式开始办公。最初，中国旅行游览事业管理局实行的是政企合一的体制，与中国国际旅行社总社是“两块牌子，一套人马”。1978年3月，党中央和国务院同意将原“中国旅行游览事业管理局”改为“中国旅行游览事业管理总局”，直属国务院。此后，根据我国旅游业管理工作的需要，国务院决定将中国旅行游览事业管理总局作为国家旅游行政机构，统一管理全国的旅游工作，从而确立了旅游总局作为国家旅游组织的地位。1982年，中国旅行游览事业管理总局作为管理全国旅游事业的行政机构，统一管理全国旅游工作，和国旅总社实行政企分开，不再承担旅游接待和业务经营的任务。

1982年8月，全国人民代表大会常务委员会通过《关于批准国务院直属机构改革实施方案的决议》，决定将“中国旅行游览事业管理总局”正式更名为“中华人民共和国国家旅游局”，由国务院直接领导，作为我国旅游事业的最高管理机构。1996年年初，为进一步推动改革的深入，国家旅游局完成了局机构设置的重新调整。

2. 国家旅游局的主要职能

中华人民共和国国家旅游局是国务院主管旅游工作的直属机构。

主要职能是：

（1）研究拟订我国旅游业发展的方针、政策和规则，拟订旅游业管理的行政法规、规章并监督实施。

（2）研究拟订国际旅游市场开发战略，组织我国旅游整体形象的对外宣传和重大促销活动，组织、指导重要旅游产品的开发，指导驻外旅游办事处的市场开发工作。

（3）培育和完善国内旅游市场，研究拟订发展国内旅游的战略措施并指导实施；指导地方旅游工作。

（4）组织旅游资源的普查工作，指导重点旅游区域的规划开发建设，组织、指导旅游统计工作。

（5）拟订各类旅游景区景点、度假区及旅游住宿、旅行社、旅游车船和特种旅游项目的设施标准和服务标准并组织实施；审批经营国际旅游业务的旅行社；组织和指导旅游设施定点工作。

（6）研究拟订出国旅游和赴香港特别行政区及澳门、台湾旅游及边境旅游政策并组织实施；审批外国旅游组织在我国境内和香港、澳门特别行政区和台湾地区在内地设立的旅游机构；负责旅游涉外及涉香港特别行政区及澳门、台湾事务，代表国家签订国际旅游协定，指导旅游对外交流与合作。

（7）监督、检查旅游市场秩序和服务质量，受理旅游者投诉，维护旅游者合法权益。

(8) 指导旅游教育、培训工作，制定旅游从业人员的职业资格制度和等级制度并指导实施，管理局属院校的业务工作。

(9) 负责局机关及在京直属单位的党群工作。

(10) 承办国务院交办的其他事项。

3. 国家旅游局的机构设置

改革开放以来，随着我国旅游管理体制改革的深入，国家旅游局的机构设置也先后经历了几次大的调整。

目前，国家旅游局主要设立有6个职能司（室）：

(1) 办公室：协助局领导处理日常工作，负责局内外联络、协调、会议组织、文电处理、政务信息、信访、保密保卫和机关后勤工作。承办机关党委的日常工作。

(2) 政策法规司：研究拟订旅游业发展方针、政策，拟订旅游业管理的行政法规、规章并监督实施；研究旅游体制改革；组织、指导旅游统计工作。

(3) 旅游促进与国际联络司：拟订旅游市场开发战略，组织国家旅游整体形象的宣传，指导旅游市场促销工作；组织、指导重要旅游产品的开发、重大促销活动和旅游业信息调研，指导驻外旅游办事处的市场开发工作；审批外国旅游组织在我国境内和香港、澳门特别行政区和台湾地区在内地设立的旅游机构；负责旅游涉外及涉香港、澳门特别行政区和台湾事务，代表国家签订国际旅游协定，指导与外国政府、国际旅游组织间的合作与交流，负责日常外事联络工作。

(4) 规划发展与财务司：拟订旅游业发展规划，组织旅游资源的普查工作，指导重点旅游区域的规划开发建设；引导旅游业的社会投资和利用外资工作；研究旅游业重要财经问题，指导旅游业财会工作；负责局机关财务工作。

(5) 质量规范与管理司：研究拟订各类旅游景区景点、度假区及旅游住宿、旅行社、旅游车船和特种旅游项目的设施标准、服务标准并组织实施；审批经营国际旅游业务的旅行社，组织和指导旅游设施定点工作；培育和完善国内旅游市场，监督、检查旅游市场秩序和服务质量，受理旅游者投诉，维护旅游者合法权益；负责出国旅游、赴香港、澳门特别行政区和台湾旅游、边境旅游和特种旅游事务；指导旅游文娱工作；监督、检查旅游保险的实施工作；参加重大旅游安全事故的救援与处理；指导优秀旅游城市创建工作。

(6) 人事劳动教育司：指导旅游教育、培训工作，管理局属院校的业务工作；制定旅游从业人员的职业资格标准和等级标准并指导实施，指导旅游业的人才交流和劳动；负责局机关、直属单位和驻外机构的人事、劳动工作。

国家旅游局下属6个直属单位，分别是：国家旅游局机关服务中心、国家旅游局信息中心、中国旅游协会、中国旅游报社、中国旅游出版社、中国旅游管理干部学院。国家旅游局在 13 个国家和地区设立了 16 个驻外机构，分别是：驻东京旅游办事处、驻大阪旅游办事处、驻新加坡旅游办事处、驻加德满都旅游办事处、驻汉城旅游办事处、亚洲旅游交流中心（香港）、驻纽约旅游办事处、驻洛杉矶旅游办事处、驻多伦多旅游办事处、驻伦敦旅游办事处、驻巴黎旅游办事处、驻法兰克福旅游办事处、驻马德里旅游办事处、驻苏黎世旅游办事处、驻悉尼旅游办事处、驻莫斯科旅游办事处。

（二）省、自治区和直辖市的旅游局

我国的各省、自治区和直辖市均设立旅游局，是地方行政管理机构，受地方政府和旅游总局的双重领导，以地方政府为主，负责统一管理本地区的旅游工作。

1. 主要职责

（1）贯彻执行国家有关旅游工作的方针、政策和法律、法规，拟订全省旅游发展的地方性法规、规章草案，负责本系统、本部门依法行政工作，落实行政执法责任制，制订旅游产业发展的地方标准和行业规范并组织实施。

（2）制订并组织实施全省旅游产业发展总体规划、旅游专项规划、旅游跨区域规划和年度计划，评审市（州）旅游发展规划并指导实施，对本省旅游规划进行监督管理。

（3）会同有关部门指导旅游资源开发、重大旅游项目规划建设、旅游安全、旅游应急救援、旅游环境综合治理、假日旅游、红色旅游等工作。

（4）制订全省国内旅游、入境旅游和出境旅游的市场开发战略并组织实施，组织全省整体旅游形象的对外宣传和重大推广活动，指导涉外旅游和港澳台旅游工作。

（5）负责全省旅行社的监督管理，会同有关部门监督管理旅游市场秩序、旅游服务质量，监督旅游投诉处理、维护旅游者和旅游经营者合法权益，指导旅游行业精神文明建设、诚信体系建设和行业组织的业务工作。

（6）负责旅行社设立核准、旅行社申请经营出境旅游业务审核、旅行社自组境外旅游团队旅游签证审核和导游从业人员资格审核。

（7）会同有关部门推进旅游体制和机制改革工作，指导重点旅游企业发展、旅游新业态的规划和开发以及招商引资工作。

（8）监测旅游经济运行，负责旅游信息化建设、旅游统计和行业信息发布工作。

（9）制订并组织实施旅游人才规划，指导旅游教育培训工作，会同有关部门拟订旅游从业人员职业资格标准和等级标准并组织实施。

（10）承担省政府公布的有关行政审批事项。

（11）承办省政府交办的其他事项。

2. 省、自治区和直辖市的旅游局的内设8个机构

（1）办公室

①起草和审核局内有关文件、报告，负责文电、会务、机要、档案、保密、信访、政务信息、提案议案办理、地方志编撰、计划生育等工作；

②负责局党组会、局长办公会、局务会的组织、纪要和局党组、行政决议和决定的督办；

③制定机关内部管理规章制度并监督实施；

④负责开展全省旅游系统和局机关绩效考核工作；

⑤负责局领导工作日程的协调、衔接和服务工作；

⑥负责协调机关后勤保障服务工作；

⑦承担全局固定资产实物管理协调工作；

⑧承担省假日工作领导小组办公室日常工作。

（2）政策法规处

①研究旅游发展方针、政策和旅游体制机制改革重大问题，起草旅游政策和地方性法规草案，宣传、贯彻和监督旅游法律、法规、规章的实施；

②承担机关规范性文件的合法性审核工作；

③负责牵头组织实施旅游统计与旅游经济运行分析工作；

④牵头组织省领导和局长的综合性文稿起草工作；

⑤承担全省旅游标准化技术委员会秘书处日常工作。

（3）产业发展处

①组织编制旅游重大建设项目和年度投资计划，指导和推动旅游发展规划项目建设与实施；

②负责旅游招商引资工作；

③负责旅游商品规划、开发和产业化工作；

④负责旅游区域发展建设和合作工作；

⑤负责推动全省乡村旅游、红色旅游和自驾游等旅游新业态发展；

⑥负责协调旅游产业、旅游各要素、涉旅产业的发展和旅游基础设施配套建设，指导旅游与相关产业的融合工作；

⑦负责组织举办和参加重大旅游产业活动；

⑧负责指导和推动全省旅游扶贫和藏区旅游发展工作；

⑨负责省旅游产业发展领导小组办公室和省红色旅游领导小组办公室日常工作；

⑩承担省乡村旅游和旅游度假区评定办公室日常工作。

（4）市场促进处

①拟订入境旅游、国内旅游宣传促销战略规划和年度计划并组织实施；

②负责组织全省旅游整体形象的宣传；

③承担旅游市场分析、研究和预测工作；

④负责组织实施境内外旅游交易与交流，指导协调和组织实施重大旅游节庆活动；

⑤指导和推动旅游网络营销工作；

⑥负责旅游新闻发布和媒体联络工作；

⑦负责牵头旅游外事手续办理工作；

⑧负责区域间旅游营销合作工作；

⑨承担全省旅游营销工作领导小组办公室日常工作。

（5）规划财务处

①拟订旅游发展中长期规划和年度计划，组织评审旅游规划，参与旅游重大项目规划编制和审核工作；

②组织开展旅游资源普查、规划和相关保护工作；

③组织旅游业信息化规划，指导和推动旅游信息化建设工作；

④承担旅游规划单位的资质认定和监督管理；

⑤负责组织全局旅游科研工作；

⑥负责统筹全局固定资产的管理工作，指导和监督直属单位的资产管理；

⑦承担财政性旅游资金的申报、协调和管理工作；

⑧负责机关财务，指导和监督直属单位的财务工作；

⑨指导旅游目的地体系建设工作；

⑩承担省旅游景区评定办公室日常工作。

（6）质量规范管理处

①协同相关部门开展旅游安全和旅游应急工作；

②监督管理旅游服务质量和旅游市场秩序，负责全省旅游市场综合治理的组织协调工作；

③指导涉旅企业实施旅游精神文明建设和诚信体系建设；

④负责旅行社设立核准、旅行社申请经营出境旅游业务审核、旅行社自组境外旅游团队旅游签证审核、入境自驾游审核上报和监督管理旅行社责任保险实施工作；

⑤承担导游证、领队证的颁发和导游人员、领队人员的管理工作；

⑥按规定承担赴港澳台旅游的有关事务，负责赴台旅游配额审验、赴台旅游领队人员资格审查、业务培训和考核工作；

⑦承担全省旅游标准化工作委员会办公室、旅游标准化评定委员会秘书处和省星

级饭店、旅游集散中心等级评定办公室日常工作。

（7）人事教育处

①承担机关和直属单位的机构编制、干部管理和劳动人事工作；

②制订局机关和直属单位的培训计划并组织实施；

③制订全省旅游行业、旅游系统教育培训规划并组织实施；

④组织开展旅游从业人员有关职业资格、等级、能力考试和考核鉴定工作；

⑤负责全省旅游系统外事工作；

⑥负责国内外旅游教育培训的交流与合作，指导旅游智力引进工作；

⑦指导局属旅游学校、旅游教育培训机构的工作；

⑧承担全省旅游人才培训指导委员会办公室日常工作。

（8）离退休人员工作处

负责机关离退休人员管理和服务工作，指导直属单位的离退休人员工作。

3. 省、自治区和直辖市的旅游局的直属单位

（1）旅游执法总队

主要职能：

①宣传贯彻旅游法规、规章，维护全省旅游市场秩序；

②受理省内旅行社、旅游景区、星级宾馆饭店和上级交办的重大旅游投诉；

③受理全省旅行社质保金理赔的申诉案件；

④监督检查全省旅游市场秩序，依法查处旅游经营单位和旅游从业人员的违法违规行为；

⑤负责全省旅游行业标准质量的巡查巡检和日常监管，负责重大行业标准服务质量投诉的受理和处理，依照行业标准规范旅游经营单位和个人的违标行为；

⑥指导旅游执法、质监机构业务工作，培训旅游系统和旅游行业执法、质监人员；

⑦负责旅游行业应急管理办公室和军警民共建安全文明旅游区办公室日常工作。

（2）机关后勤服务中心

①负责局机关后勤保障工作，承担机关办公区、宿舍区及机关车辆、食堂的日常管理和服务工作；

②承办全局机关实物类固定资产（除电子数码类产品外）的登记、管理和服务工作；

③受局机关委托，负责机关节能减排、社会治安综合治理、反恐、维稳、防邪、消防安全等工作；

④承担局机关授权委托的其他后勤保障和服务工作。

（3）旅游信息中心

主要职责：

①负责全省旅游信息的收集、传递和咨询服务工作；

②承接旅游信息化工程设计和建设，承接旅游应用软件开发。

③受省旅游局委托，承担以下工作：

a. 拟订全省旅游行业信息化发展规划，指导和推进全省旅游信息化建设工作；

b. 全省旅游局电子政务、旅游行业管理信息化系统、旅游应急指挥调度系统等的建设和维护工作；

c. 指导全省旅游行业信息化建设工作；

d. 指导全省旅游行业开展网络营销和电子商务工作；

e. 承办全局机关（电子数码类）固定资产的采购、登记、管理和服务工作；

f. 局机关旅游网络信息安全工作。

（4）旅游培训中心

主要职责：

①承接旅游行业教育培训工作；

②对实施全省旅游行业在职人员职业技能鉴定工作进行指导、协调、咨询和服务；

③受省旅游局委托，承担以下工作：

a. 构建全省旅游行业培训体系，建立旅游培训师资库、旅游培训课件库等工作；

b. 统筹推进全省各层次和类别的旅游从业人员培训工作；

c. 全国导游人员资格考试、导游人员等级考试以及其他旅游行业从业资格认证的事务性工作；

d. 协助指导全省旅游系统人才培训工作；

e. 全省导游年审在线培训及导游 IC 卡制作工作。

（5）旅游宣传促进中心

①面向旅游行业开展市场调研、营销规划编制、旅游形象设计、项目策划、宣传营销和活动组织实施；

②受省旅游局委托，承担以下工作：

a. 策划、组织和实施各类旅游节庆、宣传促销活动、旅游会展活动等工作；

b. 旅游宣传品和旅游纪念品设计、制作和投放；

c. 旅游形象宣传片和广告片摄制制作和投放；

d. 承办旅游外事手续的具体办理工作。

（6）旅游学校

主要职责：

①全面贯彻党的教育方针，依法办学，注重学生的思想品德和职业道德教育，重点抓好学生的语言表达能力、实践操作能力和应变创新能力的培养，为旅游行业的发展培养实用型人才；

②受省旅游局委托，承接全省旅游行业各类岗位培训任务；

③面向旅游行业开展初、中、高级各种职业技能鉴定工作。

(7) 旅游协会

协会的业务主管部门是省旅游局，同时接受省社团登记管理机关的监督和管理。

主要任务：

①执行国家发展旅游产业的方针、政策，规范会员单位的经营行为；

②协调行业内部关系，代表行业共同利益，向政府有关部门反映会员的愿望和诉求，维护会员合法权益；

③制定行规行约，开展行业自律；

④配合旅游行政管理部门开展全省旅游行业旅游诚信体系建设；

⑤组织会员单位学习、交流、培训和总结推广旅游产业发展经验，开展国内外同行业之间的学术交流与合作；

⑥编辑出版有关资料、刊物，传播交流旅游信息；

⑦受省旅游局授权，对等级旅行社、特色旅游商品购物点、旅游餐馆、旅游车（船）公司、诚信旅游企业等评定和复核工作；

⑧受省旅游局委托，承担以下工作：

a. 承接旅游商品的开发和产业化工作；

b. 在全行业开展各类旅游标准的宣传、推广、培训工作，对申报评定的旅游企业进行前期指导和培育；

c. 新兴旅游行业的培育工作。

（三）地级市县的地方旅游行政机构

我国的地级市县设立旅游监督管理所，是地方行政管理机构，受地方政府和旅游总局的双重领导，以地方政府为主，负责统一管理本地区的旅游工作。

1. 主要职能

(1) 贯彻执行国家关于发展旅游业的方针、政策和法规，参与草拟全市旅游业管理法规、研究拟定全市旅游业管理规章并监督实施；编制和组织实施发展旅游业的中长期规划和年度计划。

(2) 研究拟订全市国际国内旅游市场开发战略，组织实施长沙旅游整体形象的对外宣传和国内外旅游市场重大促销活动；组织、指导全市重要旅游产品的开发，促进和引导旅游业利用外资和社会投资工作。

（3）组织全市旅游资源的普查工作和行业规划工作，指导协调旅游资源的保护利用和开发建设；负责全市旅游区（点）质量等级评定；负责组织、指导全市旅游统计、信息分析工作。

（4）组织实施全市创建中国优秀旅游城市工作和全市假日旅游信息预测预报工作。

（5）组织实施国家和省确定的全市各类旅游景区景点、度假区及旅游住宿、旅行社、旅游车船和特种旅游项目的设施标准和服务标准。

（6）监督检查全市旅游市场秩序和服务质量；受理旅游者对全市旅游行业有关问题的投诉；组织指导对全市旅游行业的执法检查，会同有关部门处理旅游违法事件，维护旅游者合法权益；协助管理全市旅游安全、旅游保险工作。

（7）指导全市旅游教育、培训工作；指导全市旅游从业人员的职业资格和等级考试认证的有关工作；联系和指导市属各旅游专业协会工作。

（8）指导全市旅游行业的精神文明建设工作。

2. 地级市县旅游局的内设机构

（1）办公室

协助局领导处理日常工作，负责局内外联络、协调和督察工作；参与并草拟了全市旅游业管理法规、研究拟定全市旅游业管理规章并监督实施；负责重要旅游工作报告、文稿的起草和信息报送工作；负责局机关会议组织、文电处理、信访、保密、保卫和机关后勤管理工作；负责局机关的财务、审计工作；负责局机关和直属单位的机构编制、干部人事、劳动工资工作。

（2）市场开发处

研究拟订全市国际国内旅游市场开发战略，组织实施全市旅游整体形象的对外宣传和重大促销活动，拓展国际国内旅游市场；负责全市性国际国内旅游交易会的组织与管理工作；组织指导全市重大旅游节庆活动；组织指导全市重要旅游产品的开发；组织实施全市旅游产业信息化工作；指导协调全市旅游业的新闻宣传工作；指导全市旅游对外合作与交流。

（3）行业管理处

负责制定和组织实施本地旅游行业的相关行业管理政策及行业宏观调控的相关工作；组织实施国家和省确定的全市各类旅游住宿、旅行社、旅游车船和特种旅游项目的设施标准和服务标准；负责对全市国际旅行社门市部及国内旅行社进行日常行业管理工作；负责国内旅行社年检年审工作；负责组织协调旅游星级饭店、旅游星级餐馆评定委员会的相关工作；负责监督、检查、评估旅游星级饭店、星级餐馆的服务质量；负责管理全市旅游安全、旅游保险工作；协调旅游安全事故的救援处理工作；组织实施全市创建最佳中国旅游城市工作及指导各区县创建中国优秀旅游城市工作（旅游强县）；指导全市旅游行业的精神文明建设工作；指导全市旅游教育、培训工作。

（4）规划统计处

编制和组织实施全市旅游业中长期发展规划和年度计划；组织全市旅游资源普查工作和行业规划工作，指导协调旅游资源的保护利用和开发建设；负责旅游景区质量等级评定工作；组织指导全市旅游统计、信息分析、预测预报工作；负责引导旅游业的利用外资和社会投资工作；组织协调旅游商品的开发、生产及销售工作。

（5）纪检（监察）室

负责局机关纪检监察工作。

3. 地级市县旅游局直属机构

（1）旅游质量监督管理所

宣传旅游法律、法规、规章和有关方针政策；受理并处理本地区旅游质量投诉；依法纠正和查处违法、违规行为；受理并处理本地区国内旅行社质量保证金赔偿案件；指导区、县（市）旅游质监所开展旅游执法和旅游质量监督管理工作。

（2）导游人员管理服务中心

负责对全市导游人员进行日常行业管理；负责办理全市导游人员导游证；负责对全市导游人员的年度审核、年审培训和日常培训；负责制定和实施对导游人员服务质量的考核监督办法和奖惩制度；负责社会导游人员的注册登记；为社会导游人员提供旅游业务中介服务。

（3）旅游培训中心

负责制定本地旅游人才规划和本地旅游企业岗位培训实施计划；指导、协调本地旅游企业岗位培训及培训机构工作；负责本地旅游企业主管、领班等基层管理人员的任职资格培训；负责本地旅游企业员工的技能培训；检查、评估本地旅游企业岗位培训工作质量。

二、我国的旅游行业组织

我国的旅游行业组织是在国家旅游局的具体指导下，由有关社团组织和企事业单位在平等自愿的基础上组织成立的各种行业协会。就其组织性质而言，它们都属于非盈利性质的社会组织，具有独立的社团法人资格。职能主要表现为代表职能、沟通职能、协调职能、监督职能、公证职能、统计职能、研究职能和服务职能。

（一）我国旅游行业组织的宗旨与任务

1. 宗旨

遵守国家法律和有关政策，遵守社会道德风尚，代表和维护行业的共同利益和会员的合法权益，在政府有关业务主管部门的指导下，为行业和会员服务，在政府和会员之间发挥桥梁纽带作用，为促进我国旅游业的健康持续快速发展做出积极贡献。

2. 任务

向政府有关部门反映会员单位中带有普遍性的问题与合理要求，向会员单位宣传政府的有关政策、法律并协助贯彻执行，发挥社会中介组织作用；协调会员间的关系，发挥行业自律作用，制定行业自律公约，督促会员共同遵守；开展调查研究，为行业发展和政府决策提供建议，向会员提供本行业在国内外的有关信息、资料和咨询服务；组织有关本行业发展问题的研讨和经验交流，推动和督促会员单位提高服务质量与管理水平；根据行业发展需要，开展业务培训活动；加强同旅游行业内外有关组织、社团的联系与合作，对外以民间组织身份开展国际交流与合作；承办政府主管部门交办的其他工作。

（二）全国性的旅游行业组织

目前，我国全国性的旅游行业组织主要有：中国旅游协会、中国旅游饭店业协会、中国旅行社协会、中国旅游车船协会、中国旅游报刊协会、中国烹饪协会、中国饭店协会。

1. 中国旅游协会（CTA）

中国旅游协会（China Tourism Association），是由中国旅游行业的有关社团组织和企事业单位在平等自愿基础上组成的全国综合性旅游行业协会，它是1986年1月30日经国务院批准正式宣布成立的第一个旅游全行业组织，1999年3月24日经民政部核准重新登记，会址设在北京，具有独立的社团法人资格。协会接受国家旅游局的领导、民政部的业务指导和监督管理。其宗旨是遵守国家的宪法、法律、法规和有关政策，代表和维护全行业的共同利益和会员的合法权益，开展活动，为会员服务，为行业服务，为政府服务，在政府和会员之间发挥桥梁和纽带作用，促进我国旅游业的持续、快速、健康发展。

协会的主要任务：

（1）对旅游发展战略、旅游管理体制、国内外旅游市场的发展态势进行调研，向国家旅游行政主管部门提出意见和建议；

（2）向业务主管部门反映会员的愿望和要求，向会员宣传政府的有关政策、法律、法规并协助贯彻执行；

（3）组织会员订立行规行约并监督遵守，维护旅游市场秩序；

（4）协助业务主管部门建立旅游信息网络，搞好质量管理工作，并接受委托，开展规划咨询、职工培训，组织技术交流，举办展览、抽样调查、安全检查，以及对旅游专业协会进行业务指导；

（5）开展对外交流与合作；

（6）编辑出版有关资料、刊物，传播旅游信息和研究成果；

（7）承办业务主管部门委托的其他工作。

中国旅游协会的会员为团体会员。凡在旅游行业内具有一定影响的社会团体和企事业单位，以及与旅游业相关的其他行业组织等，均可申请入会。

中国旅游协会的最高权力机构是会员代表大会。会员代表大会每四年召开一次会议。会员代表大会的执行机构是理事会。理事会由会员代表大会选举产生。理事会每届任期四年，每年召开一次会议。理事会闭会期间，由常务理事会行使其职权，常务理事会由理事会选举产生，每年召开两次会议，下设办公室作为办事机构，负责日常具体工作。

常务理事会由会长、副会长（9 名）、常务理事（84 名）和秘书长组成。常务理事会设办公室作为办事机构，负责日常具体工作。中国旅游协会现有理事 163 名，各省、自治区、直辖市和计划单列市、重点旅游城市的旅游管理部门、全国性旅游专业协会、大型旅游企业集团、旅游景区（点）、旅游院校、旅游科研与新闻出版单位以及与旅游业紧密相关的行业社团都推选了理事。

协会根据工作需要下设旅游城市分会（CTCA）、旅游区（点）分会、旅游教育分会、妇女旅游委员会和旅游商品及装备专业委员会 5 个分会和专业委员会，分别进行有关的专业活动。

协会的主要出版刊物有《中国旅游报》和《时尚杂志》。

在协会的指导下，有 4 个相对独立开展工作的专业协会：中国旅游饭店业协会、中国旅游社协会、中国旅游车船协会和中国旅游报刊协会。

中国旅游协会的直属单位是：中国旅游出版社、中国旅游报社、时尚杂志社、旅游信息中心和中国旅游管理干部学院。

2. 中国旅游饭店业协会（CTHA）

中国旅游饭店业协会（China Tourism Hotels Association），是中国境内的旅游饭店和地方饭店协会、饭店管理公司、饭店用品供应厂商等相关单位，按照平等自愿的原则组成的全国性的行业专业协会，是非营利性的社会组织，具有独立的社团法人资格。其宗旨是遵守国家的宪法、法律、法规和有关政策，遵守社会道德风尚，代表和维护中国旅游饭店行业的共同利益，维护会员的合法权益；在主管单位的指导下，为会员服务，为行业服务，在政府与会员之间发挥桥梁和纽带作用，为促进我国旅游饭店业的健康发展做出积极贡献。

中国旅游饭店业协会原名中国旅游饭店协会，成立于 1986 年 2 月 25 日，经中华人民共和国民政部登记注册，具有独立法人资格，会址设在北京。1997 年 11 月在第四届会员代表大会上将“中国旅游饭店协会”更名为“中国旅游饭店业协会”。协会接受国家旅游局的领导、民政部的监督管理和中国旅游协会的业务指导。

协会的业务范围主要包括：

(1) 宣传、贯彻国家有关旅游业的发展方针和旅游饭店行业的政策、法规，向业务主管单位反映会员的愿望和要求；

(2) 组织会员订立行规行约并监督遵守，维护旅游行业的市场秩序；

(3) 进行饭店业的调查研究，向政府有关部门提供会员单位经营管理的成功经验，协助饭店业务主管单位搞好行业管理；

(4) 总结、交流旅游饭店的工作经验，收集国内外饭店业的信息；

(5) 组织开展饭店的培训、研讨、考察工作；

(6) 领导下设的专业委员会开展业务活动；

(7) 开展与海外饭店餐馆协会等相关行业组织之间的交流与合作；

(8) 编辑会刊和信息资料，为会员单位提供信息服务；

(9) 承办业务主管单位委托的其他工作。

协会实行团体会员制，凡在中国境内经注册批准、依法经营、无不良信誉的旅游饭店、地方饭店协会、饭店管理公司、饭店用品供应厂商等相关单位，均可申请入会。

中国旅游饭店业协会会员中聚集了全国饭店业中知名度高、影响力大、服务规范、信誉良好的星级饭店，国际著名饭店集团在内地管理的饭店基本上都已成为协会会员。目前，中国旅游饭店业协会共有会员 2669 家、理事 277 人、常务理事 71 人。

协会的最高权力机构是会员大会，每 4 年召开一次；理事会是会员大会的执行机构，在闭会期间领导本会开展日常工作，每年召开 1 次会议；常务理事会由理事会选举产生，对理事会负责，每年召开 1 次会议；秘书长在常务理事会领导下主持本会日常工作。此外，协会还下设饭店金钥匙专业委员会。

1994 年中国旅游饭店业协会正式加入国际饭店与餐馆协会（IH&RA），成为其国家级协会会员。协会的会刊是《中国旅游饭店》。

3. 中国旅行社协会（CATS）

中国旅行社协会（China Association of Travel Services），成立于 1997 年 10 月，是由中国境内的旅行社、各地区性旅行社协会或其他同类协会等单位，按照平等自愿的原则结成的全国性的行业专业协会，业经国家民政部门登记注册的全国性社团组织。具有独立的社团法人资格。会址设在北京。协会接受国家旅游局的领导、民政部的监督管理和中国旅游协会的业务指导。其宗旨是遵守国家的宪法、法律、法规和有关政策，遵守社会道德风尚，代表和维护旅行社行业的共同利益和会员的合法权益，努力为会员服务，为行业服务，在政府和会员之间发挥桥梁和纽带作用，为中国旅行社行业的健康发展做出积极贡献。

协会实行团体会员制，所有在中国境内依法设立、守法经营、无不良信誉的旅行社与旅行社经营业务密切相关的单位和各地区性旅行社协会或其他同类协会、承认和拥护本会的章程、遵守协会章程、履行应尽义务均可申请加入协会。协会对会员实行年度注册公告制度。每年年初会员单位必须进行注册登记。协会对符合会员条件的会员名单向社会公告。

协会的主要任务：

（1）宣传贯彻国家旅游业的发展方针和旅行社行业的政策法规；

（2）总结交流旅行社的工作经验，开展与旅行社行业相关的调研，为旅行社行业的发展提出积极并切实可行的建议；

（3）向主管单位及有关单位反映会员的愿望和要求，为会员提供法律咨询服务，保护会员的共同利益，维护会员的合法权益；制定行规行约，发挥行业自律作用，督促会员单位提高经营管理水平和接待服务质量，维护旅游行业的市场经营秩序；

（4）加强会员之间的交流与合作，组织开展各项培训、学习、研讨、交流和考察等活动；

（5）加强与行业内外的有关组织、社团的联系、协调与合作；

（6）开展与海外旅行社协会及相关行业组织之间的交流与合作；

（7）编印会刊和信息资料，为会员提供信息服务；

（8）承办业务主管单位委托的其他工作。

协会的最高权力机构是会员代表大会，每四年召开一次；协会设立理事会和常务理事会，理事会是会员大会的执行机构，在大会闭会期间领导协会开展日常工作，每年召开一次会议；常务理事会由理事会选举产生，对理事会负责，在理事会闭会期间，行使其职权，每年召开一次会议；秘书长在常务理事会领导下主持本会日常工作。

协会成立 12 年来，在国家旅游管理机构的领导、民政部门的监督和中国旅游协会的业务指导下，在全体会员的大力支持下，组织会员单位开展了调研、培训、学习、研讨、交流、考察等一系列活动。宣传贯彻国家旅游业的发展方针和旅行社行业的政策法规，总结交流旅行社的工作经验。协会的工作得到了业界和会员单位的充分肯定。协会的影响越来越大，会员单位也不断增加。截至目前会员单位有 981 家，其中会员单位 711 家，理事单位 144 家，常务理事单位 105 家，会长、副会长单位 21 家。协会会刊《旅行社之友》每月一期，免费为会员送阅。

4. 中国旅游车船协会（CTACA）

中国旅游车船协会（China Tourism Automobile and Cruise Association），是由中国境

内的旅游汽车、游船企业和旅游客车及配件生产企业、汽车租赁、汽车救援等单位，有平等自愿基础上组成的全国性的行业专业协会，是非营利性的社会组织，具有独立的社团法人资格。其宗旨是遵守国家的宪法、法律、法规和有关政策，遵守社会道德风尚，广泛团结联系旅游车船业界人士，代表并维护会员的共同利益和合法权益，努力为会员、为政府、为行业服务，在政府和会员之间发挥桥梁和纽带作用，为把我国建设成为世界旅游强国，促进国民经济和社会发展做出积极贡献。

该协会前身是“中国旅游汽车理论研讨会”，成立于1988年1月，1989年1月召开第二届研讨会时，更名为“中国旅游汽车联合会”，1990年3月，召开了第一届会员大会，通过了新的协会章程和领导机构，正式定名为“中国旅游车船协会”，会址设在北京，现有会员200多家。协会接受国家旅游局的领导、民政部的监督管理和中国旅游协会的业务指导。

协会的业务范围主要包括：

（1）宣传贯彻国家有关旅游业发展的方针政策，向主管单位反映会员的愿望和要求；

（2）总结交流旅游车船企业的工作经验，收集国内外本行业信息，深入进行调查研究，向主管单位提供决策依据和积极建议；

（3）组织会员订立行规行约并监督遵守，维护旅游市场秩序，协助主管单位加强对旅游市场的监督管理；

（4）为会员提供咨询服务，加强会员之间的交流与合作，组织开展培训、研讨、考察和新经验、新技术及科研成果的推广等活动，沟通会员间的横向联合，促进行业间的业务联网；

（5）指导下设的专业委员会开展业务活动；

（6）加强与行业内外的相关组织、社团的联系与合作；

（7）开展与国际旅游联盟（AIT）组织等海外相关行业组织之间的交流与合作；

（8）编印会刊和信息资料，为会员提供信息服务；

（9）承办业务主管单位委托的其他工作。

协会实行团体会员制，凡在中国境内经注册批准、依法经营、无不良信誉的旅游汽车、游船企业、旅游客车、配件生产企业、汽车租赁、汽车救援等企业，以及与旅游车船行业相关的单位，均可申请入会，现有会员单位200多家。

协会的最高权力机构是会员大会，每四年召开一次；理事会是会员大会的执行机构，在闭会期间领导本会开展日常工作，每年召开一次会议；常务理事会由理事会选举产生，对理事会负责，每年召开一次会议；秘书长在常务理事会领导下主持本会日常工作。

1992 年，协会正式加入国际旅游联盟（AIT）。2002 年，协会成立了中国汽车俱乐部协作网（CMCN）。为了指导我国汽车俱乐部业健康有序的发展，协会成立了中国旅游车船协会汽车俱乐部分会。协会的会刊是《中国旅游车船》。

5. 中国旅游报刊协会（CATJ）

中国旅游报刊协会（China Association of Tourism Journals），是由中国境内与旅游信息传播相关的报纸、期刊、大众传媒单位及相关单位报刊，按照平等自愿的原则组成的全国性的行业专业协会，是非营利性的社会组织，具有独立的社团法人资格。

协会宗旨：遵守中华人民共和国的宪法和法律，遵守国家有关旅游和新闻的法规，遵守社会道德风尚，代表和维护会员的共同利益和合法权益，努力为会员服务，为政府服务，为行业服务，在政府部门和会员之间发挥桥梁和纽带作用，团结全国各类传播旅游信息的报刊和大众媒体，为促进旅游业持续、快速、健康发展做出积极贡献。

中国旅游报刊协会正式成立于 1993 年 8 月 25 日，会址设在北京。协会接受国家旅游局的领导、民政部的监督管理和中国旅游协会的业务指导。

协会的主要任务：

（1）维护旅游信息传播工作者的合法权益，向政府部门反映旅游信息传播工作者的意愿和要求，向会员宣传政府的有关法律、法规和政策；

（2）收集与旅游信息相关的基础资料并调研有关情况，向主管单位提出发展的建议，协助推动旅游信息传播工作的协调发展；

（3）加强旅游报刊和传媒之间的联系和团结，总结交流有关经验，开展信息交流、专题调研、学术研讨、作品评奖、业务培训等活动，提高旅游信息服务的质量；

（4）组织旅游信息传播工作者学习我国旅游业的方针政策，进行实地考察和现场采访，报道我国旅游业的发展和成就，宣扬我国旅游行业的先进典型，促进社会主义精神文明建设，积极参与纠正旅游行业不正之风；

（5）协调会员关系，编辑信息资料，出版会刊，建立网站或网页，为会员提供信息、咨询服务；

（6）提高大众传媒传播旅游信息的积极性，协助他们开展活动，不断扩大旅游信息服务的影响；

（7）加强与有关组织、社团的联系与合作，开展同海外相关行业组织之间的交流与合作；

（8）承办业务主管单位委托的其他工作。

协会实行团体会员制，凡在中国境内经注册批准、无不良信誉的从事与旅游信息传播直接有关的企事业单位、在旅游信息传播领域内有一定影响的相关单位或区域性的同类协会和旅游企事业的内部报刊，均可申请入会，现有会员单位 200 多家。

协会的最高权力机构是会员大会，每4年召开一次；理事会是会员大会的执行机构，在闭会期间领导本会开展日常工作，每年召开1次会议；常务理事会由理事会选举产生，对理事会负责，每年召开一次会议；秘书长在常务理事会领导下主持本会日常工作。协会的会刊是《协会通讯》。

从以上的全国性旅游协会看，中国旅游协会是具有总会性质的综合性组织，中国旅游饭店业协会、中国旅行社协会、中国旅游车船协会和中国旅游报刊协会是专业协会，都要受中国旅游协会的业务指导。

（三）地方性的旅游行业组织

除了上述全国层次的旅游行业协会外，还有全国各地的旅游协会。这些地方层次的旅游协会一般都挂靠于当地旅游局并在工作上接受了当地旅游行政组织的指导。

1. 中国烹饪协会（CCA）

中国烹饪协会（China Cuisine Association），是由从事餐饮业经营、管理与烹饪技艺、餐厅服务、饮食文化、餐饮教育、烹饪理论、食品营养研究的企事业单位、各级行业组织、社会团体和餐饮经营管理者、专家、学者、厨师、服务人员等自愿组成的餐饮业全国性的跨部门、跨所有制的行业组织，是非营利性的社会组织，具有独立的社团法人资格。

协会的宗旨是：遵守宪法、法律、法规和国家政策，遵守社会道德风尚，以“继承、开拓、创新、发展”为指针，做好对全国餐饮行业的指导、管理和协调工作；反映会员愿望和行业情况，维护会员的合法权益和行业利益，为会员、企业、社会和政府服务；弘扬祖国饮食文化，繁荣餐饮市场，提高烹饪技艺水平，研究烹饪饮食科学，提高企业经营和行业发展水平，培养餐饮行业管理人才和技术人才，团结广大餐饮行业从业人员，坚持科学发展观，为促进我国餐饮业和烹饪事业的健康发展做出积极贡献。

中国烹饪协会正式成立于1987年，会址设在北京。协会接受国务院国资委的领导和民政部的监督管理，属于中国商业联合会代管协会。

协会的业务范围主要包括：

（1）宣传贯彻国家政策法规，反映会员和餐饮行业的有关问题、意见和愿望，发挥社会中介组织的作用；

（2）对发展中国烹饪和餐饮业的方针、政策、规划、措施等重大问题进行调查研究，参与起草行业法规、标准，向政府和有关部门提出建议；

（3）研究总结餐饮业深化改革和开拓市场的经验，进行交流和推广；

（4）加强职业道德建设，做好餐饮行业自律，树立良好的道德风尚；

（5）在餐饮行业开展创名店、名师、名品活动，组织认定和推荐；

（6）组织开展烹饪理论与饮食文化研究，促进全民饮食科学水平的提高；

（7）组织和参加国内外烹饪技术比赛，提高烹饪技艺水平；

（8）加强餐饮教育工作，组织管理与技术培训，提高餐饮从业人员综合素质；

（9）协助有关部门搞好技术和企业等级评定，接受国内外委托办理餐饮业技能鉴定工作；

（10）开展国内外交流与合作，提高中餐的国际地位和影响，引进国外先进的餐饮管理经验与烹饪技术；

（11）开展餐饮食品营养知识的宣传教育，推动筵席改革，提倡科学、文明用餐；

（12）推进烹饪的工业化和产业化，促进餐饮业的现代化；

（13）开办实体，开展与餐饮业有关的经贸往来、人才开发、技术合作；

（14）举办国内外烹饪专业技术和餐饮行业管理的业务咨询服务和展览展示活动；

（15）完成政府委托、交办事项，承担国内外有关方面委托办理的有益于餐饮行业发展的活动。

协会会员由单位会员和个人会员组成。凡各级烹饪、餐饮行业组织和社会团体，餐饮业企事业单位以及相关单位，均可自愿申请单位会员；凡餐饮行业的各类从业人员和相关人员，拥护本协会章程，热爱中国烹饪餐饮事业，在业内具有一定影响的，均可自愿申请个人会员。现有50多万名会员。

协会的最高权力机构是会员代表大会，每5年召开1次会议；理事会是大会的执行机构，每年召开1次会议；常务理事会由理事会选举产生，对理事会负责，每年召开2次会议；秘书长主持协会办事机构开展日常工作。此外，协会还下设名厨、西餐、快餐、美食营养、清真烹饪、火锅烹饪和高校餐饮7个专业委员会。

1988年中国烹饪协会加入世界厨师联合会，成为该联合会第40个国家级会员。目前，中国烹饪协会正准备更名为“中国烹饪餐饮业协会”。协会的主要出版刊物有《餐饮世界》和《中国烹饪信息》。

2. 中国饭店协会（CHA）

中国饭店协会（China Hotel Association）是经国家民政部批准的中国国家级住宿与餐饮业行业协会，是由从事宾馆和餐饮经营管理的企事业单位、团体和个人自愿组成的全国性的跨部门、跨所有制的、非营利性的行业性组织，具备社会团体法人资格。

协会的宗旨是：遵守宪法、法律、法规和国家有关政策，遵守社会道德风尚；以“服务、合作、创新、发展”为指针，面向全行业，反映会员愿望，传达贯彻国家有关政策，发展现代经营方式，开拓服务消费市场，培养技术人才和管理人才，为推动饭店和餐饮业的技术进步和管理进步做出贡献。

中国饭店协会正式成立于2000年8月，会址设在北京。协会接受国务院国资委的领导和民政部的监督管理，属于中国商业联合会代管协会。

协会会员分团体会员和个人会员。凡各地饭店和餐饮业、饮食服务企业集团以及与饭店和餐饮业相关的企事业单位、饭店和餐饮业协会（学会、研究会）、饭店和餐饮业的院校、研究机构，其中饭店供应商要求企业年销售额在100万元以上，均可自愿申请团体会员；凡饭店和餐饮业的中高级经营管理人员、研究人员、教授以及对行业经营管理有丰富经验的人员，均可自愿申请个人会员。协会现有8065家会员，包括60个地方行业协会和100所大专院校。

协会的最高权力机构是会员代表大会，每五年召开1次会议；理事会是大会的执行机构，每两年至少召开1次会议；常务理事会由理事会选举产生，对理事会负责，每年至少召开1次会议；秘书长主持协会秘书处开展日常工作，秘书处下设会员服务处、住宿业发展处、餐饮业发展处、国际交流处、会展处、培训处、信息新闻处和杂志社。此外，协会还下设全国绿色饭店指导委员会、中国饭店业职业经理人专业委员会、中国美食节办公室、中国饭店业服务质量管理专家委员会、全国商业旅游协调会、中国饭店业供应商联盟和中国菜创新研究院7个专业委员会和常设机构。

协会以“让我们的会员成为最好的饭店与餐馆”为目标。坚持以人为本，以科学发展观为指导，创建了中国美食节、绿色饭店、职业经理人三大品牌项目，提升了协会在饭店行业中的美誉度和影响力，并形成了以下行业服务体系。

（1）政府事务服务

协会代表广大会员，向政府提出合理化建议，反映住宿与餐饮业的心声；协调与其他行业及相关部门的关系，积极维护本行业的利益，促进行业的不断发展；参与制定行业法规、行业标准与行业自律规则，强化行业自律，规范市场秩序。受政府委托，协会制定了中国饭店业职业经理人标准、中国绿色饭店标准和中国服务大师名师标准，并在全国范围内组织开展了中国绿色饭店认定、中国服务大师名师的评定工作以及饭店餐饮高级经理工商管理职业资格考试工作。

（2）培训服务

协会拥有强大的学术资源及业界专家队伍，与国外饭店业的著名院校、跨国饭店管理集团及这一领域的著名学者建立广泛的交往与良好的合作关系，如瑞士洛桑酒店管理学院、雅高集团等，同时100所国内优秀的饭店管理院校是协会的会员。通过这些优势，协会每月组织的饭店职业经理，客房、餐饮、财务、工程、市场营销等高级研修班是全国住宿与餐饮业规模最大、培训质量最高的培训活动。

（3）信息服务

通过协会的网络资源，迅速及时地为会员收集并随时提供住宿与餐饮业最新的、最准确的信息。协会定期发布住宿与餐饮业行业动态、三大节日市场统计与分析及住宿与餐饮业500强企业等信息数据，客观反映行业经营业绩与发展趋势，为企业管理层提供决策依据。此外，中国菜创新研究院每月发布五个创新菜，帮助企业开拓餐饮市场。

（4）会展服务

协会每年主办的中国美食节，是餐饮行业规模最大、档次最高、企业参与性最强、最受消费者欢迎的技术交流盛会；同时，还设立了中国餐饮业最高奖“金鼎奖”以及与国际饭店与餐馆协会联合颁发的餐饮业最高专业奖项“国际美食质量金奖”。此外，协会每年组织的中国饭店业高峰论坛、中国餐饮业高峰论坛、中国饭店业职业经理人年会、中国商业旅游协调会、中国西部旅游协作会、中国国际美食博览会、中国国际饭店用品与设备博览会、中国绿色饭店博览会、中国高新技术博览会以及各地区的饭店用品博览会，吸引着众多行业人士参加，是住宿与餐饮企业引进先进管理经验和技术、扩大客源市场的盛会。

（5）对外交流服务

为了掌握国际饭店业的发展趋势，学习与借鉴国外发达国家饭店企业的先进管理理念与方法，协会通过多种资源、渠道，不断加强与国外的企业、行业协会、著名饭店管理院校的交流、沟通与合作。定期组织我国饭店高级管理人员到欧美澳等许多发达国家进行参观考察，同时聘请国外院校和饭店管理专家到国内授课。与世界饭店与餐馆协会、美国、澳大利亚、英国、法国等欧美发达国家或地区的饭店协会及其它相关的行业协会建立了紧密联系并开展了广泛的合作与交流。2002年，中国饭店协会正式加入世界饭店与餐馆协会。协会的会刊有《饭店·美食之旅》和《中外饭店》。

第四节 国际旅游组织

现代旅游是带有无国界性的经济活动，它不仅促进了国家或地区间的经济发展，提供就业、促进贸易、而且在政治上为促进世界和平、加强各国人民之间的相互了解，发展各民族之间的自由往来和友谊也起到了极大的推动作用。同时，旅游活动也会造成国际间的矛盾和冲突，产生许多复杂的国际问题，因此必须成立各种国际的旅游组织作为协调的机构，订立共同合作的规范，以利各项业务的顺利发展，以使各种国际性旅游业组织应运而生。

一、国际旅游组织的分类

对国际性旅游组织可使用多种标准对其进行类型划分。

常用的划分标准主要有以下四种：

（1）按组织的成员划分，可分为以个人为成员的国际性组织、以公司企业为成员的国际性组织、以机构团体为成员的国际性组织、以国家政府代表为成员的国际性组织，等等。

（2）按组织的地位划分，可分为政府间组织和非政府间组织。

（3）按组织的范围划分，可分为全球性组织和地区性组织。

（4）按组织的工作内容划分，可分为部分地涉及旅游事务的一般性国际组织、全面涉及旅游事务的专门性组织以及专门涉及旅游事务某一方面的专业性组织。

二、国际性旅游组织

（一）世界旅游组织（WTO）

世界旅游组织（World Tourism Organization）是联合国专门机构，其宗旨是促进和发展旅游事业，使之有利于经济发展、国际间相互了解，以及和平与繁荣。总部设在西班牙马德里。1925 年 5 月 4—9 日在荷兰海牙召开了国际官方旅游协会大会。1934 年在海牙正式成立国际官方旅游宣传组织联盟。1946 年 10 月 1 日至 4 日在伦敦召开了首届国家旅游组织国际大会。1949 年 10 月在巴黎举行的第二届国家旅游组织国际大会上决定正式成立国际官方旅游联盟，其总部设在伦敦，1951 年迁至日内瓦。1969 年联合国大会批准将其改为政府间组织。1975 年改为现名。2003 年 11 月成为联合国专门机构。出版刊物有《世界旅游组织消息》《旅游发展报告（政策与趋势）》《旅游统计年鉴》《旅游统计手册》和《旅游及旅游动态》。世界旅游组织成员分为正式成员（主权国家政府旅游部门）、联系成员（无外交实权的领地）和附属成员（直接从事旅游业或与旅游业有关的组织、企业和机构）。联系会员和附属成员对世界旅游组织事务无决策权。截至 2005 年 11 月，世界旅游组织正式成员有 144 个。

世界旅游组织的组织机构包括全体大会、执行委员会、秘书处及地区委员会。其中全体大会为最高权力机构，每 2 年召开 1 次，审议该组织重大问题。2003 年 10 月，世界旅游组织第 15 届全体大会在北京举行。执行委员会每年至少召开 2 次。

执委会下设 5 个委员会：计划和协调技术委员会、预算和财政委员会、环境保护委员会、简化手续委员会、旅游安全委员会。秘书处负责日常工作，秘书长由执委会推荐，大会选举产生。地区委员会系非常设机构，负责协调、组织本地区的研讨会、工作项目和地区性活动。每年召开 1 次会议，会议共有非洲、美洲、东亚和太平洋、南亚、欧洲和中东 6 个地区委员会。

世界旅游组织确定每年的 9 月 27 日为世界旅游日。为不断向全世界普及旅游理念，形成良好的旅游发展环境，促进世界旅游业的不断发展，该组织每年都推出一个世界旅游日的主题口号。1975 年 5 月，世界旅游组织承认中华人民共和国为中国唯一合法代表。1983 年 10 月 5 日，该组织第五届全体大会通过决议，接纳中国为正式成员国，成为它的第 106 个正式会员。1987 年 9 月，在第七次全体大会上，中国首次当选为该组织执行委员会委员，并同时当选为统计委员会委员和亚太地区委员会副主席。1991 年，再次当选为该组织执委会委员。

世界旅游组织的主要任务：促进旅游适度发展，以保护环境；支持旅游设施建设，以提高质量；消除或减少国际旅游发展障碍；促进自由贸易的积极性，以刺激旅游业的发展；研究市场和统计；为培养旅游业高素质的人才提供师资、教材和其他便利条件。

（二）世界旅行社协会（WATA）

世界旅行社协会（World Association of Travel Agencies）经瑞士法律批准，于 1949 年正式成立，总部设在日内瓦。

世界旅行社协会是一个由私人旅行社组织而成的世界性非营利组织，其宗旨是将各国可靠的旅行社建成一个世界性的协作网络。

协会现有 240 多个会员，来自 100 多个国家和地区的 230 多个城市。凡财政机构健全、遵守本行业规定的旅行社均有资格成为其会员。超过 300 万人口的城市可有 1 名旅行社代表参加该组织，400 万人口以上的城市可增加 1 名。会员旅行社必须同时经营出境和入境旅游业务，如果同一城市内没有同时经营入、出境旅游业务的旅行社，协会可以指定一家专营出境旅游业务和另一家专营入境旅游业务的旅行社为其会员。

协会帮助会员享有一定的优惠权。会员可凭预订交换证在世界任何地方为其顾客预订饭店和旅行社的服务项目。

（三）世界旅行社协会联合会（UFTAA）

世界旅行社协会联合会（Universal Federation of Travel Agents Association）是最大的民间性国际旅游组织。其前身是 1919 年在巴黎成立的欧洲旅行社和 1964 年在纽约成立的美洲旅行社，1966 年 10 月由这两个组织合并组成，并于 1966 年 11 月 22 日在罗马正式成立。会址在比利时布鲁塞尔。

世界旅行社协会联合会的宗旨是：团结和加强各国全国性旅行社协会和组织，协助解决会员间在业务开展问题上可能发生的纠纷；在国际上代表旅行社行业同有关的各种旅游组织和旅游供应企业建立联系和开展合作；确保旅行社业务在经济、法律和社会领域内最大限度地得到协调、赢得信誉、受到保护和得到发展；向会员提供必要的物质上、业务上和技术上的指导和帮助。

世界旅行社协会联合会在20世纪70年代末共有76个国家参加，代表18000多家旅行社，共计50多万名职工，其中美国的旅行社最多，共14804家。该组织每年召开一次全体大会，交流经验、互通情报。该组织的机构包括全体大会、理事会、执行委员会和总秘书处。出版发行《世界旅行社协会联合会议使报》（月刊）（*COURRIERUFTAA*），中国旅游协会于1995年8月正式加入该组织，作为国家级会员，属于亚太区联盟。

（四）国际饭店与餐馆协会（IH&RA）

国际饭店与餐馆协会总部设在法国巴黎，是世界饭店行业最大的国际性组织。2008年1月，总部搬迁至瑞士日内瓦。该会成立于1901年，现有150多个国家的75万个会员（包括各国协会、饭店、餐馆、专业人士、教育科研机构等）。

该协会的宗旨是：成为全球范围内饭店及餐饮行业的国际性代表组织，并通过发展与其他国际官方及非官方组织的工作联系促进该行业的福利；国际范围内联系饭店及餐馆连锁组织、全国性的饭店及或餐馆协会，以及作为世界各国国际性饭店、餐馆及或旅游行业一部分的所有其它企业；维护并促进饭店及餐馆的所有者的经营者的利益，提高国际饭店及餐馆行业的标准和声誉；关注对国际饭店及餐馆行业影响重大的领域，特别是影响饭店及餐馆行业的政策，影响国际旅游及劳工关系的限制，同时使该行业了解新的发展，并采取旨在维护行业利益的必要措施；采取任何可能被要求的和饭店餐馆连锁组织、全国性或区域性饭店和餐馆协会及全国性、区域性或国际性权威部门相联系的适当行动；组织各种会议以沟通信息，交换有关当前重要问题的意见，并组织统一行动，以促进该行业的福利；成立或支持现存的区域性组织；定时地决定公布一些报告及研究；帮助饭店及餐馆行业的最佳职业培训方式在全球范围内的提高，并给予关于交换培训人员及雇用合格员工的帮助；给予成员建议，并发布可能有助于成员处理影响饭店及餐馆的问题，并向成员提供有用的商业服务；购买、兼并、雇用及出卖或其他情况下处理任何可能被认为对完成IH&RA的目标是必要的或便利的资产；总之，做一些对完成以目标相关或有益的其他事情。

该协会由协会成员、国际性和全国性的连锁组织成员、独立成员、个人成员、名誉成员及联合成员组成，每年召开一次会员代表大会，讨论协会的重大事项如协会章程的修订、领导机构选举等。

三、区域性国际旅游组织

亚太旅游协会，其英文名称为“Pacific Asia Travel Association”，简称PATA。该组

织创建于 1951 年，总部设在泰国曼谷，是亚太旅游业公认的权威机构。该组织一贯主张以合理的保护措施促进旅游业的平衡发展，而且到目前为止，它取得了显著成效。其独特的组织结构以及不懈的努力使亚太地区的旅游业多个方面联合在一起。其宗旨是为组织内部成员的利益而大力发展亚太旅游业，并提高其价值与质量。国际旅游组织还有很多，如国际旅游联盟（AIT）、国际航空运输协会（IATA）、国际民航组织（ICAO）、国际旅游科学专家协会（AIEST）、太平洋亚洲旅游协会（PATA）、旅游观光研究协会（TTRA）、美国旅游业协会（ASTA）等，它们对国际旅游业的发展及各种旅游经济活动都有着重要的影响。

世界旅游日（World Tourism Day）

世界旅游日（World Tourism Day），是由世界旅游组织确定的旅游工作者和旅游者的节日。1970 年 9 月 27 日，国际官方旅游联盟（世界旅游组织的前身）在墨西哥城召开的特别代表大会上通过了将要成立世界旅游组织的章程。1979 年 9 月，世界旅游组织第三次代表大会正式将 9 月 27 日定为世界旅游日。选定这一天为世界旅游日，一是因为世界旅游组织的前身“国际官方旅游联盟”于 1970 年的这一天在墨西哥城的特别代表大会上通过了世界旅游组织的章程。二是因为这一天恰好是北半球的旅游高峰刚过，南半球的旅游旺季将到来的相互交接时间。

重要意义

随着世界经济的飞速发展和人们生活水平的大幅度提高，旅游已经成为人们休闲度假的主要选择方式之一。旅游业的发展不仅给许多国家提供了大量的就业机会，而且还为它们带来丰厚的外汇收入，各国政府因此越来越重视发展旅游业。

中国于1983年正式成为世界旅游组织成员。自1985年起，每年都确定一个省、自治区或直辖市为世界旅游日庆祝活动的主会场。

为了阐明旅游的作用和意义，加深世界各国人民对旅游的认识和理解，促进旅游业的发展，世界旅游组织从1980年起每年都为世界旅游日确定一个主题，各国旅游组织根据主题和要求开展一系列庆祝活动。

节日主题

1980—1989年

1980年：旅游业的贡献：文化遗产的保护与不同文化之间的相互理解。（Tourism's contribution to the preservation of cultural heritage and to peace and mutual understanding）.

1981年：旅游业与生活质量。（Tourism and the quality of life.）

1982年：旅游业的骄傲：好的客人与好的主人。（Pride in travel：good guests and good hosts.）

1983年：旅游和假日对每个人来说既是权利也是责任。（Travel and holidays are a right but also a responsibility for all.）

1984年：为了国际间的理解、和平与合作的旅游。（Tourism for international understanding，peace and cooperation.）

1985年：年轻的旅游业：为了和平与友谊的文化和历史遗产。（Youth tourism：cultural and historical heritage for peace and friendship.）

1986年：旅游：世界和平的重要力量。（Tourism：a vital force for world peace.）

1987年：旅游与发展。（Tourism for development.）

1988年：旅游教育。（Tourism：education for all.）

1989年：施行者的自由活动创造了一个共融的世界。（The free movement of tourists creates one world.）

1990—1999年

1990年：旅游：一个还未被完全认识的产业，是一个有待开发的服务。（Tourism：an unrecognized industry，a service to bereleased.）（"the Hague declaration on tourism"）.

1991年：交流、信息与教育：旅游业发展的生命线。（Communication，information and education：power lines of tourism development.）

1992年：旅游：社会经济的稳定和人民之间的交流的重要因素。（Tourism：a factor of growing social and economic solidarity and of encounter between people.）

1993年：旅游业发展和环境保护：营造持续的和谐与发展。（Tourism development and environmental protection：towards lasting harmony.）

1994 年：高质量的服务、高质量的员工、高质量的旅游（Quality staff，quality tourism.）

1995 年：WTO：为世界旅游业提供了 20 年的服务。（WTO：serving world tourism for twenty years.）

1996 年：旅游业：宽容与和平的因素。（Tourism：a factor of tolerance and peace.）

1997 年：旅游业：21 世纪提供就业机会和倡导环境保护的先导产业。（Tourism：leading activity of the twenty-first century for job creation and environmental protection.）

1998 年：政府与企业的伙伴关系：旅游的开发和促销的关键。（Public-private sector partnership：the key to tourism development and promotion.）

1999 年：旅游：为新千年保护世界遗产。（Tourism：preserving world heritage for the new millennium.）

2000—2012 年

2000 年：技术和自然：21 世纪旅游业的双重挑战。

2001 年：旅游业：和平和不同文明之间对话服务的工具。

2002 年：经济旅游：可持续发展的关键。

2003 年：旅游：消除贫困、创造就业和社会和谐的推动力。

2004 年：旅游拉动就业。

2005 年：旅游与交通——从儒勒·凡尔纳的幻想到 21 世纪的现实。

2006 年：旅游让世界受益。

2007 年：旅游为妇女敞开大门。

2008 年：旅游：应对气候变化挑战。

2009 年：庆祝多样性。

2010 年：旅游与生物多样性。

2011 年：旅游——消除贫穷，创造就业和社会和谐的推动力。

2012 年：旅游——连接不同文化的纽带。

历史背景

1998—2009 年世界旅游日主办国墨西哥

早在 1971 年，世界旅游组织前身国际官方旅游组织联盟就根据非洲国家官方旅游组织的意见，提出创立该节日的设想。经过大量准备工作之后，1979 年 9 月，世界旅游组织第三次代表大会正式决定 9 月 27 日为世界旅游日。选择这一天的原因是国际官方旅游组织联盟在 1970 年 9 月 27 日在墨西哥城的特别代表大会上通过了将要成立的世界旅游组织的章程，所以值得纪念。

此外，这一天又恰好是北半球旅游旺季刚过去，而南半球旅游季节又刚到来之际，即这正是世界各国人民度假的好时节。从1980年起，有关国家每年都组织一系列庆祝活动，如发行邮票，举办明信片展览，推出新旅游路线，开辟新旅游点等。

确定世界旅游日的意义在于：发展国际、国内旅游，促进各国文化、艺术、经济、贸易的交流，增进各国人民的相互了解，推动社会进步。世界旅游组织每年都提出宣传口号，世界各国旅游组织根据宣传口号和要求开展活动。

自1985年起，中国在北京、上海、重庆、成都、沈阳等城市设立主会场，并在全国各地设分会场，举办欢庆世界旅游日活动。围绕当年世界旅游组织确定的旅游活动主题开展旅游宣传活动。

2010年世界旅游日主办国中国

中国是2010年世界旅游日主办国。国家旅游局发布的信息说，在马里首都巴马科召开的世界旅游组织第85届执委会会议上，执委会31个成员国做出决议，确定2010年世界旅游日的主办国为中国，主题为"旅游与生物多样性"。

思考题

1. 什么叫旅游组织？旅游组织如何分类？
2. 请你分析旅游组织产生的原因，并加以论述。
3. 旅游组织对于旅游业发展起到什么作用？
4. 旅游组织今后会有哪些发展趋势？
5. 中国国家旅游局的主要职责有哪些？
6. 中国国内的主要旅游行业组织有哪些？标识是什么？
7. 世界旅游组织的主要任务有哪些？

第七章　旅游市场

教学目的

掌握旅游市场的概念和特征；熟悉旅游市场划分；了解全球旅游市场的现状和规律；掌握我国主要的入境旅游客源市场；了解我国国内旅游市场的构成及特点；熟悉我国的出境旅游概况及市场特征。

教学内容

1. 旅游市场的概念、特征与功能；
2. 旅游市场划分及其方法；
3. 全球国际旅游市场基本状况；
4. 我国入境旅游市场及其特征；
5. 我国国内旅游市场的基本情况；
6. 我国出境旅游市场的基本情况。

重点难点

教学重点：旅游市场的划分方法；全球旅游市场的地域分布和我国旅游市场的发展态势。

教学难点：我国的入境、国内和出境旅游市场的形成与演变。

现代旅游市场属一般商品市场范畴，具有全球性、季节性、波动性和多样性等特征。有效的市场划分，可以使旅游目的地和旅游经营者确定目标市场，实施有效的市场营销组合，从而以最少、最省的营销费用取得最佳的经营效果。本章首先介绍旅游市场和旅游市场划分，在此基础上对全球旅游市场、我国的入境、国内、出境旅游市场的分布、特征和发展趋势进行了详细的分析。

第一节　旅游市场概述

一、旅游市场的概念

（一）市场

市场起源于古代人们对于固定时段或地点进行交易的场所的称呼，指买卖双方进行交易的场所。发展到现在，市场具备了多重含义。一般而言，对于市场一词通常有如下六种解释。

（1）市场是商品交换的场所，如传统市场、股票市场、期货市场等。此种定义仅仅把市场看作是商品交换的场所，比较狭义，属于市场的原始定义。

（2）市场是商品交换关系的总和，即不仅指交易场所，还包括了所有的商品交换行为。因此，当谈论到市场大小时，并不仅仅指场所的大小，还包括了消费行为是否活跃。该定义从经济学领域对市场进行解释，相对而言，较为宏观，对市场有一个较为全面的认识。

（3）市场是商品生产者和商品消费者之间各种经济关系的总和，是不同的生产资料所有者之间经济关系的体现。该市场定义反映了社会生产与需求之间商品可供量与有支付能力的需求之间、生产者与消费者之间及国民经济各部门之间的关系。

（4）市场是指有购买力的需求。

（5）市场是指某一特定产品的现实购买者或潜在购买者。

（6）市场是人口＋购买力＋购买欲望，此种解释将市场的区别加以区分，因此在市场营销学和市场营销活动中非常重要。营销学一般是站在微观企业主体认识市场，对市场进行定义。

总而言之，市场是社会分工和商品经济发展的必然产物。劳动分工使人们各自的产品互相成为商品，互相成为等价物，使人们互相成为市场；社会分工越细，商品经济越发达，市场的范围和容量就越大。同时，市场在其发育和壮大过程中，也推动着社会分工和商品经济的进一步发展。市场通过信息反馈，直接影响着人们生产什么、生产多少，以及上市时间、产品销售状况等，连接商品经济发展过程中产、供、销各方，为产、供、销各方提供交换场所、交换时间和其他交换条件，以此实现商品生产者、经营者和消费者各自的经济利益。

（二）旅游市场

旅游活动本身的出现，在早期仅仅是一种社会行为和社会现象，并不是以商品形式出现的。随着生产力发展和社会分工深化，旅游活动逐渐呈现商品化形式。随着旅游商品化的发展，旅游市场随之产生并进一步发展、扩大。基于以上对于市场的定义和解释，结合旅游经营活动和旅游学术研究，以下从广义和狭义两个角度来解释旅游市场。

1. 广义的旅游市场

从经济学的角度，广义的旅游市场是指旅游商品交换过程中的各种经济行为、经济关系的总和，是旅游需求市场和旅游供给市场的总和，它以旅游企业生产的旅游线路以及与此相关的食、住、行、游、购、娱等服务为交换的对象，反映的是旅游经济活动中各种劳务关系，包括旅游经营者、旅游消费者、旅游产品、旅游产品销售和旅游产品价格等几个部分。广义的旅游市场概念反映了国家之间、国家与旅游经营者之间、旅游经营者之间、旅游经营者与旅游者之间错综复杂的经济关系。旅游市场的形成和发展是这些关系协调发展的必然产物。

2. 狭义的旅游市场

从市场学的角度，狭义的旅游市场常是指旅游需求市场或旅游客源市场，即某一特定时期、特定区域的对旅游商品有支付能力的现实购买者和潜在购买者。但在有些情况下，旅游市场一词也指旅游供给市场，这种用法并不普遍。根据狭义的旅游市场的定义，旅游市场形成需具备四个基本要素。

（1）旅游者

旅游商品的消费者数量是旅游市场构成的基本要素，旅游市场规模大小主要取决于该市场旅游者的数量多少。一般而言，一个国家或地区的总人口数决定了旅游者数量多少和旅游市场容量大小。即一个国家或一个地区人口数量越多，产生的旅游者就越多，需要的旅游商品基数越大，反之，一个国家或一个地区人口数量越少，产生的旅游者就越少，需要的旅游商品基数越小。但是，人口结构也影响着旅游市场需求的内容和结构。构成旅游市场的人口结构包括总人口、性别和年龄结构、家庭户数和家庭人口数、民族与宗教信仰、职业和文化程度、地理分布等多种具体因素。

（2）旅游购买力

除了人口数量外，旅游市场大小与旅游购买力密切相关。旅游购买力是指人们支付货币购买旅游商品的能力。旅游者的消费需求是通过利用可支配的货币购买旅游商品实现的。因此，在人口状况既定的条件下，购买力就成为决定旅游市场大小和容量的重要因素之一。旅游市场的大小，直接取决于旅游购买力的高低。旅游购买力通常是由人们的收入水平决定的。随着人们收入水平的提高，用于购买旅游商品的支出也会相应提高。除了收入水平之外，旅游购买力还会受到人均国民收入、社会集团购买力、平均消费水平和消费结构等因素影响。

(3) 旅游购买欲望

旅游购买欲望指旅游者购买旅游商品的愿望、要求和动机。旅游购买欲望是把旅游者的潜在购买力变为现实购买力的重要条件。如果仅仅是具备了一定的人口和旅游购买力，而旅游者缺乏强烈的购买欲望或动机，旅游商品买卖仍然不能发生，旅游市场也无从现实地存在。因此，只有当旅游者既有旅游购买力，又有旅游购买欲望时，才能形成现实的旅游市场，旅游购买欲望是旅游市场不可缺少的构成要素。

(4) 旅游购买权利

购买权利是指旅游者可以购买某种旅游产品的权利。旅游活动，尤其是国际旅游活动，受到复杂的国际关系、旅游客源国和旅游目的地国关于出入境方面政策限制的影响。如果不能给旅游者签发签证或者限制出境、入境等，即使旅游者具有旅游购买力和旅游欲望，但由于没有相应的旅游权利，也就无法形成旅游市场。

二、旅游市场的特征

旅游市场属一般商品市场范畴，具有商品市场的基本特征，包括旅游供给的场所（即旅游目的地）和旅游消费者（即旅游者），以及旅游经营者与消费者间的经济关系。旅游市场与一般商品市场的区别在于它所出售的不是具体的物质产品，而是以服务为主要内容的旅游路线。旅游市场具有全球性、季节性、波动性和多样性等特征。

（一）全球性

现代旅游市场是由全球范围的旅游需求市场和旅游供给市场构成的，具有典型的全球性特征。早期的旅游活动是在本国范围之内进行的，旅游市场的发展是从国内旅游开始的。然而，到了第二次世界大战之前，随着相邻国家之间随着经济贸易关系的发展，区域旅游市场就已经形成并发展了，其中，欧洲、北美洲和地中海地区的区域旅游活动较为频繁。而到了第二次世界大战以后，随着生产力的发展和各国经济的高速增长，国家之间往来频繁，全球经济一体化趋势愈发明显，对于旅游者而言，他们渴望走出国门，了解世界，感受不同的文化和风俗，旅游活动也开始由区域之内扩展到区域之间，全球范围的旅游市场开始形成，并在近几十年间得以迅猛发展。目前所形成的现代旅游市场是一个以全球为活动范围的统一的国际旅游市场。

（二）季节性

旅游市场季节性特征非常显著，这是由旅游市场主体、客体两个方面因素造成的。旅游市场的季节性不一定是以自然界的四季交替为标准，而主要是根据不同时期的客流量大小来判断。

旅游市场主体因素主要是由旅游客源地国家或地区的风俗习惯、节假日制度造成的旅游者闲暇时间分布不均衡，进一步地对旅游者出行造成影响，使得旅游市场出现季节性特征。例如德国人出国高峰期在每年的春天，日本人则在每年的8月，而美国人的出游高峰则为5月、10月。我国的传统节日与西方国家传统节日有很大差异，季节性的特征也不一样。

客体因素则是由旅游目的地国家或地区的自然条件、气候条件的差异引起的旅游市场的季节性特征。尤其是以自然旅游资源为主的旅游目的地，受自然气候的影响，季节性特征明显。这种季节性特征会增强或是削弱旅游目的地的吸引力。例如北戴河海滨浴场夏季游客云集，冬季则门可罗雀，而哈尔滨冬季的冰雪节则使得该地的冬季成为旅游旺季。旅游市场的季节性特征常常使得旅游业经营与管理处于不利的地位，主要表现为旺季供不应求，淡季供过于求。旅游目的地国家和地区应充分注意到旅游市场的这一特点。客源在时间分布上的不平衡，给旅游经营与管理带来不可抗拒的困难，但同时也是旅游市场可资利用的机会。例如一个国家旅游产品的总体格局可以宏观调控，使旅游目的地和旅游市场之间的互相弥补、综合利用，也可以在经营、管理手段上采取一些措施，缓解季节性带来的影响。

（三）波动性

旅游活动是一种综合性的社会经济现象，许多社会因素都可能对旅游供给和旅游需求产生影响，这种影响往往会造成旅游供给和需求在数量上的不平衡，进一步地引起旅游市场的波动。例如战争、政治动荡、经济波动、重大社会活动、自然灾害、汇率变化等，均有可能导致旅游市场波动，甚至巨变。这种波动既可能引起旅游流向的变化，也可能引起旅游市场结构的变化，甚至可能引起消费结构的变化。由于影响旅游供给和需求的因素非常多，有些甚至难以把握、无法预料，因此旅游市场呈现很强的波动性。例如海湾战争使中东旅游业遭受重创，东南亚金融危机也一度使其旅游业大受影响，美国的“9·11”事件和印度尼西亚的巴厘岛恐怖活动更是在全世界人们的心目中留下了挥之不去的阴影。

（四）多样性

旅游需求的多样性导致旅游市场的多样性。旅游市场的主体——旅游者构成复杂多样，对旅游产品有各种各样的要求，为满足旅游者的不同旅游需求，旅游供给需要多种多样。除此之外，多样性还体现在旅游购买形式的多样化上，如团体包价旅游、半包价旅游、小包价旅游、零包价旅游、散客旅游等。再次，多样性也体现在交换关系上，即旅游者可通过旅行社购买旅游线路产品，也可直接购买单项旅游产品。另外，旅行社经常采取直接和间接营销相结合的综合营销方式，甚至派出促销小组进行促销，或邀请海内外客户访问、参观游览等，也使旅游营销活动呈现出多样性。

三、旅游市场的功能

旅游市场的功能是指旅游市场在旅游产品交换和旅游经济发展中所具有的各种能动性作用。旅游市场是伴随着旅游活动和旅游经营活动的产生而产生的，反过来又推动着旅游活动的全面展开，促进了旅游经营活动的进一步完善。旅游市场是社会经济发展的必然产物，是旅游业赖以生存和发展的重要条件，在旅游经济活动的运行中发挥着重要的功能。

（一）产品交换功能

旅游市场的最基本的功能就是产品交换功能。旅游产品属于无形产品，旅游供给者要将其生产的旅游产品销售给旅游需求者，旅游需求者要购买旅游供给者生产的旅游产品，主要是通过旅游市场得以实现。旅游市场产品供给者和需求者通过旅游市场这一纽带连接起来，旅游市场承担了旅游产品交换和价值实现的任务。一般而言，旅游市场上存在多个旅游产品的供给者和需求者。旅游产品供给方，即旅游产品经营者，通过旅游市场销售其产品和服务，并进一步的实现旅游产品价值，并获得相应的经济利润和经济效益；旅游需求者，即旅游者，通过旅游市场，做出旅游决策，实现旅游活动，消费旅游产品，满足其旅游需求。因而旅游市场是实现旅游产品供给者和需求者之间交换的桥梁。旅游市场把旅游需求和供给衔接起来，解决了供求之间的矛盾，旅游供给者和需求者就是通过旅游市场这一环节连接起来，实现产品交换功能。

（二）资源配置功能

资源配置功能是指市场通过优胜劣汰，使有限的人、财、物等社会资源集中到较先进的企业和经营者手中，从而达到合理有效的分配，以生产出更多更好的产品。一般认为，资源配置功能可以通过政府调控实现，也可以通过市场机制调节实现。而在现代市场经济条件下，旅游资源要素主要依靠市场机制作用来配置。在市场作用过程中，人们在经济利益的驱动下，必然把自己所拥有的资源投入到能够获得最大利益的领域中。在市场机制调解下，旅游产品供求矛盾在价格杠杆和竞争的推动下，旅游产品供求双方自行组织、自行调节，使供求趋于平衡。通过市场的资源配置功能，还可以将旅游资源和其他经济资源合理地配置，促进整体旅游业在食、住、行、游、购、娱等方面按市场需要的比例发展，实现社会经济资源在旅游业中的优化配置。旅游目的地和旅游经营者根据市场供求状况调整所供给和经营的旅游产品结构、投资结构，适应旅游者需求和旅游市场的变化，不断提高旅游综合效益。

（三）质量评价功能

在旅游经济活动中，旅游者购买旅游产品和服务，支付一定的货币，享受一定的权利；旅游供给者为获取经济收益为旅游需求者提供其所需要的旅游产品和服务，旅游供、需双方的关系是在旅游市场中通过旅游产品交换的形式而实现的。因此，旅游产品价格的高低、旅游服务质量的好坏，都必然在旅游市场上有所反映，使旅游市场变成检验旅游产品服务质量和评价旅游经营者经营管理能力的场所。旅游者在购买和消费旅游产品和服务之前，也要通过对旅游市场对旅游经营者提供的的旅游产品类型、价格、条件等进行信息收集与评价后才能做出的购买决策。

（四）信息传递功能

旅游市场是旅游供给者和需求者获取旅游信息的主要来源。在市场经济条件下，旅游供需平衡离不开旅游市场供求动态变化的信息。从供给的角度，一方面，旅游供给者需通过市场收集旅游供求信息，根据旅游市场需求及其变化确定和调整旅游产品结构和价格，组织生产和供给产销对路的旅游产品；另一方面，旅游供给者也要借助旅游市场这一平台传递旅游产品信息，引导和激发旅游需求，调节旅游需求的变化。从需求的角度，旅游需求者要通过旅游市场获取整个旅游活动的信息，包括市场上能够提供哪些旅游产品、价格如何等，其旅游需求通过在旅游市场上获取相应的旅游产品信息及相应的刺激转化为旅游行为得以满足。另外，旅游市场还可以通过自身传递信息，为旅游目的地国家或地区制定旅游业发展规划和经济决策提供依据。旅游市场因其信息传递功能成为旅游经济活动的“晴雨表”，综合地反映旅游经济的发展状况。

第二节 旅游市场的划分

大众性和全球性是现代旅游的两大特点，全球旅游市场是一个整体，任何一个旅游目的地、旅游企业或旅游产品都不可能占领整个市场、满足所有旅游者的需求。因此，旅游目的地和旅游企业有必要对旅游市场从不同角度进行划分和分析，以更为全面和深入地了解不同类型旅游市场的历史、现状和发展趋势，进一步地认识旅游市场，把握旅游市场发展和变化的规律。

一、旅游市场划分

（一）旅游市场划分的概念

市场划分又称为市场细分，是指将整体市场根据消费者的某种特点，将消费者划分成不同的群体的过程。所划分出来的每一个消费者群体也就是一个市场部分，通常称为细分市场。

旅游市场划分则是指旅游目的地或旅游企业经营者和营销者过市场调研，依据旅游者的需要和欲望、购买行为和购买习惯等方面的差异，把某旅游产品的市场整体划分为若干旅游者群体的市场分类过程。旅游市场划分从区别旅游者的不同需求出发，以旅游者的需求差异为出发点，根据旅游者购买行为的差异性，把旅游者整体市场划分为若干相近购买群体的细分市场，每一个细分市场都是具有类似需求倾向的旅游者构成的群体。通过市场划分，可以使旅游目的地和旅游经营者确定目标市场，实施有效的市场营销组合，从而以最少、最省的营销费用取得最佳的经营效果。

1. 有利于确定目标市场

旅游市场研究的目的就是要确定旅游客源，及时掌握旅游产品供需双方发展变化的信息，根据本国、本地区、本企业所提供的旅游产品的优势，选定自己的目标市场，并为市场决策和旅游规划提供必要的依据。然而，任何旅游目的地国家和地区、旅游企业、旅游组织都不可能满足所有旅游者的不同需求，旅游目的地国家和地区、旅游企业、旅游组织所提供的旅游产品只能吸引一部分旅游者、满足一部分旅游需求。因此，旅游目的地和旅游企业必须在众多的旅游者市场中，选择某些适合自己的目标市场。同时，也可以通过旅游市场划分，发现尚未满足的旅游市场需求。例如，对于一些小企业而言，那些未被竞争者注意的较小的细分市场，可能比有众多竞争者激烈争夺的大市场带来更多的效益，对实力有限的小企业更有价值。旅游目的地国家和地区、旅游企业、旅游组织需在市场调研的基础上对旅游市场进行划分，并对各细分市场的需求特点和购买潜力进行分析，结合自身的实力和特点选择恰当的目标市场。

2. 有利于有针对性地开发旅游产品

旅游目的地和旅游企业在选定目标市场的基础上，可以针对特定目标市场的需求，合理配置资源，开发适销对路的旅游产品，从而避免因盲目开发而造成的失误和浪费。旅游市场划分有助于旅游目的地和旅游企业及时发现和掌握旅游市场的特征、变化状况以及竞争者的状况，从而改良现有旅游产品，开发新的旅游产品，根据自身条件和市场竞争状况，扬长避短，集中有限的人力、物力和财力开发和具有特色的旅游产品，以满足旅游者不断变化的旅游需求，争取最佳经济效益。

3. 有利于有针对性地开展促销活动

市场划分有利于旅游目的地和旅游企业有针对性地开展营销活动。营销工作对于旅游目的地和旅游企业的成功经营来说是非常重要的。“酒香不怕巷子深”的营销理念，在现代社会早已不再适用，再好的旅游产品如果无法被旅游消费者了解，也就无法实现其应有的价值。但是，对于任何一个旅游目的地或旅游企业，营销费用都是有限的，只有选对目标市场，有针对性地开展营销活动，才能够有效地避免因为盲目而造成的不必要的浪费，提高旅游营销的效果。旅游目的地或旅游企业也可以针对不同的细分市场制定各种各具特色的市场营销组合策略，并根据旅游者对营销活动的反应和市场需求特征的变化，及时调整旅游产品或服务的价格与促销方式，以更好地满足目标市场旅游者的需求。

（二）旅游市场划分的基本原则

旅游市场划分是为了通过对旅游者需求差异定位，来取得较大的经济效益，而旅游产品的差异化往往导致生产成本和销售费用的相应增长，因此旅游目的地和旅游企业必须在市场划分所得收益与市场划分所增成本之间进行权衡。由此，有效的市场划分必须遵循以下原则。

1. 可衡量性

可衡量性是指各个细分市场的购买力和规模能被衡量的程度。用以进行市场划分的变量，如旅游者的特征、旅游市场范围大小、旅游者购买力大小等，必须是具体的、可以衡量的，如果划分变量难以衡量的话，就无法明确的界定细分市场。

2. 可进入性

可进入性是指旅游目的地或旅游企业所选定的市场必须与自身状况相匹配，旅游目的地或企业有优势占领该市场，进行有效的营销活动。可进入性有两层含义：一是市场还有一定的空间，旅游目的地或旅游企业进入后能够产生影响并占据一定市场份额；二是旅游目的地或旅游企业在人、财、物等方面有支撑，能够有效地进入。

3. 可盈利性

可盈利性是指划分的旅游市场的容量能够保证旅游目的地或旅游企业获得较好的经济效益。划分后的旅游市场必须有适当的规模、现实与潜在需求，旅游目的地或旅游企业选择其作为目标市场，由此为旅游者提供适销对路的旅游产品，以从中获利。否则，旅游目的地或旅游企业获得的收益无法弥补因市场划分而支付的成本费用，旅游市场划分也就失去了本身的意义。

4. 稳定性

稳定性是指划分后的市场在时间上应具有相对稳定性，能够保证旅游目的地或旅游企业在较长时期内获得经济效益，并且必须具有一定的发展潜力，使目的地或旅游企业能够借此进一步地扩大市场。旅游产品开发和经营具有投资周期长、退出壁垒高等特点，如不具备一定的稳定性，很容易造成经营困难，严重影响旅游目的地或旅游企业的经营效益。

二、旅游市场划分方法

根据旅游经营需要，旅游市场有多种划分方法。一般情况下，可以从地理因素、国境、人口统计因素、消费水平、旅游目的、旅游组织形式等不同的角度划分出不同类型的旅游市场。

（一）根据地理因素划分

根据地理因素划分旅游市场就是按照旅游者所在的不同地理位置（国家或地区）及其他地理因素（城市、乡村及气候条件等）来进行旅游市场划分的方法。一般是根据旅游客源产生的地理区域或行政区域的不同而划分旅游市场。

根据研究和工作开展需要，世界旅游组织结合世界各地旅游业的发展状况和产生国际客源的集中程度，以及各地在地理、经济、文化、交通以及旅游者流向、流量等方面的联系，将全世界国际旅游市场按照地理区域划分为六大市场，分别是欧洲市场、美洲市场、东亚和太平洋市场、非洲市场、中东市场和南亚市场。六大旅游市场反映了全球国际旅游市场的基本格局。世界旅游组织每年根据此种划分方法，进行旅游市场数据统计与发布。世界旅游组织对全球旅游市场的划分及其旅游统计工作对于各个国家和地区把握全球旅游市场发展动态，了解各区域旅游业发展状况有着重要的价值。

而各个国家往往根据各自国际旅游客源的多少，按照旅游者的国别进行市场划分，如日本旅游市场、美国旅游市场、英国旅游市场等。我们国家的主要客源国有日本、韩国、俄罗斯、美国、新加坡、马来西亚、泰国、德国、英国等。同理，各个地区也会根据所接待游客的地域来源，特别是按照游客的行政区划，将其划分为不同的旅游市场。

根据地理因素划分旅游市场有助于研究某个国家或地区的主要客源构成，了解世界旅游客源的分布情况，并进一步研究和发现某些国家或地区产生旅游客源多寡的原因，有针对性地开展旅游工作。

（二）根据国境划分

根据国境划分旅游市场也是一种非常常见的划分方式。根据此种方式，旅游市场一般分为国内旅游市场和国际旅游市场。国内旅游市场是指接待本国居民在国境线范围内旅游的市场。国际旅游市场是指旅游活动超过国境范围的市场，即跨国境旅游形成的市场。国际旅游市场又可进一步分为出境旅游市场和入境旅游市场。入境旅游市场是指外国旅游者到本国各地旅游形成的旅游市场。出境旅游市场是指组织本国居民赴境外旅游的市场。

在不同的国家和地区，国内旅游市场、出境旅游市场和入境旅游市场的发展状况和规模也各不相同，这三大旅游市场对于一个国家或地区的经济发展具有不同的意义。国内旅游市场作为消费市场，在满足居民物质生活和精神生活需要、促进国内商品流通和货币回笼等方面起着日益重要的作用，居民生活水平越高，这方面的作用就越明显。出境旅游会导致客源国外汇的流出，而入境旅游活动是旅游目的地国家或地区赚取外汇，增加其国际支付能力，促进本国或本地经济发展的重要途径。因此，许多经济相对落后，居民多数不具备出境旅游支付能力，且国内旅游市场尚未成熟的发展中国家都采取优先发展入境旅游市场、其次发展国内旅游市场、最后带动出境旅游市场的政策。我国旅游市场的发展也是遵循此种模式。在国际旅游市场上，旅游者需使用他国货币进行异地旅游消费，在活动过程中会涉及货币兑换、身份证件、入境签证、国际交通等众多问题。

（三）根据人口统计因素划分

人口统计因素划分是指根据人口变量（性别、年龄、收入、职业、教育水平、家庭规模、家庭生命周期等）对旅游市场进行划分的方法。常用的人口统计变量及其对应的旅游市场类型如表 7－1 所示。

表 7－1　　旅游市场类型划分（根据人口统计因素）

划分标准	旅游市场类型
性别	男性旅游市场、女性旅游市场
年龄	老年旅游市场、成年旅游市场、青年旅游市场、儿童旅游市场
职业与教育	农民、公务员、教师、个体经营者、商业服务业者市场……
家庭生命周期	单身、满巢、空巢旅游市场

1. 性别

根据旅游者的性别可将旅游市场划分为男性旅游市场和女性旅游市场。男性和女性由于生理差别，往往对旅游活动和旅游产品需求和偏好存在很大差异，例如男性旅游市场更侧重于冒险类旅游活动，而女性旅游市场则更关注旅游购物活动。

2. 年龄

根据旅游者的年龄可将旅游市场划分为老年旅游市场、中年旅游市场、青年旅游市场和儿童旅游市场。不同年龄的旅游者有着不同的需求特点，如老年旅游市场倾向于那些风景秀美的自然景观和养生保健的疗养胜地，而青年旅游市场往往对于新奇的旅游目的地和旅游产品更感兴趣。

3. 职业

根据旅游者的职业可将旅游市场划分农民、公务员、教师、个体经营者、商业服务业者等旅游市场。由于旅游者的职业性质和受教育程度的不同，往往对旅游的需求会有较大差异。例如，农民旅游市场喜欢到城市旅游，而学生、教师旅游市场则是喜欢文化气息浓厚的景区。

4. 家庭生命周期

根据旅游者所处的家庭生命周期阶段，可将旅游市场划分为单身、满巢、空巢旅游市场等。一个家庭，按年龄、婚姻和子女状况，大致可划分为7个阶段。在不同阶段，家庭购买力、家庭人员对旅游活动和旅游产品的兴趣与偏好会有较大差别，表7－2给出了家庭生命周期阶段的不同特征及其相应的旅游需求。

表7－2　家庭生命周期阶段特征及旅游需求

生命周期阶段	特征	旅游需求
单身	年轻，单身，几乎没有经济负担，新消费观念的带头人	旅游中的娱乐消费较高
新婚	年轻夫妻，无子女，经济条件较好，购买力强	追求旅游享受和浪漫氛围，喜欢昂贵服饰、高档家具、餐馆饮食、奢侈度假等产品和服务
满巢Ⅰ	年轻夫妻，有6岁以下子女，家庭用品购买的高峰期	不满足现有的经济状况，由于孩子的拖累旅游较少
满巢Ⅱ	年轻夫妻，有6岁以上未成年子女，经济状况较好，购买趋向理智型，受广告及其他市场营销刺激的影响相对减少	注重档次较高的商品及子女的教育投资
满巢Ⅲ	年长的夫妇与尚未独立的成年子女同住。经济状况较好，注重储蓄，购买冷静、理智	愿意在旅游度假、外出就餐等方面花费
空巢阶段	子女已经成年，不再依赖父母，也不与父母同住，是经济上和时间上最宽裕的时期	开始追求新的爱好和兴趣，如外出旅游，参加老年人俱乐部等。对度假型产品有很大需求
解体	夫妻中的一方过世，这样的家庭会有一些特殊的需要，如更多的社会关爱和照看	旅游出行较少

以上细分方法考虑到了人口统计因素，这些因素不仅与旅游需求有着密切的联系，而且比较容易衡量，有关数据相对容易获取，因此成为旅游目的地和旅游企业经常使用的方法之一。

（四）根据消费水平划分

根据旅游者的实际旅游消费水平，可将旅游市场划分为高档旅游市场、中档旅游市场和经济档旅游市场。由于年龄、职业、经济收入和社会地位等多种因素的影响，旅游者在旅游活动中的消费水平呈现很大差异，对于旅游产品的价格和质量要求也不同。高档旅游市场的主体是经济社会的上层阶层人士，他们有着丰厚的收入，通常旅游产品的价格不是他们消费所考虑的主要因素，在旅游活动中更注重旅游产品的质量、档次能否反映出他们的消费状况和经济地位。高档旅游市场规模有限，但其高额消费支出对旅游经营者具有很大的吸引力。中档和经济档旅游市场主要是由广大中产阶级、固定收入者以及青年学生等方面人士所组成。其中，中档旅游市场对于旅游产品的需求是性价比高、物美价廉，而经济旅游市场则更侧重价格低廉。尽管这两类市场个体的消费能力不及高档市场，但这两类市场的整体规模大，且有很大的发展潜力。

（五）根据旅游目的划分

根据旅游者出游目的和活动内容的不同，可以将旅游市场划分为各种专项旅游市场类型。现代旅游的特点之一就是旅游形式和内容的多样化。20 世纪 50 年代之前，传统旅游市场根据旅游目的可划分为观光旅游市场、度假旅游市场、文化旅游市场和宗教旅游市场等，这些传统的旅游市场经久不衰，在 21 世纪仍然盛行。但是，在第二次世界大战结束之后，除了传统旅游市场外，又出现了一些新兴的旅游市场，如为满足旅游者健康需求的疗养保健旅游市场、体育旅游市场和狩猎旅游市场等，为满足旅游者寻求刺激心理需求的探险旅游市场、秘境旅游市场、惊险游艺旅游市场等，为满足旅游者享受需求的豪华游轮、火车、汽车旅游市场、美食旅游市场等，以及为了满足旅游者知识发展和业务发展需求的修学旅游市场、学艺旅游市场、工业旅游市场等。此外，各种专业考察旅游市场和专项旅游市场也逐渐发展起来。如我国的红色旅游市场、乡村旅游市场等的一系列专项旅游市场等。

（六）根据旅游组织形式划分

根据旅游组织形式的不同，旅游市场可划分为团体旅游市场和散客旅游市场。

团体旅游又称为包价旅游，是指旅游者在出发前参加一个旅游团队，并向组织旅游团队的旅行社交付旅游费用，旅游活动由旅行社统一安排的旅游形式。一般团队旅游人数在10人以上。团队旅游对于旅游者而言，省时省心、可享受团队价格、简单易行、安全系数大、语言障碍少。但团队旅游由于以观光为主，旅游活动在时间和内容的安排上受团队限制，不能很好地满足旅游者个人的特殊兴趣和爱好。

散客旅游是指单个或自愿结伴的旅游者，按照其兴趣、爱好自主进行的旅游活动。散客旅游中，旅游者可以自行安排活动时间和内容，高度自由灵活，避免了团队旅游走马观花、不求甚解的弊端，能充分满足旅游者个体的需求。但旅游者需自行安排旅游线路，并要考虑旅游线路中食、住、行、游、购、娱等各个方面，同时所购买的各单项旅游产品因无法享受团队价格而高出很多。

在大众化旅游兴起之初，团体旅游是主流的旅游方式。而近些年，随着旅游市场的日趋成熟、旅游者出行经验的日趋丰富、旅游心理日趋个性化以及旅游交通的现代化发展，越来越多的旅游者选择了高灵活性的散客旅游方式，团队旅游市场大幅下降。

（七）其他分类方法

除上述划分方式外，还可以根据需要从其他角度来划分旅游市场。如根据旅游季节可将旅游市场划分为旺季旅游市场、平季旅游市场和淡季旅游市场；根据旅游接待量和地区分布划分为一级市场、二级市场和机会市场等。

也有旅游目的地或旅游企业根据两个或两个以上的标准来划分旅游市场，如美国青少年修学旅游市场、女性商务旅游市场、中国老年旅游市场等。

第三节 全球国际旅游市场基本状况

一、全球国际旅游市场现状

1841年7月5日，英国人托马斯·库克采用包租火车的方式组织了570人从英国莱斯特到洛赫伯勒参加禁酒大会的团体旅游活动，此次活动被称为现代旅游业的开端。然而，在此之后的相当长一段时间内，世界旅游业的发展进程缓慢。

直到第二次世界大战结束之后，整个世界的主题是和平与发展，和平友好的政治环境和外交关系，高速发展的国家经济和世界经济，加之世界人口的快速增长，给现代旅游的发展带来了很好的环境。第二次世界大战结束后各国城市化进程加快，教育不断向广度和深度发展，民众好奇心的增长、求知欲增强，都成为了现代旅游业发展的支撑力量。1946 年 10 月，世界旅游组织（UNWTO）的前身国际官方旅游联盟（IUOTPO）在瑞士的日内瓦成立。1958 年，喷气式飞机应用于民用航空，经济型客舱也正式出现，从欧洲到北美洲的旅行时间缩短为原来的 1/3，仅需要 8 小时，自此国际观光旅游开始飞速发展。因此，现代旅游业是在第二次世界大战以后经历了一个迅速发展的过程。

第二次世界大战之后，世界旅游业发展十分迅速，旅游市场规模不断扩大，旅游业发展为世界范围的新兴产业和朝阳产业。除了 20 世纪 80 年代和 21 世纪初因全球经济危机影响外，全世界的旅游客流总量一直逐年稳步增加，呈现不断持续上升的趋势。

1950 年，全球国际旅游过夜人数达 2530 万人次，国际旅游外汇收入达 21 亿美元。此后，世界旅游业以每年 7. 1% 的速度高速增长。1960 年，全球国际旅游人数达 6930 万次，是 1950 年的 2. 74 倍，年均增长率高达 10. 6%；国际旅游收入为 69 亿美元，是 1950 年的 3. 29 倍，年均增长率为 12. 6%，远远高于当时世界经济的平均增长率。全球国际旅游人数和国际旅游收入的增长趋势在其后的 50 年来一直延续。1990 年，全球国际旅游人数达 4. 59 亿人次，是 1960 年的 6. 63 倍，年均增长率为 5%；国际旅游收入达 2678 亿美元，是 1960 年的 38 倍，年均增长率为 12. 9%，亦远远高于 1960—1990 年 30 多年间世界经济的平均增长率。除此之外，各个国家的国内旅游收入比国际旅游收入平均高出 2 ~ 3 倍，到了 20 世纪 80 年代和 20 世纪 90 年代，旅游业已经成为世界上最大的产业之一。就全球旅游者数量而言，从 1950—2000 年的 50 年中，基本每隔 10 年就会翻番，从 1950 年的 2500 万人次增加到 2000 年的 6. 7 亿人次；从 2000—2010 年的 10 年中，由于旅游者基数增大，增速有所放缓，但 10 年中仍然增加了 2. 7 亿人次，到 2010 年全球国际旅游人数达到 9. 4 亿人次。就世界旅游业收入增长速度而言，1950—2010 年的 60 年中年均增长率为 6. 9%，也基本是每隔 10 年左右就会翻番。其中，从 1950—1960 年的第一个 10 年，年均增长率为 10. 6%；依次第二个 10 年为 9. 1%，第三个 10 年为 5. 6%，第四个 10 年为 4. 8%，第五个 10 年为 4. 3%，第六个 10 年为 6. 5%。这 60 年间，世界经济的年均增长率基本都在 3% 以下，对比分析可知，世界旅游业收入增速明显高于同期世界经济年均增速。图 7 - 1、图 7 - 2 分别给出 2000—2012 年全球国际游客数量变化情况和全球国际旅游收入变化情况，可知，2000 年之后，全球旅游市场仍在高速发展，尽管在 2007—2009 年期间因全球经济危机因素引起旅游开支缩减及相应的全球国际旅游收入的下降，但全球国际游客人数并未明显下降，国际收入在 2009 年之后又呈现了爆发性增长。到 2012 年，全球国际旅游人数达到 10. 35 亿人次，突破 10 亿大关，旅游收入达到 10750 亿美元，国际旅游业经济总量占全球 GDP 的 10% 以上，旅游投资占投资总额的12%以上，旅游业的发展规模已经在世界经济的发展中占据了相当重要的地位。

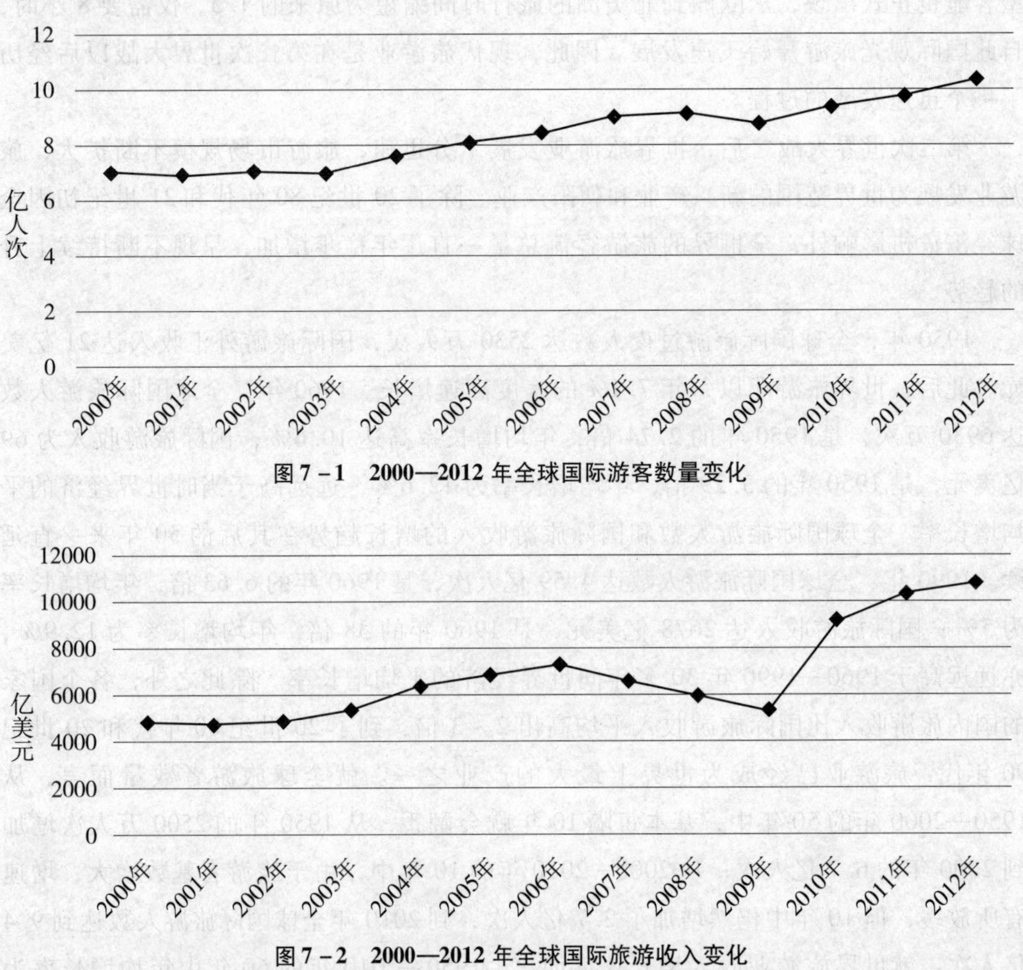

图7-1 2000—2012年全球国际游客数量变化

图7-2 2000—2012年全球国际旅游收入变化

二、全球国际旅游市场分布

按照世界旅游组织的划分方法，全球国际旅游市场划分为欧洲地区、美洲地区、东亚太地区、非洲地区、中东地区、南亚地区六个大区。由于南亚地区的国家经济发展水平相对而言比较落后，该地区出国旅游市场规模很小，且增长缓慢。世界旅游组织及其他国家在对全球旅游市场进行统计与分析时，将南亚与东亚合并，统称为亚太地区。以下对欧洲地区、亚太地区、美洲地区、非洲地区和中东地区五个区域市场进行分析。五大区域旅游市场于2002—2012年的国际旅游人数及其增长率如表7-3所示。

表 7-3 **2000—2012 年全球及各大区游客数量及增长**

年份	全球国际游客		欧洲国际游客		亚太国际游客		美洲国际游客		非洲国际游客		中东国际游客	
	数量（亿人次）	增长（%）	数量（亿人次）	增长（%）	数量（亿人次）	增长（%）	数量（亿人次）	增长（%）	数量（亿人次）	增长（%）	数量（亿人次）	增长（%）
2002	7.03	2.03	4	—	1.31	—	1.15	—	0.29	—	0.28	—
2003	6.94	-1.28	4.02	0.50	1.19	-9.16	1.12	-2.61	0.31	0.07	0.3	7.14
2004	7.6	9.51	4.14	2.99	1.53	28.57	1.24	10.71	0.33	0.06	0.35	16.67
2005	8.07	6.18	4.44	7.25	1.56	1.96	1.33	7.26	0.37	0.12	0.38	8.57
2006	8.43	4.46	4.59	3.38	1.67	7.05	1.36	2.26	0.4	0.08	0.41	7.89
2007	8.98	6.52	4.81	4.79	1.85	10.78	1.42	4.41	0.44	0.10	0.46	12.20
2008	9.13	1.67	4.89	1.66	1.88	1.62	1.48	4.23	0.47	0.07	0.53	15.22
2009	8.77	-3.94	4.6	-5.93	1.81	-3.72	1.4	-5.41	0.48	0.02	0.53	0.00
2010	9.35	6.61	4.71	2.39	2.04	12.71	1.51	7.86	0.49	0.02	0.6	13.21
2011	9.8	4.81	5.03	6.79	2.16	5.88	1.56	3.31	0.497	0.01	0.55	-7.67
2012	10.35	5.61	5.21	3.58	2.32	7.41	1.63	4.49	0.53	0.07	—	—

（一）欧洲市场

欧洲一直是世界国际旅游业最发达的地区。第二次世界大战结束以来，欧洲成为了全球国际旅游的重点接待地区，是全世界国际旅游的中心地区，同时也是最重要的国际旅游客源地。无论是国际旅游接待人次还是国际旅游收入上，在第二次世界大战结束之后欧洲市场一直遥遥领先，并稳步增长。长期以来，欧洲地区的国际游客接待量占全球国际游客接待总量一半以上。但由于其旅游业已经发展到比较高的水平，旅游市场的增长速度近些年开始趋缓，到 2012 年，欧洲接待国际旅游游客 5.21 亿人次，比 2011 年增长 3%，占到全球国际旅游游客的 50.3%。另外，由于欧洲主要旅游目的地旺季时十分拥挤，欧洲游客近些年跨洲长距离旅游较多，出国远程旅游呈现增长势头。

（二）美洲市场

除了欧洲外，美洲也是世界上最主要的国际旅游市场，是国际旅游业最发达的地区和全球国际旅游市场的重要客源地和目的地。一直以来，欧美两大地区互为客源地和目的地，是世界旅游流量最大的区域。但是，自 20 世纪 80 年代以后，与欧洲相同，美洲市场的出国旅游市场规模已接近“封顶”程度，出国旅游的增长速度很难有太大的提高，到了 21 世纪之后，美洲市场增长速度不如亚太地区，2002 年美洲的国际游客数量为 1.15 亿人次，比亚太地区少了 1600 万人次，退居世界旅游市场的第三位。其后，增速也一直不如亚太市场，到 2012 年，美洲地区接待国际旅游人数 1.63 亿人次，比 2011 年增长 4.49%，国际旅游人数仅占到全球国际旅游人数的 15.7%，不到欧洲市场的 1/3，仅为亚太市场的 70%。

（三）亚洲和太平洋市场（简称“亚太”市场）

“亚太”市场具体包括东亚太市场和南亚市场，其中东亚太市场又包括澳大利亚和东南亚在内，具体包括日本、中国香港、新加坡、中国、韩国、印度、泰国、澳大利亚、新西兰等国家和地区。在 20 世纪亚太地区是世界上排名第三的国际旅游接待地区，同时也是世界上第三大国际旅游客源市场。随着经济的持续快速增长，亚太地区成为了增长最快和潜力巨大的客源市场之一，特别是 20 世纪 90 年代之后，亚太地区的国际旅游业经历了一个高速发展的时期。在 1990—2000 年的 10 年间，亚太地区游客接待的年均增长率是 6.7%，而同期全球旅游业的年均增长率为 3.9%，亚太地区增速是全球增速的近 2 倍；亚太地区旅游收入的年均增长率为 7.1%，也远远超过全球旅游业 5.5% 的年均增长率；1990 年，亚太地区接待旅游者数量占全球接待人数的 12%，到 2000 年已经上升到 16%，1999 年旅游收入占全球旅游收入的 15%，到 2000 年增长到 17%。进入 21 世纪之后，亚太地区作为新兴旅游目的地快速兴起，旅游业发展势头强劲，保持高速增长，尽管在 2003 年受“非典”疫情影响，2009 年受全球金融危机影响，旅游业出现负增长，但其总体的发展趋势是持续增长的。2002 年全球国际旅游人数达 7.03 亿人次，其中亚太地区国际游客为 1.31 亿人次，超过美洲地区，开始成为全球第二大国际旅游目的地。到 2012 年，亚太地区的国际游客数量已达到 2.32 亿人次，比 2011 年增长 7.41%，是全球国际游客接待量增长最快的地区。

（四）非洲市场

非洲地区国际游客数量基数很小，在全球国际游客数量中所占比重非常少，近年国际旅游接待量增长较快。2002 年非洲地区接待国际游客数量仅为 2900 万人次，仅占到全球国际游客数量的 4.12%。但其增长趋势不容忽视，2002—2012 年，国际游客数量的年均增长率达 6.2%，到 2012 年非洲地区国际游客数量已经达到 5300 万人次，翻了一番。另外，非洲的国际旅游客源产生的量也不大，其规模还有待开发。

（五）中东市场

中东地区的很多产油国十分富裕，作为产生国际客源的旅游市场一直为世界所重视。但由于该地区人口基数小，加之战争、政治动荡和居民的旅游传统问题，其旅游业的发展一直比较缓慢，中东地区在整个世界的旅游市场中所占份额较少，其国际旅游业始终未得到充分发展。由于人口基数小，加之其国民尚缺乏外出旅游度假的习惯，中东地区在旅游业发展有限。2000 年之后，中东地区的旅游业开始回升，2002 年中东地区的国际游客数量为 2800 万人次，占全球旅游市场的 4%，到 2010 年，国际游客数量已增至 6000 万人次，增幅为 13.2%，占全球旅游市场的 6.4%。根据表 7-3 给出的中东国际游客数量的变化，可以很清晰地看到战争和时局动荡对中东旅游市场影响巨大，中东市场国际游客数量变化非常大，旅游业波动剧烈。

根据以上分析可知，世界旅游市场格局不是一成不变的。从 20 世纪 50 年代至今，欧洲地区和美洲地区一直是世界上最重要的国际旅游客源地和目的地，这两个区域之间的客流也是国际远程旅游中最大的客流。随着亚太地区经济的发展和国际旅游业的崛起，该地区不仅吸引着越来越多的欧美旅游者，而且向欧美地区输送国际旅游游客的能力也在不断增强，这种趋势自 20 世纪 80 年代中期以来表现得更加明显。

三、国际旅游客流规律

（一）近距离旅游比重大

在全球国际旅游市场中，近距离的出国旅游，特别是前往邻国的国际旅游，一直占据绝大比重。近距离出国游客数量约占全球国际游客数量的 80%。根据 20 世纪 90 年代初的统计，美洲出国旅游者中有 70% 是在美洲地区内各旅游目的地旅游，前往美洲地区之外旅游的游客仅占 30%；亚太地区出国旅游游客中有 75% 是在本地区内的目的国旅游，前往其他区域旅游的游客仅占 25%；欧洲更是有 79% 的出国旅游游客是在欧洲区域内旅游，前往欧洲以外的仅占 21%。近距离出国旅游尽管人次多，所占比重高，但其在旅游目的地的过夜天数（或逗留天数）和旅游消费额则分别只占同期全部国际旅游夜次（或天数）和消费总额的 43% 和 37%。近距离旅游在国际旅游市场中所占比重大主要有以下三个方面的原因。

1. 时间短、费用少

闲暇时间是旅游者外出旅游的必要条件之一，前往邻国或近距离旅游，其旅游目的地距离近，时间短，容易把握，能够节约为数可观的交通费用，国际旅游费用相对少，具有这种支付能力的人数量较多。

2. 交通便捷、手续简单

近距离旅游一般入境手续简单，交通方面也较为便利。例如欧洲的旅游者在区内旅游时多数是自己驾车出游。自驾旅行，方便、自由、省时，为近距离旅游带来了生机。随着各国家地区间交流和协作的加强，国家之间制定了很多有利的旅游政策，如国家之间互免签证、简化出入境手续，使旅游者消费更加方便。

3. 人文背景相似

邻近国家和地区的生活习俗、民族习惯、文化传统比较接近，语言容易沟通。在近距离旅游中，旅游者在食、住、行、游、购、娱等方面可能遇到的障碍都会比较少。

（二）客源集中在发达国家

国际旅游客流，特别是远程国际旅游，从20世纪50年代到21世纪初期，欧美一直是世界上最重要的国际旅游客源地，无论是在旅游人次上，还是在旅游消费额上，这两个地区一直都占据着统治地位。随着亚太地区社会经济的不断发展，该地区在世界国际旅游中的位置不断前进，2000年之后，全球国际旅游市场逐渐形成了欧、美和亚太地区三足鼎立的格局。在全球160多个国家和地区中，美国、法国、英国、加拿大、比利时、荷兰、日本、意大利、德国、奥地利、西班牙、瑞士、瑞典、澳大利亚、挪威、丹麦、爱尔兰和芬兰这18个经济发达国家产生了90%的国际旅游客源。尽管自20世纪60年代以后，国际旅游客流开始从发达国家向发展中国家扩展，国际旅游客源地分布发生了一些变化，但并没有从根本上改变国际旅游客流的总体发展趋势，国际旅游客流的主流仍然集中于发达国家。

相对而言，因为经济发达国家和地区的居民经济支付能力和可自由支配的时间更加充足，从而为人们外出旅游提供了必要的条件。另外发达国家和地区居民普遍受教育程度较高，追求精神享受的要求更加强烈。因此发达国家和地区往往成为主要的旅游客源地。而在经济不发达的国家和地区，除了基本的食宿需求以外，人们能够用于旅游活动的可自由支配的收入非常有限，因此外出旅游很难成行，这些国家和地区在全球国际旅游市场更多的是充当旅游目的地的角色。

（三）旅游目的地主要为风景名胜区和文化特色显著的地区

风景名胜区和文化特色显著的地区，一直是全球旅游市场最为重要的旅游目的地。旅游需求的指向性很强，旅游者的普遍希望通过旅游活动，获得享受、增长见识、丰富阅历，体验、欣赏本国、本地区没有的自然和人文景观。遍布世界各地的美丽的湖泊、海洋、沙滩和阳光以及独特悠久而又丰富多彩的历史文化资源吸引着全球国际游客，尤其是发达国家的游客前来度假、观光和游览。尽管旅游目的地国家的发达程度决定了旅游可进入性和配套设施的完善性，但旅游目的地并不取决于此，而是取决于有无吸引国际旅游客源的自然景观和文化旅游资源。除此之外，许多国家的政治、经济、文化中心也是重要的旅游目的地，这是因为，这些城市要么是一国之首都，一地区之首府；要么是文化名城。既是所在国家或地区的象征，荟萃该国或地区的经济发展水平、城市建筑和现代文化程度等各方面之精华；又是交通枢纽，成为该国或该地区游客的集散地。另外，这些城市经济发达，文化繁荣，信息集中，具有强大的经济活力、优越的物质条件、理想的生活方式和齐全的娱乐设施，这都对旅游者产生巨大的吸引力，能使旅游者在政治、经济、文化等方面获得满足。

四、现代旅游市场的发展特点

旅游业已经成为仅次于石油工业的世界第二大出口行业，是当代世界经济中不可缺少的组成部分，旅游市场发展迅猛，是世界市场中新兴的具有强大生命力的市场。研究现代旅游市场发展的特点，对于制定旅游市场经营的战略和开展旅游营销活动略至关重要。

（一）由国内旅游向国际旅游发展

旅游市场包括国内旅游市场、入境旅游市场和出境旅游市场三个部分。出境旅游市场和入境旅游市场统称为国际旅游市场。世界旅游业的发展，一般是在工业发达国家内的各地展开，当国内旅游活动已不能满足本国人民的需求时，出现了出国旅游活动和接纳外国人的入境旅游活动。这种由国内旅游逐步发展到国际旅游的模式，首先在西欧、北美一些发达国家，如欧洲、美国、日本等地出现。到了20世纪60年代后，国际旅游业得到了迅速发展，如欧洲地区，由于交通方便，距离较近，旅游设施条件较好，国际旅游接待人数一直占全球国际旅游总人数的70%左右，而欧洲各国之间的国际旅游人数则占欧洲接待国际旅游总人数的80%以上。此外日本、澳大利亚、美国、加拿大等国家，国际旅游也是高速发展。日本出国旅游在1956年仅为5.7万人次，30年后，出国旅行竟达到517万人次，几乎相当于1956年的91倍。1985年，美国出国旅游者就达到了2000多万人次，加拿大1300万人次。1986年，全世界不仅参加国内旅游的人数接近40亿人次，且国际旅游也达到3.25亿人次以上。国际旅游在国内旅游的基础上迅速发展，并与国内旅游相互促进，彼此结合，形成了现今强大的旅游客流和旅游市场体系。

（二）由团体旅游向个体旅游发展

从旅游市场来看，在现代旅游业发起阶段，一般是以团体旅游市场为主要形式，分散的个体旅游市场为次要形式。这是由于团体旅游手续简单，容易掌握，收益较大。随着旅游活动的大规模发展，团体旅游形式逐步被一些个体旅游、家庭旅游、结伴旅游等所替代。个体旅游可以随心所欲地选择风景观赏点，调整和改变旅行生活方式，灵活自在，不受团体行动的约束。所以个体旅游很快在旅游业比较发达、国际交通方便、私人占有小汽车较多的西欧、北美等发达国家发展起来。根据日本的一项调查统计，1964 年家庭旅游占旅游总人数的 19.7%，团体旅游占旅游总人数的 47.5%，但到了 1978 年，家庭旅游已上升至 38.5%，而团体旅游则下降为 31.4%。过去传统的以团体旅游为主要形式的市场格局逐渐转变为以个体旅游为主要形式的市场格局。进入 21 世纪之后，在追求个性化的浪潮下，旅游者越来越少的依赖旅行社固定包价旅游方式。即使是团体旅游也改变了过去那种单一的集体统一行动的形式，实行多样化的灵活办法，如集体出发，就地分散，或就地集中，游后分散等，把团体旅游与个体旅游两种活动形式和两种市场结合起来，以适应旅游者的个性化的需求。随着世界各地旅游设施的健全，服务水平的提高，预订服务网络的普及，个体旅游越来越方便，旅游者更为自由随意。个体旅游比重增加是国际旅游市场发展的必然趋势，也是旅游市场日趋成熟的一种表现。

（三）由基本旅游层次向提高旅游层次发展

旅游活动可分基本、提高和专门三个层次。基本旅游层次指旅游者的一般观光需求，也就是旅游者的基本需要和第一需要。离开了这一层次的需要，就使旅游失去了自身属性。传统的旅游活动大多是以参观名胜古迹，游览山水风光为主。提高层次，主要指度假、休闲、娱乐性的活动需求。近年来人们的旅游消费活动越来越个性化，除了一般的参观游览以外，主要转向了通过旅游达到休息和娱乐的目的。在国际旅游市场中，如度假旅游等非观光型旅游已经盛行，并取代观光旅游成为国际旅游市场的主体。专门层次是更高的一级旅游层次，如朝觐旅游、会议旅游、商务旅游、疗养旅游、狩猎旅游、登山旅游等，都是以专门旅游市场形式出现的。随着旅游者收入水平和需求层次的提高，大众化、千人一面传统的旅游产品，逐渐受到冷落，旅游者追求的是更加有特色的旅游产品，更加注重旅游的文化性。因此，在国际旅游市场上，消费群体进一步分化，形成追求主题化旅游的趋势。以上三个层次，逐级提高，反映了旅游市场的发展规律。

这一规律的基本内涵是：从基本的观光游览型市场转化为高级的休闲娱乐型和专门型市场。这种转化，无疑对现代旅游业提出了更高的要求，并引起旅游市场的一系列变化。休闲娱乐型和专门型旅游，更符合旅游者的爱好和兴趣，受到游客的欢迎。如欧洲地中海沿岸国家利用日光、海滩开展的海滨度假旅游；夏威夷、百慕大等海岛开展的海上冲浪、游艇和休养等旅游；美国加利福尼亚州和日本东京开辟的迪士尼游乐园以及各地品尝风味旅游、新婚旅游、体育旅游、疗养旅游等。

（四）由高消费旅游向旅游大众化发展

过去认为，旅游是富豪贵族享乐的活动，参加旅游的人多为社会中上层、有钱、有地位的人。但是，从20世纪60年代起，旅游不但在许多国家内普遍开展起来，而且形成了世界范围的国际旅游流。旅游作为人类广泛的社会地域活动已经遍及世界各个角落。世界旅游人数的高速增长。1986年，全球国际旅游总人数已达3.25亿人次，这是一个空前广泛而庞大的人类交流活动，标志着世界旅游业已经进入了大众旅游时代。其后，世界旅游业仍保持高速发展，1995年全球国际旅游总人数约5.34亿人次，到2012年更是高达10.35亿人次。以欧洲为例，整个欧洲共有人口4.4亿左右，1986年旅游人数达2亿以上；英国人口为5600万，1982年出国旅游人数为2061万，国内旅游度假在1~3夜的有3200万人次，4夜以上的有4000万人次。可见其旅游的广泛性和大众性。又如日本，1979年国内旅游人数达1.63亿人次，占全国人口总数的1.48倍，平均每人每年旅游1.5次；到1983年，国内旅游人数增至2.59亿人次，平均每人每年旅游2次以上。大众旅游时代的到来，给旅游市场发展提出了一系列的研究新课题，旅游目的地及旅游市场经营者要根据大众化的市场特点，来组织丰富多彩的旅游项目，以满足社会大众对旅游的各种偏好和需求。

（五）从发达国家旅游向发展中国家旅游发展

20世纪60年代初，国际旅游主要是在欧美等西方经济发达国家之间进行，其市场范围并不太大。从20世纪60年代后期开始，亚洲的日本、新加坡、泰国、菲律宾，大洋洲的澳大利亚和附近岛群，拉丁美洲的一些临海国家，非洲的突尼斯、埃及、阿尔及利亚等北非国家，也陆续开展了国际旅游活动。到了20世纪70年代，世界上已形成由六大区组成的全球性的国际旅游市场格局。广大的亚非拉第三世界国家及发展中国家的参加，对改变世界国际旅游业面貌和结构，起了积极的作用。以北非为例，近年来国际旅游业发展迅速。这是因为北非地处地中海南岸，隔海与欧洲为邻，交通便利，距离又近，是欧洲国际旅游者寻找阳光、温暖、沙滩等疗养和避寒游览胜地。又如突尼斯，在1962年开始发展旅游业，当年就招徕欧美游客5万人次，到了1978年，该国接待的国际旅游人数已达114万以上，不到20年时间旅游人数就翻了4~5番。亚太地区的国际旅游发展更为迅猛。1962年，亚太地区接待国际旅游者仅有150万人次，但到了1972年，就增至540万人，1982年又增至2300万人，相当于1962年的15倍。其发展速度一直是全球上最快的一个地区。亚太旅游区几个主要新兴旅游国和地区，如新加坡、中国香港、中国等接待旅游人数一直高速增长。以上事实说明，亚非拉等发展中国家和地区的旅游业，正以高速发展的姿态活跃在国际旅游市场上，吸引着世界各国的旅游者。全球旅游市场正在从传统的发达国家向发展中国家转移和扩张。

全球国际旅游市场可划分为欧洲、美洲、亚太、非洲和中东五个大区，自20世纪50年代以来欧美一直是世界上最重要的国际旅游客源区和接待区，而随着亚太地区经济的发展和国际旅游业的崛起，全球旅游市场区域结构也发生了变化。二战后国际旅游客流的规律和特点有近距离旅游比重大、客源集中在发达国家，旅游目的地集中在风景名胜区和历史文化区。现代旅游市场表现出由国内旅游向国际旅游发展、由团体旅游向个体旅游发展、由基本旅游层次向提高旅游层次发展、由高消费旅游向旅游大众化发展等特点。

第四节　我国的入境旅游市场

一、我国入境旅游市场概述

（一）我国入境旅游基本情况

新中国成立后，改革开放之前，我国的入境旅游市场规模小，主要以政治接待为主，并未形成产业。入境旅游市场真正形成是在1978年改革开放以后，在对外开放政策的推动下，我国的入境旅游市场得以业迅猛发展。

1978年，我国入境旅游人数仅为180.92万人次，其中接待的入境过夜旅游人数为71.6万人次，国际旅游外汇收入为2.63亿美元。在此之后，我国入境游客数、入境过夜游客数和国际旅游外汇收入一直保持稳步增长，获得了长足发展。1987年，我国接待入境过夜旅游人数突破1000万人次大关。1980年我国的入境过夜旅游者人数世界排名28位，国际旅游外汇收入世界排名34位；到了2004年，入境旅游人数和旅游外汇收入的世界排名分别上升到第4位和第7位，取得了举世瞩目的成绩。2002年，我国以9791万人次的入境旅游接待量，成为亚洲第一大旅游目的地国家；2011年，我国成功超越西班牙成为世界第三大旅游目的地国家；2013年，我国的入境旅游人数达到12907.78万人次，是1978年的71倍；入境过夜游客数达5568.59万人次，是1978年的78倍；国际旅游外汇达到516.63亿美元，是1978年的196倍，入境旅游人次和外汇收入同列世界第四位，成为全球第四大入境旅游目的地国；我国的旅游业用了30年的时间，赶上并超过许多国家旅游业发展步伐，大大超出了当初国内外旅游业界和学者的预期，为发展中国家实施赶超战略树立了成功典范。

表7-4给出1978—2013年我国入境旅游人数和国际旅游外汇收入变化情况。除了1989年、2003年、2008年和2012年分别受学潮、“非典”、金融危机和美国次贷危机的影响，我国的入境游客出现负增长外，其他年份均以较高的比率增长。1978—2000年，经过20多年的积累，我国的入境旅游业已形成了一定的规模，入境旅游人数达到了一个较大的积数，因此自2000年以后，我国的入境旅游市场的增长开始趋缓，主要

表现在入境旅游人数和入境过夜旅游人数的增长率开始下降，而国际旅游外汇收入在大多数年份仍保持两位数增长。

表 7-4　　1978—2012 年我国入境旅游人数和旅游（外汇）收入情况

年份	入境游客		入境过夜游客		国际旅游外汇	
	人数（万人次）	增长率（%）	人数（万人次）	增长率（%）	收入（百万美元）	增长率（%）
1978	180.92	—	71.6	—	262	—
1979	420.93	132.66	152.9	113.55	449	71.37
1980	570.25	35.47	350	128.91	617	37.42
1981	776.71	36.21	376.7	7.63	785	27.23
1982	792.43	2.02	392.4	4.17	843	7.39
1983	947.7	19.59	379.1	-3.39	941	11.63
1984	1285.22	35.61	514.1	35.61	1131	20.19
1085	1783.31	38.76	713.3	38.75	1250	10.52
1986	2281.95	27.96	199.1	-72.09	1531	22.48
1987	2690.23	17.89	1076	440.43	1862	21.62
1988	3169.48	17.81	1236.1	14.88	2247	20.68
1989	2450.14	-22.70	936.1	-24.27	1860	-17.22
1990	2746.18	12.08	1048.4	12.00	2218	19.25
1991	3334.98	21.44	1246.4	18.89	2845	28.27
1992	3811.49	14.29	1651.2	32.48	3947	38.73
1993	4252.69	11.58	1898.2	14.96	4683	18.65
1994	4368.45	2.72	2107	11.00	7323	56.37
1995	4638.65	6.19	2003.4	-4.92	8733	19.25
1996	5112.75	10.22	2276.5	13.63	10200	16.80
1997	5758.79	12.64	2377	4.41	12074	18.37
1998	6347.84	10.23	2507.3	5.48	12602	4.37
1999	7279.56	14.68	2704.7	7.87	14099	11.88
2000	8344.39	14.63	3122.9	15.46	16224	15.07
2001	8901.29	6.67	3316.7	6.21	17792	9.66
2002	9790.83	9.99	3680.3	10.96	20385	14.57
2003	9166.21	-6.38	3297.1	-10.41	17406	-14.61
2004	10903.82	18.96	4176.1	26.66	25739	47.87
2005	12029.23	10.32	4680.9	12.09	29296	13.82
2006	12494.21	3.87	4991.3	6.63	33949	15.88
2007	13187.33	5.55	5471.98	9.63	41919	23.48
2008	13002.74	-1.40	5304.92	-3.05	40843	-2.57

续 表

年份	入境游客		入境过夜游客		国际旅游外汇	
	人数（万人次）	增长率（%）	人数（万人次）	增长率（%）	收入（百万美元）	增长率（%）
2009	12647.59	-2.73	5087.52	-4.10	39675	-2.86
2010	13376.22	5.76	5566.45	9.41	45814	15.47
2011	13542.35	1.24	5758.07	3.44	48463.86	5.78
2012	13240.53	-2.23	5772.49	0.25	50028.08	3.23
2013	12907.78	-2.51	5568.59	-3.53	51663.54	3.27

（二）我国入境旅游市场客源构成

入境旅游是指非该国的居民在该国的疆域内进行的旅游。根据我国目前对入境旅游者所作的技术性定义，我国的入境旅游市场包括外国人（包括外籍华人在内）、港澳同胞和台湾同胞三个市场。

表7-5给出了外国人、港澳同胞、台湾同胞在1994—2013年入境旅游的游客数量及增长率。我国入境游客主要以港澳同胞为主，外国人次之，台湾同胞所占比例较小。1978年，我国的入境旅游市场中，港澳同胞157.96万人次，占到总体的87.3%，外国人22.96万人次，占到总体的12.7%；2013年，港澳同胞9762.5万人次，占到总体的75.6%，30多年里增幅达62倍，外国人为2629.03万人次，增幅达114倍，占到当年整体入境旅游的20.4%，台湾同胞516.25万人次，占到当年整体入境旅游的4%。尽管外国入境旅游所占比重小于港澳同胞，但其增长速度最快，超过了平均增长速度。

表7-5　　1994—2013年我国入境旅游

年份	整体入境旅游		外国人入境旅游		港澳同胞入境旅游		台湾同胞入境旅游	
	游客数量（万人次）	增长率（%）	游客数量（万人次）	增长率（%）	游客数量（万人次）	增长率（%）	游客数量（万人次）	增长率（%）
1994	4368.45	—	518.21	—	3699.7	—	139.02	—
1995	4638.65	6.19	588.67	13.60	3885.17	5.01	153.23	10.22
1996	5112.75	10.22	674.43	14.57	4249.47	9.38	173.39	13.16
1997	5758.79	12.64	742.8	10.14	4794.33	12.82	211.76	22.13
1998	6347.84	10.23	710.77	-4.31	5407.54	12.79	217.46	2.69
1999	7279.56	14.68	843.23	18.64	6167.06	14.05	258.46	18.85
2000	8344.39	14.63	1016.04	20.49	7009.93	13.67	310.86	20.27
2001	8901.29	6.67	1122.64	10.49	7434.45	6.06	344.2	10.73
2002	9790.83	9.99	1343.95	19.71	8080.82	8.69	366.06	6.35

续 表

年份	整体入境旅游		外国人入境旅游		港澳同胞入境旅游		台湾同胞入境旅游	
	游客数量（万人次）	增长率（%）	游客数量（万人次）	增长率（%）	游客数量（万人次）	增长率（%）	游客数量（万人次）	增长率（%）
2003	9166.21	-6.38	1140.29	-15.15	7752.73	-4.06	273.19	-25.37
2004	10903.82	18.96	1693.25	48.49	8842.05	14.05	368.53	34.90
2005	12029.23	10.32	2025.51	19.62	9592.79	8.49	410.92	11.50
2006	12494.21	3.87	2221.03	9.65	9831.84	2.49	441.35	7.41
2007	13187.33	5.55	2610.97	17.56	10113.57	2.87	462.79	4.86
2008	13002.74	-1.40	2432.53	-6.83	10131.65	0.18	438.56	-5.24
2009	12647.59	-2.73	2193.75	-9.82	10005.44	-1.25	448.4	2.24
2010	13376.22	5.76	2612.69	19.10	10249.48	2.44	514.06	14.64
2011	13542.35	1.24	2711.2	3.77	10304.85	0.54	526.3	2.38
2012	13240.53	-2.23	2719.16	0.29	9987.35	-3.08	534.02	1.47
2013	12907.78	-2.51	2629.03	-3.31	9762.5	-2.25	516.25	-3.33

（三）外国人入境旅游客源地区分布

表 7-6　　**1997—2013 年外国人入境旅游市场人数及所占比重**

年份	亚洲		非洲		欧洲		拉丁美洲		北美洲		大洋洲及太平洋岛屿	
	人数（万人次）	比重（%）	人数（万人次）	比重（%）	人数（万人次）	比重（%）	人数（万人次）	比重（%）	人数（万人次）	比重（%）	人数（万人次）	比重（%）
1997	428.17	57.64	4.91	0.66	201.83	27.17	7.66	1.03	79.05	10.64	19.35	2.61
1998	400.06	56.29	5.43	0.76	187.33	26.36	7.46	1.05	87.33	12.29	22.48	3.16
1999	499.27	59.21	5.21	0.62	211.27	25.05	7.59	0.90	95.01	11.27	24.38	2.89
2000	610.15	60.05	6.56	0.65	248.9	24.50	8.29	0.82	113.28	11.15	28.18	2.77
2001	686.42	61.14	7.32	0.65	268.38	23.91	7.45	0.66	120.31	10.72	30.97	2.76
2002	851.89	63.39	9.85	0.73	294.86	21.94	9.66	0.72	141.26	10.51	35.32	2.63
2003	726.08	63.68	10.42	0.91	260	22.80	8.01	0.70	105.29	9.23	29.98	2.63
2004	1073.14	63.38	17.34	1.02	377.71	22.31	13.25	0.78	165.67	9.78	45.19	2.67
2005	1249.99	61.71	23.8	1.18	479.14	23.66	16.05	0.79	198.53	9.80	57.36	2.83
2006	1358.82	61.18	29.38	1.32	527.96	23.77	19.58	0.88	221	9.95	63.86	2.88
2007	1606.12	61.51	37.91	1.45	621.68	23.81	24.26	0.93	256.15	9.81	72.85	2.79
2008	1455.1	59.82	37.84	1.56	612.33	25.17	26.03	1.07	232.12	9.54	68.88	2.83
2009	1377.93	62.81	40.12	1.83	459.11	20.93	23.1	1.05	226.01	10.30	67.24	3.07
2010	1617.86	61.92	46.36	1.77	569.79	21.81	30.05	1.15	269.49	10.31	78.93	3.02
2011	1662.32	61.31	48.88	1.80	593.78	21.90	33.69	1.24	286.42	10.56	85.93	3.17
2012	1662.22	61.13	52.49	1.93	594.82	21.88	35.31	1.30	282.64	10.39	91.49	3.36
2013	1606.01	61.09	55.27	2.10	568.81	21.64	35.43	1.35	276.95	10.53	86.34	3.28

我国的入境旅游市场中的外国人入境旅游市场包括亚洲、欧洲、北美洲、拉丁美洲、大洋洲和非洲六大市场。表7－6给出这六大市场在1997—2013年入境旅游人数及所占比重变化情况。根据表7－6，外国人来华旅游市场规模按照大小排列依次是亚洲市场、欧洲市场、北美洲市场、大洋洲市场、拉丁美洲市场、非洲市场。

亚洲游客是我国最重要的外国人入境旅游客源市场，始终处于六大地区之首，亚洲入境旅游者数量占到总体外国人入境旅游市场的一半以上。1997年，亚洲入境游客数量为428.17万人次，占到外国人入境游客总数的57.64%，到了2013年，亚洲入境游客数量达1606.01万人次，其比重也上升到61.09%，1997—2013年17年间年均增长率达9.7%。之所以亚洲是我国最大的入境客源市场，主要是因为文化的趋同性和近年来亚洲人民生活水平的逐步提高，这使得入境旅游的人数普遍高于其他洲的游客人数。

欧洲是外国人入境旅游的第二大客源市场，1997年，欧洲入境游客数量为201.83万人次，占到外国人入境游客总数的27.17%，到了2013年，欧洲入境游客数量达568.81万人次，所占比重下降到21.64%，欧洲市场的入境旅游人数稳步上升，1997—2013年的年均增长率达7.9%，但在整理入境旅游人数中的所占比重却在不断的下降。

北美洲是外国人入境旅游的第三大客源市场，1997年，北美洲入境游客数量为79.05万人次，占到外国人入境游客总数的10.64%，到了2013年，北美洲入境游客数量上升为276.95万人次，占到外国人入境游客总数的10.53%，北美洲入境旅游人数也是稳步上升，1997—2013年的年均增长率达9.5%，其所占比重变化也不大。欧洲是世界上最大的旅游客源输出地，北美洲也是仅次于欧洲和亚洲的第三大客源输出地，但是由于距我国遥远，历史文化、生活方式、价值观念差距等原因，不是我国最为重要的旅游客源地。

大洋洲及太平洋岛屿国家地区入境游客在我国的外国人入境游客总数中也占有一定的比重，其数量与所占比重均稳步上升，1997年，大洋洲及太平洋岛屿国家地区入境游客数量为19.35万人次，占到外国人入境游客总数的2.61%，到了2013年，数量达86.34万人次，其比重也上升到3.28%，1997—2013年的年均增长率达10.7%；大洋洲尽管与我国的距离相对欧美国家较近，近些年也是以较快的比例增长，但由于人数有限，在整体入境市场中所占比重不会发生太大变化。

除此之外，非洲和拉丁美洲的入境旅游者也占到一定的比重，在1997年的入境旅游者数量分别为4.91万人次和7.66万人次，所占比重分别为0.66%和1.03%，但1997—2013年中，发展却非常快，年均增长率分别为17.%和11.6%，均超过了整体入境市场的年均增长率。到2013年，非洲入境旅游人数已达到55.27万人次，占到整体入境旅游市场的2.10%，拉美入境旅游人数也达到了35.43万人次，占到整体入境旅游市场的1.35%。尽管到目前为止其基数和所占比重较小，但鉴于近些年部分国家的经济崛起以及与中国的友好合作关系，属于潜力市场。

二、我国主要的入境旅游客源国

我国改革开放仅30多年，入境旅游发展迅速，但由于与许多国家的关系尚处在发展或调整中，又受到周边国家近年来政局变化的影响，我国入境旅游的主要客源国并不稳定，尤其是在20世纪90年代后期，主要国际客源国的范围和排列顺序发生了明显的变化。表7－7给出了1981—2013年部分年份外国人入境旅游前10位客源国的范围和排序，该表分别根据1981年、1988年、1990年、1995年、1997年、2002年、2007年、2012年、2013年外国人入境旅游次的多少进行排列编制。根据2013年的统计，我国入境旅游主要客源国排名前10位依次为韩国、日本、俄罗斯、美国、马来西亚、蒙古、菲律宾、新加坡、澳大利亚和加拿大。在这10个国家中，有6个在亚洲，1个在欧洲，2个在美洲，1个在大洋洲，而在1981年，前10名的国家中，亚洲国家仅占2个，即日本，2个在北美洲，2个在大洋洲，其余均在欧洲国家。以下分别就这些主要的客源国进行介绍。

表7－7　外国人入境旅游前10位客源国的范围和排序

排序	1981年	1988年	1990年	1995年	1997年	2002年	2007年	2012年	2013年
1	日本	日本	韩国	日本	日本	日本	韩国	韩国	韩国
2	美国	美国	日本	韩国	俄罗斯	韩国	日本	日本	日本
3	英国	英国	美国	美国	韩国	俄罗斯	俄罗斯	俄罗斯	俄罗斯
4	澳大利亚	德国	俄罗斯	俄罗斯	美国	美国	美国	美国	美国
5	菲律宾	菲律宾	菲律宾	蒙古	马来西亚	马来西亚	马来西亚	马来西亚	马来西亚
6	法国	泰国	英国	新加坡	蒙古	菲律宾	新加坡	新加坡	蒙古
7	新加坡	新加坡	新加坡	马来西亚	新加坡	新加坡	菲律宾	蒙古	菲律宾
8	德国	法国	泰国	菲律宾	菲律宾	蒙古	蒙古	菲律宾	新加坡
9	泰国	加拿大	德国	英国	英国	泰国	泰国	澳大利亚	澳大利亚
10	加拿大	澳大利亚	法国	泰国	德国	英国	澳大利亚	加拿大	加拿大

（一）韩国市场

韩国地处东北亚朝鲜半岛南部，与胶东半岛隔海相望。自20世纪60年代以来，韩国政府实行了“出口主导型”开发经济战略，推动了韩国经济的飞速发展，目前是拥有完善市场经济制度的经合组织发达国家。韩国是20国集团和经合组织（OECD）成员之一，也是亚洲四小龙之一。截至2010年，韩国总人口5008.7万，主要民族为朝鲜族。

韩国是我国入境旅游发展最快的外国市场。自1989年开始，韩国政府放宽了对民众前往中国等社会主义国家旅游的限制，韩国民众出游数量剧增；1992年，中韩正式建交之后，来华旅游的韩国人迅猛增加，到了1996年，韩国已成为我国的第二大客源国。2001年后，韩国入境旅游市场持续高速增长，到2005年，韩国入境旅游人数已达到354.53万人次，比上年增长了24.62%，首次超过日本成为我国的第一大客源国。其后，除了2009年外，一直为我国的最大的客源国，到了2013年，韩国入境人数已达到396.9万人次。

中韩两国地理临近、文化亲和以及近些年的政策因素都促使中韩两国在民间的经济、文化交往等方面互为第一大入境客源国。首先，中韩两国一衣带水、隔海相望，地理临近，与我国的旅行距离无论是海上航程还是空中航程都较短，中韩两国主要大城市之间均有航班，可进入性强。其次，两国文化相近，关系源远流长，历史上曾使用过共同文字，韩国深受中华文化的影响，其生活习惯、礼仪习俗和道德观念等均与我国相近，聚集在我国东北的200万朝鲜族民众与韩国人同根同源；再次，韩国是亚洲经济实力较强的国家，中韩两国在经济发展方面有互补性，两国之间贸易往来频繁，近些年韩国来华商务考察和投资也带动了韩国入境旅游市场；最后，韩国政府对国内旅游和出境旅游的发展给予政策性的支持，政府出台“奖励健康的消费行为”政策，在国家发展计划中优先发展旅游业，韩国与我国许多省市都建立了友好合作关系。这些都使得韩国成为我国入境旅游市场的第一大客源国。

（二）日本市场

日本位于亚洲东部、太平洋西北部，是一个岛屿国家，也是亚洲地区人口密度最高的国家之一。第二次世界大战结束之后，日本经济高速发展，出境旅游随着迅速发展，是亚洲重要的客源输出国之一。自1964年开始，日本出境旅游市场经历了半个多世纪的持续高速的发展，目前，在其1.3亿人口中，年均出境旅游规模在1700万人次左右。

2002年，日本访华292万人次，占当年日本出境人数的12%，接近当年我国接待外国人数的1/4。2004年，日本入境旅游者达333.43万人次，2005年，日本来华旅游总量为339万人次，比上年上涨了17%，但由于韩国更快的增长，日本开始降为第二位，此后一直保持低速缓慢增长。到2013年，受国际经济和汇率影响，日本入境旅游人数仅为287.75，比上年下降了18.2%，但仍为我国第二大入境旅游客源国。

我国发展旅游业30多年，日本在绝大部分时间都是我国入境旅游的最大外国客源市场，其地位非同一般。日本经济发达，是仅次于美国的经济大国，随着对外贸易顺差的扩大，日本政府自20世纪80年代中期开始，一直鼓励国民出国旅游。日本与中国一衣带水，有地理交通之便。作为近邻，自秦汉时期就已有交流往来，尽管两国关系经常受政治因素，历史因素影响，但两国旅游业进一步发展的条件仍十分优越，前景广阔。1972年后，中日正式建立外交关系，双边贸易、投资、文化和旅游活动发展迅速。另外，中日文化交往也有着悠久的历史渊源。然而，进入21世纪之后，日本经济低迷、日元汇率变动以及中日关系紧张等因素都使得近几年日本来华旅游市场增长疲软。

（三）俄罗斯市场

俄罗斯是一个地跨欧亚大陆的大国，同我国有着漫长的边界线，两国之间有地理交通之便，也有着友好交往的历史，俄罗斯目前是我国第三大入境客源国。长期以来，俄罗斯入境旅游市场以边贸为主，购物消费支出比例大，近几年观光、度假旅游发展也很快。1997年开始，俄罗斯入境旅游人数达81.37万人次，超过美国，成为继韩国和日本之后我国入境旅游的第三大客源国。此后一直保持着稳定的速度增长。2000年中俄两国签订《中俄互免团体旅游签证协定》，国内19个省区均可以办理俄罗斯团体免签，这项协定对于保证边境游市场的继续稳定和扩大有重要意义。到2012年，俄罗斯入境旅游人数达242.61万人次。

俄罗斯入境旅游市场的发展得益于以下四方面原因。第一，从地理位置上来看，俄罗斯是我国的近邻，边境贸易的发展很大程度上推动了中俄之间的旅游和文化交流，边境贸易游也是中俄旅游的起源和区别于其他客源国的独有特点。鉴于这种优势，与其他国家游客选择飞机的旅游方式不同，俄罗斯游客入境的交通方式多以汽车和轮船为主，更加的方便和快捷，这也是俄罗斯入境旅游市场的突出特点之一。但是，中俄边境之间往来的游客绝大多数为一日游游客，旅游花费少，对旅游经济的刺激作用有限。第二，我国具有丰富、优势和得天独厚的旅游气候资源。温暖湿润的气候、阳光明媚的海滩、神秘莫测的中医治疗等都对常年居住在寒冷地区的俄罗斯游客来说具有强大的吸引力。第三，俄罗斯民族与中华民族一样，具有辉煌深厚的历史文化底蕴，这也影响俄罗斯人对历史文化的推崇和热爱。第四，中俄互为最大邻国，都视对方为重要发展机遇和主要的优先发展伙伴。当前，中俄关系已从睦邻友好、全面双边合作的建设性伙伴关系上升为战略协作伙伴关系。在旅游发展方面，俄罗斯是我国第三大外国游客客源国，我国是俄罗斯的第二大客源国。中俄两国旅游资源互补性强，旅游合作内容丰富，旅游合作机制不断完善。

（四）北美市场

北美市场是指美国、加拿大和墨西哥三个主要国家。

长期以来，美国一直是世界出游大国，年出国旅游人次数仅次于德国和英国，在全世界排名第三，国际旅游支出则居世界首位。自1980年以来美国入境旅游者数量一直是我国入境旅游客源国的前四位，也是我国第一大远程客源国，在我国入境旅游市场中占据着举足轻重的地位。在30多年的发展过程中，美国入境旅游市场规模从1980年的10.15万人次扩展到2012年的211.81万人次，除了1989—1990年、2002—2003年和2008—2009年出现的短暂滑坡之外，一直呈上升趋势。但是，自2002年突破百万人次大关后，美国入境旅游市场的年绝对增长量和年增长率一直比较缓慢。美国市场潜力巨大，但季节性明显，主要集中在3月、6月、7月和12月，亚洲并不是美国人的主要旅游目的地，但其占美国出境市场的份额逐年上升。2010年美国全年出境游人数达6030万人次，占美国总人口的20%，而我国接待的美国游客仅占美国出境旅游总人数的2.08%。

加拿大作为一个国际旅游发达的国家，市场发育程度高，出国旅游市场稳定。加拿大入境旅游市场一直平稳增长，在2000—2007年入境旅游人数年增长率均在10%以上。2007年加拿大入境旅游人数达到57.72万人次，较2006年增长15.5%。2009年，加拿大来华入境旅游人数达到55.03万人次，比上一年增长了2.9%，首次位居我国入境旅游客源国第10位，到2012年，加拿大来华旅游人数达到70.03万人次。但加拿大在2008—2009年、2012—2013年由于受到美国经济危机，加元贬值等因素的影响也出现了入境旅游人数的负增长现象。加拿大入境旅游发展得益于以下两个方面：第一，加拿大经济稳定，中加双边交往密切，市场环境良好，加拿大政府的央行经济政策及金融监管体系稳健，作为加拿大第二大贸易伙伴国，中加两国在政治、经济、文化、教育等领域的双边合作日渐密切，有力地促进了旅游双向交流和发展，并为加拿大入境旅游市场创造了良好的经济和社会环境。第二，中加之间航班运力的不断提升，进一步拓展了加拿大入境旅游市场的发展空间。值得注意的是目前加拿大入境旅游的市场份额较小，尤其是相比美国入境旅游市场而言。因此对于我国来说，加拿大是一个潜力非常大的市场。

（五）东南亚市场

东南亚游客是我国传统的客源市场，市场发展相对成熟。东南亚地区共有11个国家，包括越南、老挝、柬埔寨、泰国、缅甸、马来西亚、新加坡、印度尼西亚、文莱、菲律宾、东帝汶。其中，印度尼西亚、马来西亚、菲律宾、新加坡、泰国5

个国家的旅游人数在我国整体入境旅游中所占比重都比较大。东南亚入境旅游游客数量稳步增长，每年占我国入境游客总人数的15%左右。从空间分布来看，东南亚入境旅游的空间集中度非常高，主要集中在广东、江苏、浙江、上海、广西、云南、福建、北京、四川9省（直辖市），接待了东南亚入境旅游游客总数的80%，距离是影响东南亚入境旅游的重要因素。上述9省（直辖市）中，仅北京属于北方地区，其余8省（直辖市）均属于南方地区，和东南亚地区存在着地理空间上的接近性，特别是云南和广西两省区，虽然经济发展水平不高，但由于地理上和东南亚各国毗邻，接待的东南亚游客数量非常多。

东南亚入境旅游市场有其自身的优势，存在巨大的潜力，主要包括以下三方面原因。第一，从上古时代的民族迁徙，一直延续到近代甚至更晚的大批中国人下南洋和其他的官方与民间友好往来，形成了东南亚与我国十分密切的经济、文化、民族关系。目前东南亚与我国贸易与经济合作关系发展良好，签署了一系列经济、贸易、技术、税收、海关等合作协议，还专门成立了中国与东盟经济委员会以加强包括旅游在内的合作。第二，东南亚10个国家，近5亿人口中有2500万的华人华侨，他们不仅有浓厚的中国文化情结，而且经济条件相对较好，有较强的到我国入境旅游消费欲望和能力，构成东南亚入境旅游市场的中坚力量。第三，东南亚与我国或陆地相接壤，或隔海相望，旅行比较近便，地缘优势十分突出。到我国旅游旅程短，费时少，费用也较低，一直是东南亚人区域外旅游的一个重要选择。

马来西亚是我国的重要旅游客源国。1989年后，马来西亚政府逐渐放宽公民到我国入境旅游限制，马来西亚来华旅游人数不断增加，1990年为3.7万人次，1996年，马来西亚超过新加坡成为东南亚入境旅游市场最大的客源国，稳居我国入境旅游外国人市场第五位。2007年，马来西亚入境旅游游客人数突破百万人次大关，达到106.19万人次。2012年，马来西亚入境旅游游客人数达到123.55万人次。新加坡来华入境旅游也一直稳居我国入境市场的前10位，1995年为26.15万人次，2000年，新加坡入境人数达39.94万人次。2010年，突破100万人次，达100.37万人次，是东南亚第二大入境旅游市场的客源国。

（六）蒙古

蒙古国地处亚洲中部的蒙古高原，蒙古国东、南、西三面与我国接壤，其北面同俄罗斯的西伯利亚为邻。蒙古国的经济以畜牧业和采矿业为主，2013年蒙古国人口为294万人，蒙古族约占全国人口的80%。

蒙古国南、东、西三面与我国接壤，距中国路途短，交通方便，陆地的交通工具均能到达。中国的都市风貌吸引着蒙古国游客，近年来蒙古国来华入境旅游游客稳步增长，已成为我国入境旅游的前10位客源国。2012年，蒙古国来华入境旅游人数超过100万，达到101.05万人次，比上年增长1.6%，增长势头劲猛。2013年我国入境旅游总体下降，日、韩、俄罗斯等主要客源国均有不同程度的下降的背景下，蒙古国来华入境人数仍保持3.9%的增长速度，全年入境旅游人数达105万人次。但蒙古国来华旅游的游客主要是边贸旅游和边境旅游。

（七）澳大利亚市场

澳大利亚是目前世界上前20个主要国际旅游客源国之一，也是亚太地区少数发达国家之一。同欧美国家相比，澳大利亚距离我国较近，而且航空交通十分方便。澳大利亚是我国在南半球最大的客源国，也是我国入境旅游中发展很快的新兴市场。1980—1985年，澳大利亚入境旅游人次年均增长近30%，占整个入境市场的5%～7%，是仅次于日本和美国的第三大客源国；20世纪80年代后期由于澳大利亚经济不景气，入境旅游人次逐年下滑，“非典”之后，澳大利亚入境旅游客源市场反弹势头强劲，在4年内实现了之前12年才完成的游客累积增长量，并于2007年重新成为我国十大客源国之一。2011—2012年，在旅游交流的《中澳联合声明》和澳大利亚首届“中国文化年”的共同推动下，连续两年入境旅游人数达到历史新高，分别为77.43万人次和72.62万人次，位列中国入境旅游市场的第九位。澳大利亚入境旅游客源市场的旺季要明显长于淡季，季节性强度指数变化很小，较为稳定。

（八）西欧市场

西欧地区是西方资本主义发达国家集中区域，也是世界上最主要的国际旅游客源市场。欧洲各国入境旅游市场是我国入境旅游的重要组成部分，其中又以英国、德国和法国最为重要。尽管西欧客源在国际旅游市场上地位非常重要，但相比亚洲客源国，欧洲客源国入境旅游市场份额很低，近些年的市场增长更是乏力，涨幅仅保持在1%左右。2008年以后，西欧国家均没有进入中国入境旅游客源国的前10位。2011年，欧洲出境旅游人数达4.276亿人次，中国接待欧洲游客人数为594.82万人次，仅占其出境总人数的13.91%。入境旅游欧洲游客人数的增长相对于快速膨胀的欧洲出境市场来说，涨势明显不足。西欧市场增长缓慢是由多方面因素决定的。首先，欧洲游客尤其是欧盟成员国等国家游客的出境游表现出较强的区域性，即更倾向于洲内游，西欧国家与中国在地理位置上相距甚远，旅游花费较高；其次，西欧与中国文化联系弱，很多欧美国家的民众对我国的了解较少，甚至受西方一些反华媒体舆论影响，对中国存在偏见，在语言、思想文化、生活习俗等方面差异较大，不便于交流与沟通；最后，我国与临近国家其他目的地之间旅游产品的相似性和可替代性，旅游产品结构单一，质量不高，面临着东亚、南亚、东南亚国家的严重挑战。

英国是世界上主要的国际旅游客源国之一，在历史上英国人就有久远的旅游度假的传统习惯，20 世纪 50 年代至今，英国居民出境旅游持续发展。20 世纪 90 年代之前，英国一直是我国入境旅游的第三大客源国，仅次于日本和美国。但 20 世纪 90 年代之后，随着我国周边客源市场的迅速崛起，英国来华旅游客源排序持续下降，到 2008 年已排到 10 名之后。但其增长较为稳定，除了 2008—2009 年受金融危机影响出现负增长外，一直保持一定比例持续增长，2012 年英国来华入境旅游人数为 61. 84 万人次，比上年增长 3. 8%，2013 年来华入境旅游人数为 62. 5 万人次，比上年增长 1. 1%。

德国是欧洲最大的经济体之一，是全球国内生产总值第四大国（国际汇率），以及国内生产总值第五大国（购买力平价）。德国有大约 8071 万人口，是欧盟中人口最多的国家，其中城市居民为 87%。2013 年德国国内生产总值 27376 亿欧元，人均国内生产总值 32280 欧元。德国居民具有很高的生活水平，社会保障制度完善，就业人员的带薪假期较长（4 ~6 周）。德国居民有旅游度假的传统，曾是世界上第二大旅游输出国。但德国人出游的主要流向为南欧，旅游目的地倾向于阳光和海滩资源充沛的地方。自我国 1978 年改革开放以来，德国来华入境游客人数除了个别年份外，基本保持持续增长趋势，2012 年，德国入境旅游为 65. 96 万人次，比上年增长 3. 6%，为中国主要旅游客源国的第 11 位。

法国是世界上旅游业发达的国家之一。法国人口为 6600 万，其中 72% 为城市居民，而每年外出度假的旅游者人数占其总人口的一半以上。法国人出国旅游主要在欧洲境内。改革开放之后，中法两国高层互访频繁，法国来华游客数量也以年均 20% 的速度增长，且在我国整体入境旅游市场中占有 2% ~4% 的比重。1980—1982 年，法国超越德国，成为中国第六大客源国。1989 年受到北京的政治风波及中法关系影响，来华旅游人数骤降，直到 1993 年法国入境旅游市场一直处于不稳定的发展阶段，且增长缓慢，不仅年均增长率低于 16. 91% 的整体平均水平，而且随着俄罗斯、韩国、蒙古、印度尼西亚、加拿大、澳大利亚等国家来华入境旅游市场的迅速崛起，法国在整个入境市场的比重长期在 1% ~3% 徘徊，排位更是处于 15 名左右。2004 年“中法友好年”活动在促进法国乃至欧洲旅游者来华旅游等方面的效果显著，法国入境旅游市场恢复迅猛，接待来华游客 28. 1 万人次，比上年增长 80. 1%。其后得以恢复，但其增速仍不如其他国家。2012 年法国来华旅游人数为 52. 48 万人次，比上年增长 6. 4%，2013 年为 53. 35 万人次，比上年增长 1. 7%，在我国入境旅游客源国中居于 17 位。

三、我国入境旅游者统计特征分析

表7－8给出2001年和2013年不同性别、年龄和不同入境目的入境外国旅游者的数量和在整体外国入境旅游者中所占的比重。

表7－8　2013年、2001年我国入境外国旅游者人口统计特征

分类方式	指标	2013年		2001年	
		人数（万人次）	占比（%）	人数（万人次）	占比（%）
外国人入境游客总计		2629.03	100	1122.64	100
按性别分类	男性	1702.07	64.74	728.83	64.92
	女性	926.96	35.26	393.81	35.08
按年龄分类	14岁以下	107.89	4.10	40.49	3.61
	15～24岁	206.65	7.86	87.56	7.80
	25～44岁	1209.16	45.99	545.42	48.58
	45～64岁	950.54	36.16	384.84	34.28
	65岁以上	154.78	5.89	64.33	5.73
按入境目的分类	会议/商务	619.41	23.56	198.48	17.68
	观光休闲	1012.3	38.50	492.35	43.86
	探亲访友	19.91	0.76	39.26	3.50
	服务员工	319.53	12.15	128.92	11.48
	其他	657.89	25.02	263.63	23.48

从入境外国旅游者性别结构看，男性所占比重大，女性相对处于劣势。2001年入境外国旅游者整体数量为1122.64万人次，其中男性为728.83万人次，占64.92%，女性为393.81万人次，占35.08%。到了2013年，我国入境外国旅游者总数增长了2.34倍，达2629.03万人次，男性和女性入境旅游者人数同比增长，占比并未发生变化，男性为1702.07万人次，占64.74%，女性为926.96万人次，占35.26%。

从入境外国旅游者年龄结构看，各个年龄段的外国入境旅游者都有，但每个年龄段所占的比重存在较大差异，且2013年与2001年相比，各个年龄段的游客所占比重并未发生明显变化。其中，占入境旅游人数比重最大的是25～44岁的年龄段，2013年为1209.16万人次，占外国入境旅游者总人数的45.99%，将近一半，但比2001年的48.58%略有下降；其次是45～64岁这个年龄段的旅游者，在2013年为950.54万人次，占总数的36.16%，较之2001年有所上升，2001年为384.84万人次，占总数的34.28%；再次，是15～24岁这个年龄段的旅游者，2013年为206.65万人次，占比重的7.86%，在2001年为87.56万人次，所占比重为7.80%，人数稳步上升，所占比重稳定；另外，14 岁以下的年龄段的旅游者和 65 岁以上年龄段的旅游者数量都相对较少，2013 年的 14 岁以下的年龄段的旅游者为 107. 89 万人次，所占比重为 4. 10%，较之 2001 年的 3. 61% 有所上升；2013 年，65 岁以上的年龄段的旅游者为 154. 78 万人次，所占比重 5. 89%，较之 2001 年的 5. 73% 略有下降。不同年龄段的旅游者的旅游需求差异很大，入境的青年旅游者精力充沛，思想活跃，有一定的经济基础，外出旅游的需求比较旺盛，而且多为会议、差旅、商务旅游活动，另外，他们求新求异心理突出，偏爱参与性强和能满足求知欲望的旅游项目；入境的中年旅游者则成熟老练，阅历丰富，在旅游中求实、求知心理强，或追求舒适享受，或出自专业爱好，而且此年龄段的旅游者消费水平较高，对旅游产品、服务和设施的品质要求更高；"夕阳游"的兴起使老年人出游的势头上升，入境的老年旅游者闲暇时间充裕，一般经济实力也较强，消费水平高，在国际旅游活动中，对各个方面的要求都很高。青少年出游主要是为了增长知识、开拓眼界，多由家长带领，人数呈现比较稳定的状态。

外国旅游者入境的主要目的包括会议/商务、观光休闲、探亲访友、服务员工和其他等。我国的入境旅游中，观光休闲所占比重最大，外国人来华入境旅游主要是为了欣赏中国的悠久历史文化和优美的自然风光。2001 年，入境观光休闲旅游者数量为 492. 35 万人次，占总体比重的 43. 86%，观光休闲旅游者数量不断增长，到了 2013 年人数达到 1012. 3 万人次，但其所占比重却下降到 38. 50%；其次是会议商务旅游者，入境的会议商务旅游者数量在 2001 年为 198. 48 万人次，占总体比重的 17. 68%，到了 2013 年人数达到 619. 41 万人次，占总体比重上升到 23. 56%，上升幅度非常大。基于观光休闲和会议商务两种目的的人数走势，除了受 2008 年国际金融危机的影响有小幅下降外，总体保持上升趋势。在此，是服务员工型的旅游者，2013 年为 319. 53 万人次，约占总体的 12. 15%，与 2001 年相比人数有所上升，比重基本保持稳定。其他目的入境旅游者的比重保持稳定，探亲访友的比重很小。形成此种结构的原因主要是由于我国悠久的历史文化和秀美的自然资源对外国游客有强烈的吸引力，外国人入境旅游主要是为了观光休闲，另外我国与其他国家经济往来合作频繁，以及优惠的引资条件和大量的质优价廉劳动力吸引着外国人选择在中国投资、就业，相应推动了会议/商务旅游市场。

四、我国入境旅游市场竞争中存在的问题

我国的入境旅游市场经过 30 多年的快速发展，在开拓和巩固国际客源市场方面取得了长足进步。但是我国入境旅游市场的高增长率在一定程度上是在起步较低的基础上发展的必然表现，尤其是近年来，我国入境旅游发展速度放缓，入境游客数量和旅游外汇收入增长缓慢，且波动较大，我国的入境旅游就其规模、吸引力和在全球旅游

业的影响力而言与国际旅游业发达的国家仍存在差距。尽管近些年我国旅游产品供应链的日益完善，世界经济的稳定发展、我国经济的持续增长、我国对外交往的增多以及区域合作的加强给入境旅游带来了积极的促进作用，但是在竞争激烈的国际旅游市场中，我国的入境旅游仍存在很多的问题。

（一）不利的地理位置

我国的地理位置距世界大多数主要客源产生地都比较远。近程旅游市场主要是亚洲国家，亚洲国家中除了新加坡、韩国、日本以外，经济发展水平都较低，旅游基数小。而美国、加拿大、英国、德国、法国等远程旅游市场，为世界传统的客源产生地，都与我国距离遥远，交通成本高。北美游客来华旅游的国际之间往返交通费用约占旅游全程费用的40%，欧洲各主要客源国与中国之间的距离平均也在1.2万千米左右。对于远程旅游市场而言，来华旅游的费用和距离是很大的一个障碍。

（二）激烈的市场竞争

我国地处东亚和太平洋地区，该区域的旅游目的主要以接待观光旅游和疗养旅游为主，因此我国与周边国家和地区旅游业的激烈竞争。我国的旅游资源不具有独一性，与日本、韩国、中国香港地区、中国台湾地区、新加坡、菲律宾、泰国等周边国家和地区所面对的国际客源市场有着惊人的共同性。然而，由于我国旅游业起步较晚，在从业经验、服务质量、交通运输和产品价格等方面缺乏竞争优势。

（三）旅游产品问题

长期以来，我国入境旅游产品类型单一，旅游市场经营依赖接待团体观光旅游，产品组合缺乏深度、广度、长度，未形成体系。这种产品类型上的单一化已落后于国际旅游潮流的变化，与国际旅游高层产品细分、多样、专项、灵活的特点有相当的距离，无法适应海外旅游多方位的需求。除了旅游产品结构单一外，旅游产品质量方面也存在着一些一直没有得到完全解决的问题，如清洁卫生条件差、旅行日程和交通安排变化多、接待散客旅游的条件不足等，加上旅行社开设的门槛低，所以在我国出现了旅行社遍地开花的局面，旅行社之间恶性竞争加大，进一步加剧了入境旅游产品质量低下。

（四）交通因素制约

旅游交通运力不足，也制约了我国入境旅游产业规模经济的形成。我国民航机型小，机场建设滞后，国际航线和航班增长缓慢；火车客运超负荷运行，旅游集散城市火车起点车次不足；区域内公路特别是通往旅游区的公路等级低，路况差，不安全因素多；水上旅游航线还停留在设施陈旧，航速缓慢的较低水平。

（五）市场宣传和海外促销不足

我国在以往的国际市场营销中，大多采用设立办事处、参加国外旅游展销会等方式，宣传的力度和宣传面都很小。因而，中国优美的自然风光和灿烂的文化旅游资源，对于境外的旅游者来说，尤其是远程旅游市场而言，无疑是“养在深闺无人识”。

（六）汇率因素

汇率因素近些年也是我国入境旅游市场增长乏力的主要原因。自从 2005 年汇率改革以后，人民币从对美元挂钩的有管理浮动汇率转向参考“一揽子货币”的有管理浮动汇率。人民币对美元、港币、日元汇率持续小幅攀升，对英镑和欧元则是窄幅贬值。人民币升值过快、过高削弱了我国旅游业在世界范围内的价格优势，价格弹性较小的国际旅游者放弃或减少到我国旅游，或者缩减来华入境旅游开支。

第五节 我国的国内旅游市场

一、国内旅游市场概述

我国的国内旅游市场是在改革开放以后逐渐发展起来的。新中国成立前，我国国内旅游活动只在局部开展；新中国成立后到 1978 年之前，国内旅游基本没形成产业。1978 年改革开放后，旅游业随之发展起来。在 20 世纪 80 年代，我国的国内旅游得以恢复和发展，20 世纪 90 年代后，在我国经济持续发展的背景下，国内旅游迅猛发展，逐步形成了入境旅游、国内旅游和出境旅游三个市场均衡发展的格局。1985 年，我国的国内游客数量仅为 2. 4 亿人次，国内旅游收入为 80 亿元；1994 年，全年国内旅游人数 5. 24 亿人次，是 1985 年的 2. 18 倍，国内旅游收入为 1023. 5 亿元，是 1985 年的 12. 8 倍；2004 年，国内旅游人数首次突破 10 亿元，达 11. 02 亿人次，国内旅游收入达 4710. 7 亿元；2013 年，国内旅游人数达 32. 62 亿人次，比上年增长 10. 3%，是 1985 年的 13. 6 倍，1994 年的 6. 2 倍，国内旅游收入达 26276. 1 亿元，比上年增长 15. 7%，是 1985 年的 328 倍，1994 年的 25. 6 倍。旅游已经从少数人的奢侈品，发展成为大众化、经常性消费的生活方式。我国的国内旅游市场已经成为全球最大的国内旅游市场国。表 7－9 给出了 1994—2013 年我国国内旅游人数、国内旅游总花费和国内旅游人均花费的数量及其增长。20 年间，除了 2003 年受“非典”事件影响外，无论是游客人数还是总体花费均持续高速增长，其中国内游客年增长率达 10.35%，国内游客人均花费年增长率达 8.06%，国内旅游总花费的年增长率更是高达 19.31%。

我国国内旅游的兴旺发展有力地拉动了内需，促进了消费，带动了相关产业的发展。国内旅游需求的发展是国民经济持续健康发展，人民生活水平不断提高的体现和必然结果，也是社会进步的重要标志。1994—2013 年国内旅游人数与旅游收入情况如表 7-9 所示。

表 7-9　　1994—2013 年国内旅游人数与旅游收入

年份	国内游客		国内旅游总花费		国内旅游人均花费	
	人数（百万人次）	增长（%）	花费（亿元）	增长（%）	花费（元）	增长（%）
1994	524	—	1023.5	—	195.3	—
1995	629	20.04	1375.7	34.41	218.7	11.98
1996	640	1.75	1638.4	19.10	256.2	17.15
1997	644	0.63	2112.7	28.95	328.1	28.06
1998	695	7.92	2391.2	13.18	345	5.15
1999	719	3.45	2831.9	18.43	394	14.20
2000	744	3.48	3175.5	12.13	426.6	8.27
2001	784	5.38	3522.4	10.92	449.5	5.37
2002	878	11.99	3878.4	10.11	441.8	-1.71
2003	870	-0.91	3442.3	-11.24	395.7	-10.43
2004	1102	26.67	4710.7	36.85	427.5	8.04
2005	1212	9.98	5285.9	12.21	436.1	2.01
2006	1394	15.02	6229.7	17.86	446.9	2.48
2007	1610	15.49	7770.6	24.73	482.6	7.99
2008	1712	6.34	8749.3	12.59	511	5.88
2009	1902	11.10	10183.7	16.39	535.4	4.77
2010	2103	10.57	12579.8	23.53	598.2	11.73
2011	2641	25.58	19305.4	53.46	731	22.20
2012	2957	11.97	22706.2	17.62	767.9	5.05
2013	3262	10.31	26276.1	15.72	805.5	4.90

中国国内旅游的快速增长受益于中国经济的飞速发展和城市化的加快，中国居民的人均收入水平的显著提高以及铁路、航空、酒店等基础设施建设日趋完善。近年来，国家为刺激消费，拉动内需，积极鼓励、支持人们进行国内旅游。同时，各省市加大国内旅游开发力度，将国内旅游发展作为经济的新增长点、在国内旅游发展中也都起到了积极的推动作用。

二、国内旅游市场结构

我国经济迅速增长，人民的生活水平显著提高，城镇居民和农村居民的可自由支配收入和闲暇时间同时增加，共同促进了国内旅游的蓬勃发展。城镇居民和农村居民的出游人次和旅游消费均显著增长。图 7－3 给出了 1994—2013 年我国农村居民与城镇居民国内旅游数量对比情况，由该图可以看出，从出游人次来看，我国城镇居民国内旅游数量增长迅猛，在整体旅游者数量中所占比重显著提高，1994 年，全国国内游客总数为 5.24 亿人次，其中城镇居民国内游客为 2.05 亿人次，农村居民为 3.19 亿人次，城镇居民占到总出游人数的 39.12%，农村居民占到 60.88%。随着中国城市化进程的加快，城镇居民收入的增长，以及城镇居民带薪假期的增长，城镇居民出游占总体比例显著上升，到 2013 年，全国国内游客总数为 32.62 亿人次，其中城镇居民国内游客为 21.86 亿人次，农村居民为 10.76 亿人次，城镇居民占到总出游人数的 67.01%，农村居民占到 32.99%。国内游客有 2/3 为城镇居民。另外城镇居民消费能力也更强。图 7－4 给出了 1994—2013 年我国农村居民与城镇居民国内旅游花费对比情况。根据该图，1994 年，全国旅游消费总数为 1023.5 亿元，其中有 82.72% 来自于城镇居民旅游消费，仅有 17.13% 来自于农村居民旅游消费。到 2013 年，全国旅游消费总数为 26276.1 亿元，其中有 78.75% 来自于城镇居民旅游消费，有 21.25% 来自于农村居民旅游消费。尽管农村居民国内旅游消费占比不足 1/4，但其增长速度快于城镇居民。2013 年，全国国内旅游出游人均花费 805.5 元。其中：城镇居民国内旅游出游人均花费 946.6 元，农村居民国内旅游出游人均花费 518.9 元。

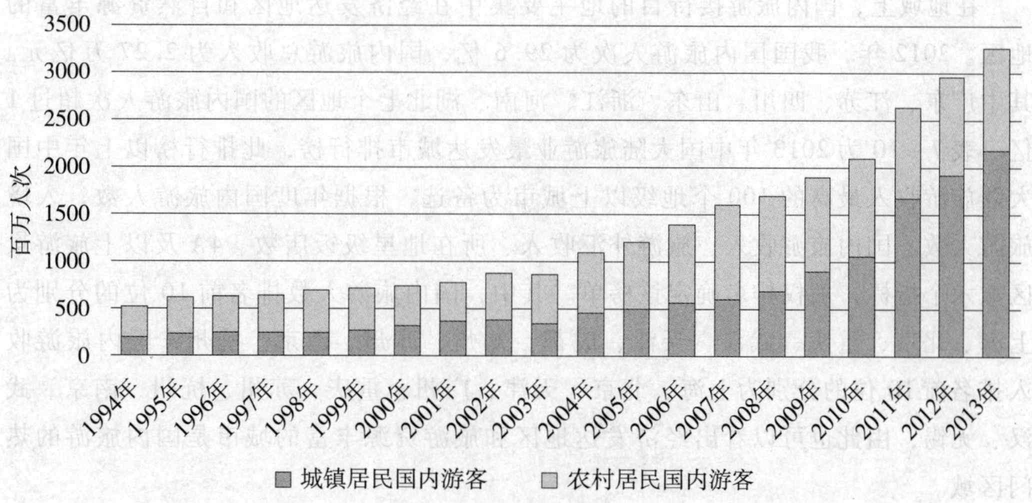

图 7－3　1994—2013 年全国农村居民与城镇居民国内旅游数量对比

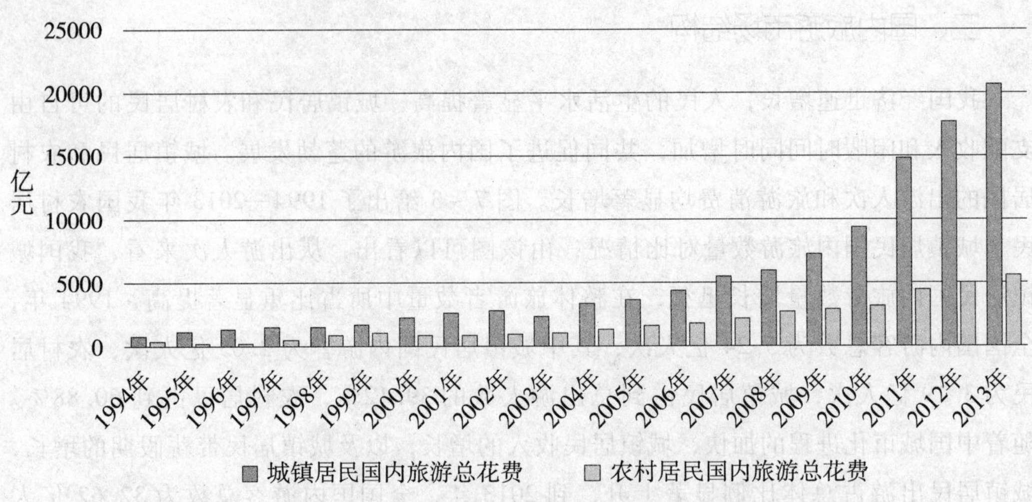

图7－4　1994—2013年全国农村居民与城镇居民国内旅游花费对比

我国的国内旅游时间上集中性很强，主要集中在法定节假日。我国居民，尤其是城镇居民，使用国家法定节假日集中旅游的特征非常明显，2013年，春节、"十一"两个"黄金周"中，全国共接待国内游客6.31亿人次，占到全年国内旅游总人数的19.34%，旅游收入3403.6亿元，占到全年国内旅游总收入的12.95%。我国旅游市场的供给弹性尚不足以消化如此集中且巨量的消费需求，因而在法定节假日经常造成交通拥堵、酒店爆满、景点排队等情况，严重影响旅游质量和旅游体验。《国民旅游休闲纲要（2013—2020年）》明确指出到2020年要基本落实职工带薪年休假制度，允许国民自由安排休闲时间，将会对节假日旅游集中有一定疏导作用。

在地域上，国内旅游接待目的地主要集中在经济发达地区和自然资源丰富的地区。2012年，我国国内旅游人次为29.6亿，国内旅游总收入为2.27万亿元。其中广东、江苏、四川、山东、浙江、河南、湖北七个地区的国内旅游人次超过1亿。表7－10为2013年中国大陆旅游业最发达城市排行榜，此排行榜以上年中国大陆旅游收入最高的100个地级以上城市为备选，根据年度国内旅游人数、入境旅游人数、国内旅游收入、旅游外汇收入、所在地星级饭店数、4A及以上旅游景区数六个指标，加权排名确定该榜单。其中，国内旅游人数排名前10位的分别为上海、北京、重庆、武汉、天津、成都、郑州、苏州、南京、杭州，国内旅游收入排名前10位的分别为上海、北京、天津、广州、重庆、苏州、杭州、南京、武汉、无锡，由此也可以看出经济发达地区和旅游资源丰富的城市是国内旅游的热门区域。

表 7-10 2013 年中国大陆旅游业最发达城市排行榜

排名	城市	省/直辖市/自治区	国内旅游人数排名	国内旅游收入排名	排名	城市	省/直辖市/自治区	国内旅游人数排名	国内旅游收入排名
1	北京	北京	2	2	16	西安	陕西	12	19
2	上海	上海	1	1	17	沈阳	辽宁	11	16
3	广州	广东	24	4	18	郑州	河南	7	13
4	重庆	重庆	3	5	19	厦门	福建	51	29
5	深圳	广东	48	18	20	长沙	湖南	17	22
6	杭州	浙江	10	7	21	桂林	广西	52	67
7	天津	天津	5	3	22	烟台	山东	28	28
8	苏州	江苏	8	6	23	哈尔滨	黑龙江	19	21
9	南京	江苏	9	8	24	洛阳	河南	18	20
10	武汉	湖北	4	9	25	黄山	安徽	44	42
11	成都	四川	6	11	26	珠海	广东	86	74
12	宁波	浙江	14	12	27	东莞	广东	80	64
13	青岛	山东	15	14	28	贵阳	贵州	16	17
14	无锡	江苏	13	10	29	绍兴	浙江	23	25
15	大连	辽宁	20	15	30	温州	浙江	22	26

另外，据调查，国内旅游者出游中，按出游目的划分，探亲访友占 39%，观光游览占 32%，商务出差占 13%，度假休闲娱乐占 11%，健康疗养占 3%。人均旅游花费从高到低依次是商务出差、观光游览、度假休闲娱乐。

三、国内旅游市场的特点

随着改革开放以来我国经济的持续快速增长，我国人民收入水平和生活质量的不断提高，国内旅游市场的规模也迅速扩大，出现了以下值得关注的特点。

（一）规模大，增长快

我国的国内旅游市场规模大，发展潜力足，已成长为全球最大的区内旅游市场。近年来我国国内旅游需求的发展，无论在出游人次上．还是在总体消费上，都已大大超过我国的入境旅游市场。从国内旅游消费支出来看，1978 年仅为 18.4 亿元，到了 2013 年已达到 26276.1 亿元，30 多年间增长了 1428 倍；从人均消费水平来看，也呈快速增长。随着城市化进程的加快、经济的进一步发展，国民生活水平和消费水平的普遍提高，国内旅游无论在旅游人数上还是旅游消费还将进一步的提高。

(二) 人均消费水平低

尽管我国的国内旅游消费总量大、增长快，但就消费水平而言，我国国内旅游的人均消费水平仍然很低。以2013年为例，全国国内旅游出游人均花费805.5元，城镇居民国内旅游出游人均花费946.6元，农村居民国内旅游出游人均花费518.9元。而同期入境旅游者在华人均消费约400美元，折合人民币约2400元。国内旅游人均花费不到入境旅游人均花费的1/3，消费能力较强的城镇居民的国内旅游花费也不到入境旅游人均花费的2/5，因此我国国内旅游的人均消费仍处于较低水平。

(三) 区域分布不均衡

我国的国内旅游地域分布不均衡。旅游目的地和客源地主要集中在大、中城市和沿海地区。东南沿海地区经济基础雄厚，居民收入水平较高，拥有相对完善的交通网络和先进的交通工具，旅游资源丰富，旅游业起步也早，国内旅游的目的地和客源地主要集中在这里。特别是北京、上海、西安、广州、重庆、天津、青岛、昆明、厦门、武汉、杭州、深圳等城市和黄山、庐山、泰山等风景名胜区是热点旅游目的地。

(四) 短程旅游所占比重过大

我国的国内旅游主要以中近距离旅游为主。这是因为目前我国国民中大多数人的旅游支付能力仍比较有限，加之带薪休假尚未获得普及，多数人所拥有的闲暇时间仍然很分散，所以国内旅游活动的开展多表现为短程旅游。但是随着经济的增长，我国城乡居民可自有支配收人逐年提高，假日制度的不断改进，居民带薪假期增多，以及旅游交通设施的完善，远程旅游也将成为一种发展趋势。

第六节　我国的出境旅游市场

一、我国出境旅游发展概况

出境旅游是指中国（大陆）居民因公或因私出境前往其他国家、中国香港特别行政区、澳门特别行政区和台湾省进行的观光、度假、探亲访友、就医疗病、购物、参加会议或从事经济、文化、体育、宗教等活动。改革开放之初，我国以接待入境旅游者为主，国内旅游仅为小规模的差旅和公务活动，更不存在有规模的出境旅游。经过30多年的快速发展，我国的旅游市场已从入境游为主，发展到出、入境旅游并重，深度国际化大交流、旅游外交功能凸显的新阶段。

中国公民出境旅游在20世纪80年代中期才开始出现萌芽的，随着我国经济的不断发展，人民生活水平的持续提高，出境旅游在20世纪90年代开始了真正大发展。我国出境旅游市场先后经历了四个主要的阶段。

（一）试探性发展阶段（1984—1989年）

我国出境旅游起源于20世纪80年代中期的港澳探亲游，1983年，广东省旅游公司率先向省内居民组织“赴港探亲旅游团”。此后国务院作出规定，有关组织赴港澳地探亲旅游团的业务统一由中国旅行社总社负责委托各地的中国旅行社具体承办，但此期间主要是探亲旅游，出境旅游人数很少。

（二）初步发展阶段（1990—1996年）

这一时期我国经济发展迅速，特别是南方、东部沿海地区经济的高速发展，给出境旅游发展奠定了坚实的经济基础。1990年10月，我国颁布了《关于组织我国公民赴东南亚三国旅游的暂行管理办法》，规定我国公民在付费和担保的前提下，可赴新加坡、马来西亚和泰国探亲旅游。此后于1992又批准将菲律宾增加开辟为探亲旅游目的地国。

（三）规范发展阶段（1997—2000年）

在此期间我国的出境旅游市场在与东南亚国家区域间的经贸往来推动下得以发展。1997年《中国公民自费出国旅游管理暂行办法》的发布实施，标志着中国公民自费出国旅游正式开始。至1999年，根据世界旅游组织的有关统计，中国的国际旅游消费额达到109亿美元，在世界十五大国际旅游消费国中已经位居第九位。

（四）快速发展阶段（2001年至今）

在此阶段，政策环境的逐步宽松，国家经济和国民收入的持续增长，外交领域不断拓展，以及我国航空运输业的发展都促使我国出境旅游相应得到了快速发展。2002年《中国公民出境旅游管理办法》的实施标志着我国旅游业进入了一个全面发展的新时期。到2012年年底，我国公民旅游目的地国家和地区达140个，正式实施的ADS（旅游目的地旅游协议）的国家和地区达到115个，我国已经成为全球增长最快的客源国之一。

中国公民出境旅游，是我国现阶段社会经济发展的必然结果，也是我国旅游经济体系走向平衡发展的开始。虽然历时不长，但发展非常快，现已形成一定的规模，并继续保持高速发展的良好势头，增长逐年加快。我国的出境旅游市场进入快速成长时期，如图7－5所示。1993—2013年，我国的出境旅游每年均不同程度的增长，除个别年份外，均呈两位数增长。2013年，我国公民出境旅游人数达到9818.52万人次，比上年增长18.0%。我国作为世界上发展最快、潜力最大的新兴旅游客源大国的形象更加突出。我国出境旅游市场的发展，不仅仅促进了双向旅游交流，还大大增进了我国与世界人民之间的了解与友谊，开辟了中国人“走出去”宣传中国的广阔途径，推动了我国与世界各国在经贸、文化等各个领域的广泛合作发展。

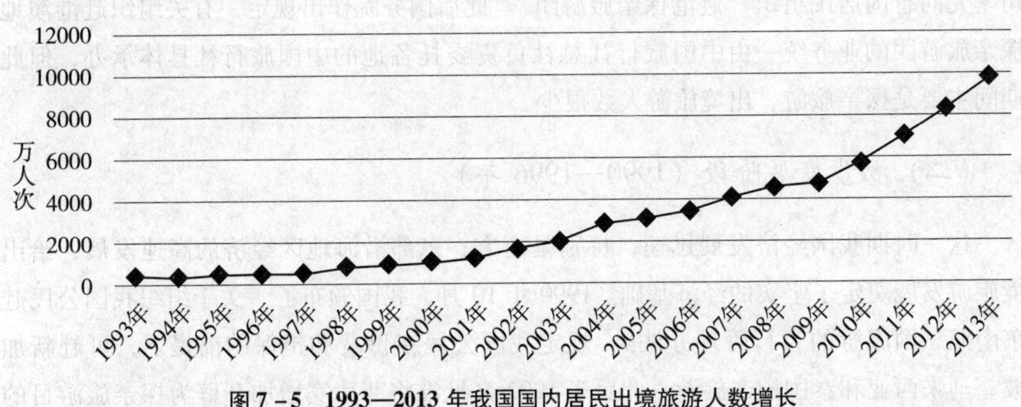

图7－5　1993—2013年我国国内居民出境旅游人数增长

二、中国公民出境旅游行为

中国公民出境行为包括因公出境和因私出境两种。

（一）因公出境

因公出境是指受党政机关、人民团体或国有企事业单位派遣，以执行公务为目的，出访时间、出访国家（地区）、出访路线等均有严格规定的非个人支出费用的出国（境）活动。

我国的出镜旅游市场早期是由因公出境旅游带动的整体出境旅游市场的发展。图7－5给出了1993—2013年我国公民因公出境和因私出境旅游人数变化。在2000年之前，我国的出境旅游市场以因公出境为主，1992—1997年出境旅游小幅增长，平均年增长13.2%，而到了1998年我国出境旅游市场增长加快，增长率达58.3%，呈现大幅度增长的特征，其增长是由因公出境市场的大幅度增长带动起来的，特别是欧美旅游市场对我国公务旅游者的开放，为出境旅游市场注入了生机，出公出境旅游市场出现爆发性的增长，其增长率达81.51%。然而，自1998年之后，1999年、2000年因公出境旅游者人数开始出现负增长，2001年之后，随着我国加入世界贸易组织后进一步的对外开放和国际交流的扩大，因公出境人数恢复增长，但增速放缓，个别年份也出现负增长，目前处于维持规模、平稳发展阶段。

（二）因私出境

因私出境则是指国内居民出境中，不为政府、组织、企业、单位的事务而仅是个人或家庭目的出境的行为。

随着人民生活水平的提高和消费观念的转变，因私出境旅游冲破长期封闭，一经放开就成为旅游市场的热点。图 7－6 对比分析了 1994—2013 年我国因公出境与因私出境的人次变化情况。由该图也可以看出，1993—1999 年，我国出境规模相对较小，因公出境的人数一直比因私出境的人数相对多，但两者在数量上相差不多，基本平衡，1997 年因私出境旅游者占到国内居民出境旅游者人数的 43.99%。1999 年之后，因私出境旅游人次开始大幅度增长。1998—2013 年的 16 年间，因私出境旅游年均增长高达到 26%，而因公出境旅游者数量增长仅为 6.5%，因私出境旅游的增长速度远远超过因公出境旅游的增长。2000 年，因私出境旅游者数量首次超过了因公出境旅游者数量，达 563.09 万人次，占公民出境总人数的 53.77%，其后逐年拉大差距。到 2007 年因私出境旅游者数量已经是因公出境的 5.8 倍，到 2013 年，因私出境旅游者数量在总出境旅游中已占到 93.67%，彻底打破了过去因公、因私平分秋色的局面，呈现以因私出境旅游为主体的格局，公民自费出境旅游成为出境旅游市场的主力军。

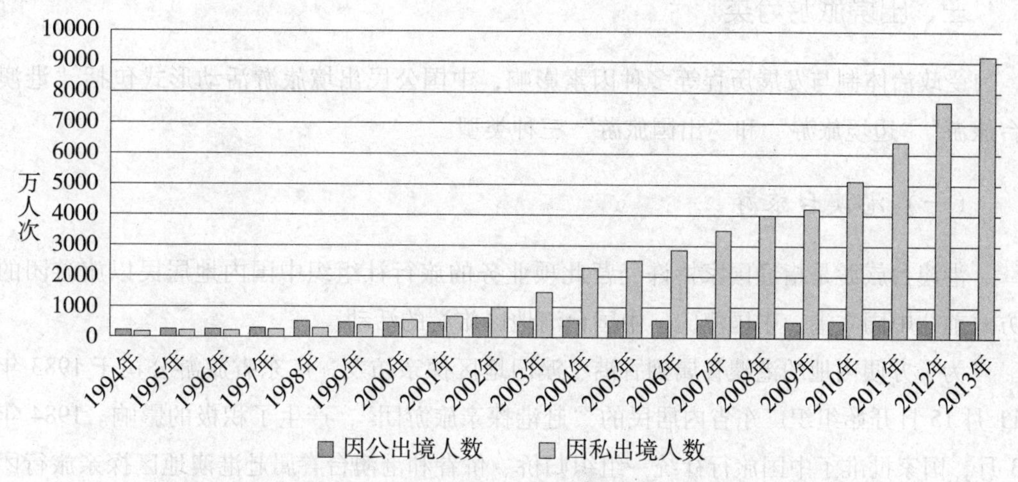

图 7－6 1993—2013 年我国公民因公出境和因私出境的人数变化

近些年，我国公民因私出境的增长明显快于因公出境，这与国民经济的发展、人民生活水平的提高以及消费观念的改变有很大关系。事实上，因私出境旅游人数比因公出境旅游人数更为重要，因为该指标对于判断国内居民出境旅游的意向、发展程度、今后的组织发展规划和国际航空事业的发展，均有重要意义。

（三）因公出境与因私出境的区别

1. 性质不同

因公出境是由本单位派出，以执行公务为目的出境行为。因私出境是以前往境外定居、探亲、学习、就业、旅行、从事商务活动等非公务为目的的出境行为。

2. 程序不同

因公出境须先向本单位有出境任务审批权的外事主管部门申请，并经审核、批准。在外时间、出访国家（地区）、出访路线、公务活动等事项，须严格遵守外事规定。因私出境属个人行为，本人需到公安机关和有关驻华使领馆办理出境相关手续。在境外，自主决定活动内容，一切经费由个人承担。

3. 办理证照机关不同

因公出境证照由外交部、国务院港澳事务办公室、海事局及其授权机构签发。因私出境证照，由本人户口所在地公安机关签发。

4. 身份不同

因公出境是以各党政机关、人民团体或国有企事业单位等公职人员的身份在境外执行政治、外交、科学、教育、经贸、文化、体育等公务。因私出境只代表本人，其在境外行为不代表任何他人、集体或单位。

三、出境旅游分类

受政治体制与发展历程等多种因素影响，中国公民出境旅游活动形式包括“港澳台旅游”“边境旅游”和“出国旅游”三种类型。

（一）港澳台旅游

港澳台旅游是指经国家特许经营此项业务的旅行社组织中国内地居民以旅游团的方式前往中国香港、中国澳门、中国台湾地区旅游的活动。

为了方便内地的港澳眷属到香港、澳门地区探亲访友，广东省旅游公司于 1983 年 11 月 15 日开始组织广东省内居民的“赴港探亲旅游团”，产生了积极的影响。1984 年 3 月，国家批准了中国旅行社统一组织归侨、侨眷和港澳台眷属赴港澳地区探亲旅行团的全部工作。1992 年，又增加福建省海外旅游公司、华闽旅游有限公司开办赴港澳地区探亲游。1998 年 5 月，国家扩大香港游的规模，并增加中国国际旅行社为承办“香港游”的单位，此为港澳游的新开端。1998 年国家发布了《关于加强“香港游”管理工作的通知》，对“香港游”的有关注意事项加以规范。2003 年，《内地与香港关于建立更紧密经贸关系的安排》和《内地与澳门关于建立更紧密经贸关系的安排》（CEPA）的签署了与实施，允许内地部分城市居民以个人身份赴港澳旅游，使得港澳游市场获得了一个前所未有的宽松环境。港澳地区一直是中国大陆最大的出境游目的地。2008 年《海峡两岸关于大陆居民赴台湾旅游协议》的正式生效与 2011 年赴台“个人游”的开放，推动了赴台旅的大幅增长，台湾成为大陆居民的第四位出境游目的地。

（二）边境旅游

边境旅游是指中国边境地区的居民到相邻国家的边境城市所做的短期旅游活动。

我国的边境旅游于 1987 年开始于辽宁省丹东市。从 1984 年开始，丹东市和朝鲜新义州市互派友好参观团，到对方城市进行为期一天的友好参观活动。后在此基础上，开始组织各自城市的旅游者自费赴对方城市进行为期一天的旅游活动。1987 年 11 月，国家旅游局和原对外经济贸易部批准了丹东市对朝鲜新义州市的“一日游”，由此拉开了中国边境旅游的序幕。其后，国家相继批准了在黑龙江、内蒙古、辽宁、吉林、新疆、云南、广西等省、自治区与俄罗斯、蒙古、朝鲜、哈萨克斯坦、吉尔吉斯斯坦、缅甸、老挝、越南等国家开展边境旅游。

早期的边境旅游与出国旅游是有所区别的。第一是人员限制，参加边境旅游的人员必须是边境地区的居民，非边境地区的中国公民和第三国的公民不得参加。第二是目的地限制，边境旅游的目的地一般是边境地区和对方的边境城市。第三是时间限制，边境旅游活动为“当日往返”，即使是多日游，往往也有时间上的限制。第四是证件不同，边境旅游者不需要使用护照，也不用办理正式的签证，而是使用双方认可的边境通行证。此外，边境旅游经常和边境贸易结合在一起，因此并不要求使用外币结算，经常使用人民币或易货、计账的办法进行结算。

随着我国边境旅游的蓬勃发展，为了规范对边境旅游的管理，1996 年 3 月 8 日，国家制定了《边境旅游暂行管理办法》，并于 1997 年 10 月 15 日发布施行。该办法使边境旅游的经营和管理有了依据，促进了边境旅游持续健康的发展。同时管理办法中规定我国公民均可参加边境旅游；边境旅游的时间从一日游延伸到多日游；边境旅游目的地向对方国家内地延伸，中朝边境游可以到平壤、板门店，中俄边境游到达了莫斯科，中缅边境游到达了仰光，中越边境游有陆地和海上旅游。事实上，边境旅游活动已与出国旅游真正融合为一体，中国边境旅游发展已经进入了成熟发展期。目前，我国的边境旅游市场已形成五个旅游合作圈，包括：以满洲里为核心的中俄旅游市场合作圈、以丹东为核心的中朝旅游市场合作圈、以新疆为核心的中亚旅游市场合作圈、以崇左为核心的中越旅游市场合作圈以及以西双版纳为核心的中缅旅游市场合作圈。

（三）出国旅游

出国旅游是指我国公民自己支付费用，经国家旅游行政主管部门批准，特许经营我国公民自费出国旅游业务的旅行社组织的，以旅游团的方式前往经国家批准的我国公民自费出国旅游目的地国家或地区旅游的活动。

我国公民自费出国旅游，是从出境探亲旅游发展演变而来的，其发展大致可分为两个阶段。

第一个阶段（1988—1997 年）。改革开放后，我国公民因私出境旅游起源于为了满足归侨、侨眷及相关人员的探亲需要，经国务院批准，规定由海外亲友付费，担保，允许公民赴泰国探亲旅游。1989 年 10 月，国家发布施行了《关于组织我国公民赴东南亚三国旅游的暂行管理办法》，规定由海外亲友付费、担保，允许我国公民赴新加坡、马来西亚与泰国探亲旅游。1992 年 7 月，又增加批准菲律宾为探亲旅游的目的地国家。在此阶段的出国旅游以探亲为主要旅游动机，旅游目的地仅限于新、马、泰、菲四国，出国旅游费用一律自理，并要求海外亲友付费。当时只有 7 家被授权的旅行社可以承办因私出国旅游业务。此阶段的出国旅游市场较小，市场成熟度低。

第二个阶段（1997 年至今）。1997 年 7 月 1 日，《中国公民自费出国旅游管理暂行办法》颁布实施，我国公民自费出国旅游正式开始。该管理办法将我国公民出境探亲旅游正式改变为我国公民自费出国旅游，标志着出国旅游开始走向成熟发展的阶段。其后，我国陆续批准开放了澳大利亚、新西兰、韩国和日本为我国公民自费出国旅游的目的地国家，我国公民出国旅游市场逐步走上了健康发展的轨道。2007 年 12 月，中美签署《旅游合作谅解备忘录》，美国市场正式对我国公民启动与开放。此阶段我国的出国旅游市场得以全面、快速发展。2013 年，经旅行社组织出国旅游的总人数为 2085. 58 万人次，比上年增长 30. 4%，占到旅行社组织出境旅游的 62. 15%。

现阶段我国公民的出国旅游目的地以亚太地区为主，主要集中在周边国家和地区。2013 年，出境首站按人数排序列前 10 位的国家和地区依次是中国香港、中国澳门、韩国、泰国、中国台湾、美国、日本、越南、柬埔寨和马来西亚。由此可以看出，我国出境旅游目的地除了美国和澳大利亚外，基本都是与我国接壤或近邻的国家和地区。随着我国经济的持续发展和出境旅游目的地的快速增加，我国公民出境旅游将会在更加广阔的范围内展开。

四、我国出境旅游市场发展特征

（一）发展速度快

我国公民出境游起步较晚，但发展速度非常快。我国出境游市场规模持续增长，同时体现在我国公民出境旅游人次和国际旅游支出两个方面。1987 年，我国公民出境旅游仅为 32. 85 万人次，到了 2013 年增至 9818. 52 万人次，这期间增长了 298. 9 倍。其中，1998 年、2002 年、2004 年公民出境游分布为 842. 56 万人次、1660. 23 万人次、2885 万人次，增长率高达 58. 26%、36. 82%、42. 67%。出境旅游的平均增长率远远超过入境旅游，1994—2013 年，入境旅游的年平均增长率为 6. 09%，而出境旅游年平均增长率为 19. 44%，增长速度是入境旅游的三倍多。2013 年，我国出境旅游者数量为 9819 万人次，同比增长 18. 0%，当年全球出境旅游为 10. 8 亿人次，同比增长 5%，我国出境旅游市场占到全球旅游市场的 9. 1%，我国游客出境旅游消费 1287 亿美元，同比增长 26. 8%，约占全球出境游旅游消费的 11. 1%。我国是世界 30 个最大客源国中增长速度最快的国家之一，成为全球旅游业关注的焦点。我国目前已成为世界第一大出境旅游客源市场与第一大出境旅游消费国，出境旅游人次数和消费总额均位列世界第一。

（二）绝对数量多，相对数量少

作为国民旅游的有机组成，我国出境旅游的快速增长得益于庞大的人口基数所产生的巨大旅游需求。尽管出境旅市场规模屡创新高，但与中国的人口总量相比，我国公民出境旅游的出游率是比较低的。1992 年，我国公民出境旅游仅占到总人口的 0. 25%，即便是在 2011 年，出境游已达到 7025 万人次，但出游率也只有人口总数的 5. 21%，其中出国旅游（非出境游）则仅有 1. 65%。相比之下，在 1992 年日本出境旅游市场已经占到总人口的 9. 49%，之后徘徊在 13% 左右，韩国 1992 年出境旅游市场占总人口的 4. 68%，之后迅速提升，到了 2011 年出境游的比率已经达到 25. 5%。中国台湾出境游的比率在 1992 年已经达到 20. 26%，到 2011 年更是增长到 41. 27%。美国的旅游出境市场占总人口的比例一直稳定在 20% 左右。金砖国家中，俄罗斯在 2006 年之后超过 20%，南非近年来保持在 10% 的水平。从出境旅游者的绝对数量来看，2011 年我国已经成为世界第一大出境旅游国，但作为一个拥有 13 亿人口的大国，我国出境旅游市场的相对规模刚刚达到韩国 20 年前的发展程度。另外，我国的出境游客是一个广义概念，既包括了因公出境，也包括了因私出境，既涉及狭义旅游范畴的观光休闲，也囊括广义旅游范畴的商务会议。从统计的角度而言，属于宽口径的统计方式，在一定程度上放大出境旅游市场的实际规模，也就是说狭义旅游范畴上的出境游客相对规模与发达经济体的差距更大。

（三）出境旅游消费较高，购物比重大

据世界旅游组织统计，2012 年时中国人就属于出国旅游消费最多的游客群，其境外消费总额达 1020 亿美元，约占全球出境游消费总额的 9. 5%，成为了全球最大的出境旅游消费国；2013 年我国出境旅游消费再创新高，消费总额达 1287 亿美元，同比上

升26.8%；2014年我国公民出境旅游人次超过1亿，境外消费总额达1648亿美元，同比上升28%。根据美国商务部2010年的调查显示，美国的外国游客人均消费为2440美元，而我国赴美旅游者人均花费高达7107美元，

对于出境旅游游客，港澳台、日韩、欧洲等国家地区，除了异国风光与文化外，购物是较强的旅游吸引力，购物是我国公民出境旅游的重要消费项目。根据中国旅游研究院2011年的调查统计，32.2%的中国游客在购物项目中花费最高，只有10.8%与10%的游客认为文化娱乐与景点门票是消费最多的项目。在部分目的地，购物消费成为旅游消费的主要形式，2011年中国内地（大陆）游客在港澳台地区旅游消费中的70.4%、60.5%、59.2%用于购物。

我国公民出境消费高，购物支出比重大的原因有很多。进口商品综合税率过高，境内外消费价差大带来的“转移消费”现象，是刺激大部分出境旅游者选择境外消费的主要原因。除此之外，我国总人口出境率和个人出境频率都比较低带来的“透支消费”和生活习惯和社会习惯造成集合式“影子消费”也使得出境旅游消费被放大。出境旅游消费高，购物比重大的现象是我国出境旅游所处的发展阶段所决定的。在出境旅游发展的初期，旅游消费往往具有放大效应，并不是居民实际收入的直接反映。

（四）出境旅游多，出国旅游少

中国出境旅游目的地国家和地区前10位近10年里基本保持稳定状态，主要包括中国香港、中国澳门、日本、俄罗斯、越南、韩国、泰国、美国、新加坡和马来西亚，其中，中国香港和中国澳门始终稳居前两位，泰国、日本、俄罗斯、韩国、美国、新加坡也基本上是在10名以内，朝鲜、越南、马来西亚和澳大利亚略有变动。中国香港与中国澳门，开放时间最早，与内地关系最为紧密的地区，一直是内地出境游客最为主要的出境目的地。中国出境旅游市场中仅有30%左右是出国旅游，赴香港与澳门的出境游游客占到总体出境旅游规模的70%左右。以2013年为例，我国公民出境人数达到9818.52万人次，赴中国香港、中国澳门、中国台湾的游客分别为4030.33万人次、2523.94万人次和291.89万人次，分别占到总出境人数的41%、26%和3%，而边境游客与出国游客共计只有2972.36万人次，占总游客量的30%。也就是说我国出境游大量游客流向港澳台地区，严格意义上的出国游客数量还比较少。占据我国出境旅游市场主体的赴港澳游客与出国游客无论在出行距离、旅游目的、停留时间还是人均消费上均存在显著差异。地理位置的毗邻与经济联系的紧密内地赴港澳以不过夜游客为主要构成。以香港为例，2011年内地赴港游客中51.2%为不过夜游客，不过夜游客中的25.1%是以过境、探亲访友及其他目的访港，并非以度假、商务会议为目的的典型游客。不过夜游客的人均消费为2439港元，仅为过夜游客人均消费8220港元的

29.7% 。从某种意义上讲，港澳游是国内旅游市场的衍生，我国出境市场仍然处在从国内旅游向出国旅游转化的过渡阶段。

2009 年，中国旅游服务贸易首次出现逆差，标志着中国旅游业的发展进入了一个新的历史阶段。到了 2013 年，9819 万的出境人次和 1286 亿美元海外消费，深刻影响了亚太乃至世界旅游市场格局。“中国游客”已经成为国际旅游业界、各大媒体和各国政要的热词，2012 年和 2013 年，中国和俄罗斯首次互办“旅游年”，2014 年，中韩两国互办“旅游年”。在 2014 年的 APEC 北京峰会上，习近平主席宣布“未来五年将有 5 亿中国公民出境旅游”，美国总统奥巴马则宣布给予中国游客十年有效的签证。而业界发起的面向中国游客的专项计划就有近十项，如“欢迎中国”“中国友好”等。经过十多年的持续高速增长，中国已经成为全球最大的出境旅游客源国和海外旅游消费支出国，正在对旅游市场和经济社会产生日益广泛的影响。从封闭走向开放的社会转型、国民收入增长与人民币升值的经济发展、ADS 协议与签证便利化等政策利好、购物体验与品牌认同等消费行为等都促使着中国出境旅游高速发展。购物消费一直都是中国游客消费的主要项目，早期曾经占到目的地消费 65% 的比重，以至于国际旅游业界把中国游客视为“会行走的钱包”。在总体上欢迎中国游客到访的同时，也有一些针对游客不文明行为的负面评价。事实上，出境旅游的高速快速发展不仅对目的地经济，而且对生活环境、自然环境、社会舆论也产生了日益显著的影响。

思考题

1. 如何理解旅游市场的概念？
2. 旅游市场的构成要素是什么？
3. 旅游市场有哪些特征？
4. 为什么要进行旅游市场划分？
5. 旅游市场划分有哪些原则？
6. 旅游市场划分有哪些方法？
7. 全球旅游市场是如何划分的？
8. 目前世界国际旅游客流有哪些规律？
9. 现代旅游市场有哪些特点？
10. 简述我国入境旅游市场客源构成。
11. 我国主要的入境旅游客源国有哪些？
12. 我国入境旅游市场竞争状况如何？存在哪些问题？

13. 简述我国国内旅游市场发展现状。

14. 简述我国国内旅游市场结构。

15. 目前我国国内旅游市场有哪些主要特点?

16. 因公出境旅游与因私出境旅游有哪些区别?

17. 简述我国公民赴港澳台旅游的发展历史和发展特征。

18. 简述我国边境旅游的发展历史和发展特征。

19. 早期的边境旅游与出国旅游有什么不同?

20. 目前我国出境旅游市场有哪些特征?

案例1 “5·12”汶川地震对四川旅游市场的影响

四川是我国拥有世界自然文化遗产和国家重点风景名胜区最多的省区之一，是我国旅游资源大省，其旅游业发展非常迅速，2007年全省旅游业总收入达到1217.3亿元，突破千亿元大关，旅游总收入比上一年增长243%。然而，2008年对四川旅游业来说是不寻常的一年，在短短半年时间里，四川旅游业先后经历了雪灾、“藏独”事件及特大地震，旅游业发展速度明显放缓。进入5月后，受到“5·12”汶川特大地震的影响，阿坝、成都、德阳、绵阳、广元、雅安等地的部分市县旅游基础设施及景区、景点遭到严重损毁。灾区旅游道路也遭到破坏，其中位于震中区的两个世界级文化遗产（都江堰、卧龙自然保护区）无一幸免。地震发生后，国家紧急叫停入川旅游组团，各种会议、会展活动被迫取消或延期，四川旅游遭遇了前所未有的萧条。

“5·12”汶川特大地震给四川旅游市场造成了极大影响。首先，入境客流大幅下降。上半年，全省共接待入境游客33.6万人次，比去年同期下降42.9%；其中5月、6月接待入境游客分别只有41万人次和2.6万人次，分别下降71.8%和85.6%。上半年旅游外汇收入10 591.5万美元，比去年同期下降40.5%。其中5月、6月分别下降67.6%和84.3%。1—8月，接待入境旅游人数41.7万人次，外汇收入1.3亿美元，分别比去年同期下降了56.6%和56.1%。其次，国内旅游人数剧减，2008年上半年，全省接待国内游客8651.3万人次，比去年同期减少1860.6万人次，下降17.7%；其中5月、6月接待国内游客分别为759.6万人次和1268.7万人次，下降68.7%和36.4%。实现国内旅游收入461.4亿元人民币，比去年下降18.9%；其中5月、6月下降64.7%和63.1%。

结合案例，讨论2008年四川旅游市场的巨变及其影响因素。

案例2 大学生旅游市场

小冯是江苏省新闻出版学校的大三学生，提起旅行社她就气不打一处来，因为他们全班都吃过旅行社的亏。“因为我们出的钱少，旅行社就给了我们一辆很旧的车，半路抛锚，从南京到苏州足足走了4小时，结果连苏州乐园都没有玩完就回去了。”从那以后，他们班集体出来玩就再也不依赖旅行社了。

为此，记者咨询了苏州的几家旅行社，得到的回答都是，“几乎没有专门针对大学生的旅游产品。”康辉旅行社的负责人表示，大学生旅游市场应该是一个寓教于乐的市场，大学生追求新鲜，冒险系数比较大，旅行社一般的观光旅行不能满足大学生的需求，而大学生所需要的旅游产品需要旅行社整合各种旅游资源，目前，旅行社对旅游资源的掌控能力还无法很好地做到这一点。另一家旅行社的工作人员也说出了同样的理由，“大学生对旅行社的报价一般接受不了，一再讨价还价，没有太大的利润，又不好管理，还不如老年人市场好。”不同的细分市场有不同的旅游需求，大学生旅游市场与常规旅游市场不同，他们求新求异，但支付能力一般，常规旅游线路通常无法满足大学生的旅游需求，但是该市场需求在快速的增长，而市场供给相对缺乏。

那么，对于旅行社而言，到底应该如何看待大学生旅游市场？

案例3 九寨沟黄金周游客滞留

2013年国庆黄金周期间，各大景区出现“爆棚”“拥堵”“滞留”的现象。10月2日，九寨沟景区接待游客4.78万人次（最大承载量为4.1万人次，最佳日容量为1.8万人），部分游客因不满候车时间过长而情绪激动，翻越栈道，强行拦车，以致观光车受阻并引发连锁反映，最终4000多名游客滞留景区。在各方的配合下，滞留游客全部疏散，事件逐渐平息。但截至10月3日下午3时，九寨沟景区已向没有完全游览景区的游客退票1.2万千多张，退回票款370多万元。这一事件对九寨沟的收益和形象都造成了严重的影响。

我国的国内旅游历经30多年的发展，成为了全球最大的区内旅游市场，然而，我国的带薪假期制度尚未切实落实，我国居民旅游度假集中在黄金周长假造成各地景区超载、游客滞留现象，集中体现了当前我国国内旅游市场供给与需求之间的矛盾，这与旅游供给、休假制度等方面都有关系。

黄金周景区拥堵现象不仅仅发生在九寨沟，全国各大景区景点都是拥挤不堪。这种现象是因何而起的？应如何应对？

第八章　旅游的影响

教学目的

掌握旅游影响的概念，正确理解其内涵；了解旅游对经济、环境和社会文化的影响；熟悉旅游活动可能导致的负面影响。

教学内容

1. 旅游影响的概念及其分类；
2. 旅游经济影响的主要表现；
3. 旅游环境影响的主要表现；
4. 旅游社会文化影响的主要表现；
5. 可持续旅游发展的由来、内容及其实现途径。

重点难点

教学重点：旅游对经济、社会文化和环境的积极作用及负面影响。

教学难点：可持续旅游发展的内容及其实现途径。

第一节　旅游影响的概念及类型

一、旅游影响的概念

旅游影响也叫做旅游效应（Tourist Impact），又称为旅游影响，是指旅游活动（包括旅游者活动和旅游产业活动）所引发的种种利害影响。旅游在其发展史上曾表现为从个别的偶然的现象到大众的经常的现象的历史发展过程。当旅游还处在低水平的发展阶段时，个别的偶然的旅游活动或行为仅表现为对个人发展的意义，而对于社会整体来说没有太大的影响。但是，当旅游发展进入大众旅游时代时，情况就开始变得复杂了。旅游者的行为与旅游服务企业的行为，开始成为足以影响人类社会文化发展趋向、改变经济体的内部产业结构并影响其成员的富裕程度、左右社区或地区环境演化方向等种种变革的重要因素。由此便产生了旅游影响的问题。

二、旅游影响的类型

（一）按照旅游影响的内容结构划分

旅游影响可以分为经济影响、环境影响和社会文化影响。旅游经济影响是指旅游活动对国民经济产生的影响，如增加外汇收入、促进经济发展、调整产业结构、增加就业机会、改变投资环境等。旅游环境影响是指旅游活动对自然或人文环境产生的种种影响。如造成水体污染、空气污染、噪声污染、交通拥堵、生态平衡的破坏、历史古迹的损坏等。旅游社会文化影响是指旅游活动对旅游目的地社会结构、价值观念、生活方式、习俗民风和文化特征等方面产生的影响。

（二）按照旅游影响的社会价值的性质划分

旅游影响可以分为积极影响和消极影响。积极影响，也叫正效应，是指旅游活动对社会所产生的有价值的影响，如经济增长、生活水平提高、保护和改善自然与人文环境等；消极影响，也就负效应，是指旅游活动对社会所产生的有害的影响，如环境污染、传统文化的破坏和丧失、旅游者与目的地居民的冲突等。旅游活动是一把“双刃剑”，旅游业在给一个旅游目的地带来正效应的同时，也往往同时带来一些负效应；反之，旅游业在带来负效应的同时也可能获得了正效应。例如，旅游活动可能创造就业机会并增加当地居民的收入，但工作时间的增加却可能对家庭生活产生负面影响；旅游开发可能导致自然环境破坏、传统文化受到冲击，但也可能获得可观的收入从而用于治理污染、保护人类文化遗产。因此，就同一旅游地而言，这两种影响在社会价值属性上有交叉现象。

（三）按照旅游影响产生的时间划分

旅游影响可以分为即时影响和滞后影响。即时影响是伴随旅游活动的发生而立刻相应发生的影响。例如：旅游者的集中时间的大量涌入会立刻造成旅游目的地交通瘫痪、景区拥挤、垃圾遍地等环境污染。滞后影响是指旅游即时影响从量变到质变过程的结果，也包括一些单纯性的暂时潜伏而不发生，要到以后适当时机暴露出来的影响。前者是由于局部环境污染的发展而最终导致旅游地全局性生态系统遭到破坏，后者是旅游地居民的价值观念的转变等。

（四）按照旅游影响的表现形式划分

旅游影响可以分为隐形影响和显性影响。旅游隐形影响是指因旅游活动而产生但却无法观察到其直观物质形态的影响。例如，由于旅游地的发展而潜移默化地改变了旅游地居民的价值观念和生活方式，改变了当地的社会结构等。旅游显性影响是指因旅游活动而产生的外在化的、具有明显的数量结构或物质形态的影响。例如，基础设施的改善、物价的上涨、环境的直接污染等。

（五）按照旅游影响的作用范围划分

旅游影响可以分为内部影响和外部影响。内部影响是指对活动主体，如旅游者或旅游企业自身的影响。这些内部影响一般是旅游活动的动力所在。外部影响是指旅游活动对其他相关利益集团产生的超越活动主体范围的影响。它常常是旅游活动相关利益集团利益纠纷的根源，也是社会需要从宏观层面加以控制和引导的对象。我们在这里举一个例子来说明。

假设某个投资主体在一条河的上游山谷中修建一个水库，形成人工湖，作为当地发展观光旅游的基础，并以其作为投资主体经济收入的来源。但是，水坝的建成会带来一系列变化，有些是始料未及的。比如，水坝建成后，有可能影响地壳受力的平衡，从而可能诱发地震；水库淹没的谷间土地曾经是良田沃土；河水流速的降低，将造成下游河道泥沙淤积、水草丛生、血吸虫和蚊虫滋生、疾病风险增加；下游居民的生活用水、土地浇灌、工业用水的补给都因河流流量的减少而成了问题；曾经河水的泛滥能够为土地带来有机肥料，水库的建成阻挠了大自然对土地的“恩赐”，直接导致土地生产力的下降。如果水库的投资者与下游的土地所有者、企业经营者等属于某个共同所有者，那么水库的修建只会改变投资主体内部的利益来源，即只产生内部影响。但如果上述几方不属于某个共同所有者，那么，水库的修建将直接改变不同的利益集团来自河流的受益水平，从而体现为水库投资者投资行为产生的利害关系外化，这就是旅游产业的外部影响。旅游影响的外化是旅游的极其普遍的现象。一般来说，解决这种外部影响的途径，既可以利用私人协商的方法，也可以通过政府手段对外部影响进行征税（或补贴）、管制以及采用许可证制度，还可以通过改变旅游活动所涉及的权益关系使外部影响内部化。

（六）按旅游影响的作用来源划分

旅游影响可以分为旅游者活动影响和旅游产业活动影响。旅游者活动影响是指来自旅游者的种种直接影响，它是旅游影响最直观的表现形式。比如，旅游者在旅游地的消费行为对当地居民产生的示范效应。旅游产业活动影响是由旅游企业的生产经营活动造成的影响，如就业需求的扩大、通货膨胀、国民经济的增长等。一般来说，在大多数情况下我们用旅游影响来涵盖这两个不同方面，但在探讨旅游的经济影响时，则要从旅游产业活动影响的角度出发才更为现实和有意义。

第二节　旅游的经济影响

旅游的经济影响是旅游发展对一个国家或地区的经济体所产生的直接和间接影响的总和，它是旅游所依赖的经济手段——消费能力的外部性表现。在现代旅游中，除少数个别情况外，各种类型旅游活动的开展都伴有消费行为的发生。来访游客在旅游目的地停留期间的消费开支，不仅可以成为旅游地的直接经济收入，而且通过资金在该地经济体系内的流转，还可以带来一系列的激发效应，从而对该地经济中的很多其他层面产生间接影响。

实际上，旅游的经济影响是双向的，即旅游活动往往会同时对旅游目的地和旅游客源地的经济产生影响。例如，就国际旅游而言，入境旅游者在旅游接待国停留期间的消费开支构成了该国的国际旅游收入，但对于客源国而言，这些消费开支则构成了国际旅游支出。虽然旅游消费具有双向性的经济影响，但在相关研究中，人们主要关注和讨论的是旅游发展有可能带给旅游目的地的各种经济影响。因此，本节所指的旅游经济的影响也是指对旅游目的地的影响。

一、旅游对目的地经济的积极影响

（一）增加外汇收入，平衡国际收支

不论是发达国家还是发展中国家，发展旅游业最重要的目标就是赚取外汇收入，平衡其国际收支，提高该国在国际上的支付能力，改善其在国际贸易中的不利地位。外汇是用于国际间经济结算的一种支付手段。一个国家拥有外汇数量的多少，反映着该国国际支付能力的大小，从而在一定程度上体现了该国的经济实力。在发展中国家，外汇缺乏往往是制约国民经济发展的一个重要障碍。传统的单纯靠出口初级产品来换取外汇的方法，不仅数量有限，而且代价昂贵，还要承受进口国的种种关税和其他壁垒。与之相比，同样可以创造外汇收入的旅游出口，却具有很多传统商品出口所不具备的优势：第一，旅游业提供的是不需要运输到国外的观光和服务产品，而是旅游者必须前来旅游产品生产地进行消费的旅游体验。因此，这决定了在产品价值构成、资源消耗结构、运输成本以及贸易条件（如关税壁垒）等方面的巨大优势；第二，旅游

业产品和服务的价格建立在一定的国家垄断的基础上，价格的自主权较大；第三，旅游外汇收入多为现汇收入，资金回笼速度快，风险较小。

（二）增加目的地经济收入，平衡地区经济发展

无论是发展国际入境旅游，还是发展国内旅游，都会给目的地带来经济收入，使财富从客源地向目的地转移。国际旅游可以将客源国的物质财富转移到目的地，起到对世界财富进行再分配的作用。国内旅游则可以把国内财富从一个地区转移到另一个地区，起到将国内财富在不同地区间进行再分配的作用。就一般情况而言，经济发达地区的外出旅游人数要多于经济落后地区外出旅游的人数，而经济落后地区的旅游资源却常常吸引经济发达地区的居民前往旅游。这些旅游者在旅游目的地的旅游消费，对当地的旅游业发展而言无疑起到了促进作用，另外，也在一定程度上带动了落后地区整个社会经济的发展，从而发挥了旅游扶贫致富的作用。

我国目前所推行的“旅游扶贫”政策就是利用了旅游的这一经济影响作用。在我国，学术界对“旅游扶贫”有个明确的定义，即通过开发贫困地区丰富的旅游资源，兴办旅游经济实体，使旅游业形成区域支柱产业，实现贫困地区居民和地方财政双脱贫致富。我国自20世纪80年代中期起开始真正意义上的旅游扶贫工作。1991年贵州省创造性地提出了“旅游扶贫”的观念。1996年全国旅游扶贫工作会议首次在张家界召开，之后旅游与脱贫致富的结合便发展到了全国。2000年，国家旅游局在国务院扶贫办的大力支持下，在被称为“贫困之冠”的宁夏西海固地区设立了第一个国家级旅游扶贫试验区——六盘山旅游扶贫试验区。随后，一批国定、省定旅游扶贫试验区相继成立，许多贫困县甚至乡村也都充分利用本地方独特的旅游资源搞起了旅游业。截至2014年12月，近5年，国家旅游发展基金补助贫困地区项目资金达11.5亿元，全国通过发展旅游实现脱贫人口已达800多万。

（三）带动相关行业发展，增加劳动就业

旅游业是一个综合性、关联性很强的劳动密集型产业。包括直接从事于旅游企业的劳动人员和间接为旅游者及旅游企业服务的劳动人员。前者是由于旅游者的直接消费而产生的，即各种旅游企业中的就业人数，包括各种景区景点、商店、旅馆、餐厅、酒吧、交通运输及有关管理部门在内的就业人员。而后者则包括在建筑业、渔业、制造业、金融业、保险业、新闻业、教育业、农业、林业、邮电通信业等行业企业中的就业人员。旅游业不仅依赖且带动很多其他经济部门或行业的发展，其根本原因在于，旅游者的消费需求要求旅游业提供足够的设施、设备和消耗物资，旅游业也因此成为许多其他行业产品的购买者或生产性消费市场，从而会刺激这些行业扩充其生产规模。

按世界旅游组织资料显示，旅游部门每增加 1 个直接从业人员，社会就能增加 5 个就业机会。

此外，旅游业作为第三产业的重要组成部分，在提供就业机会和解决就业问题方面有其自身的特点：第一，旅游业属于劳动密集型行业，在旅游接待工作中，许多工作都必须员工手工操作、且需要面对面为客人提供富有人情味的直接服务的，是不能用现代技术手段取代人力的，因而需要大量的劳动力；第二，旅游业的就业岗位层次特别多，尤其是很多服务岗位的工作并不需要有高难度的技术。而我国总体受教育水平与发达国家相比，仍然落后。根据 2011 年 4 月我国第六次全国人口普查统计资料显示，我国初中以下文化水平人口数占到全国总人口数的 77.04%。我国 25 岁以上人口的人均受教育年限仅为 8.6 年（相当于初中三年级水平），而这一比例在美国为 12.4 年（相当于大学一年级水平），在日本为 11.6 年（相当于高中三年级水平）。因此就目前而言，旅游业可以为不具备技术专长的劳动人群提供大量的就业机会。当然，这并不是说旅游服务工作不需要知识和技术，而是与技术程度要求较高的其他行业相比，很多旅游服务工作只需要服务者接受较短时间的培训即可。

2008 年我国六部委联合发布《关于大力发展旅游业促进就业的指导意见》（以下简称《意见》)，《意见》明确指出，旅游业是国民经济的重要产业，是扩大就业的重要渠道；到 2015 年，形成就业与产业协调发展的机制，旅游就业规模从目前的 6000 万人增加到 1 亿人左右。据相关数据估算，截至 2014 年年底，全国旅游直接从业人员超过 1400 万人，与旅游相关就业人数超过 8250 万人以上。各地在发展旅游、促进就业方面已经取得了明显的成效。

（四）有助于扩大内需，促进货币回笼

就国内旅游而言，对国家经济发展的一项重要作用在于促进内需，从而拓宽货币回笼的渠道，加速货币回笼的速度和扩大回笼货币量。对于任何一个实行商品经济的国家来说，都需要有计划地投放货币和回笼货币，从而使整个经济得以正常运转。货币的投放量和回笼量大致应有一个相对平衡的比例，即货币投放于社会之后，必须能够实现足够数量的回笼。这就要求市场上流通的货币量应与流通的商品供应量相适应。在商品投放量不变或增加不大的情况下，如果社会上流通的货币量过多，则很可能会引发通货膨胀，因为随着人们手中持币量的增加，其消费需求也会因此提升。这种购买能力的增加无疑将会对有限的商品市场构成威胁。

因此，国家投放货币后，都要设法将其回笼。国家回笼货币的渠道主要有四条：一是商品回笼，即商业部门通过销售商品收回货币，这是回笼货币的主要渠道；二是服务回笼，即通过交通、邮电、文化娱乐和公用事业单位的各种服务事业的收费回笼

货币；三是财政回笼，即国家向企业、居民征收各种税款；四是信用回笼，即银行吸收存款和收回各种贷款。在物质商品的生产供应能力有限、一时难以扩大投放量的情况下，旅游业，尤其是国内旅游业，通过向旅游者提供各类旅游商品和服务，能有效转移人们的消费兴趣，鼓励人们多消费服务性产品，是扩大内需、回笼货币的一个重要途径。

（五）增加税收，促进建设资金的积累

无论是发展入境旅游业还是国内旅游业，都可起到扩大政府税收来源和增加政府税收的作用。政府可以直接从旅游业征收的税收主要有三个方面：一是来自于旅游者的税收，如签证费、海关税、机场税、消费税等；二是来自于旅游企业的营业税、所得税以及各种执照费；三是来自于旅游从业人员的个人所得税。税收是政府提供“公共产品”的资金来源，如果没有足够的税收，国家就无法有效地提供国防和基础设施建设等公共产品和服务。因而旅游业的这一重要作用显而易见。

二、旅游对目的地经济的消极影响

（一）引起旅游外汇“漏损”

旅游外汇“漏损”是指旅游目的国或地区的旅游部门和企业，由于购买进口商品和劳务，在国外进行旅游宣传，支付国外贷款利息等原因而导致的外汇收入的减少，简单地说，就是由于种种原因，来自入境旅游的总收入不等于目的地国家获得的收益。旅游外汇“漏损”是一种间接的经济代价，其与旅游目的地国家或地区的经济发展状况有着密切的联系。一般来说，经济欠发达国家或地区旅游外汇“漏损”比较严重。因为这些国家经济基础比较薄弱，支撑性基础产业发展落后，因此，入境旅游者的某种支出往往会诱发进口，这势必要抵减外汇总收入，从而导致旅游创汇的作用大为削弱，甚至还会产生消极的负面作用。比如，享誉世界的夏威夷群岛和加勒比地区，由于当地没有能力提供旅游者需要的生活必需品，而不得不依靠进口，其进口贸易依存度高达70%。因此，尽管每年全球各地的旅游者都前往该地区旅游度假，但当地的旅游创汇能力却受到极大地限制。

（二）引起目的地物价上涨

旅游发展通常会对目的地经济产生通货膨胀效应，因为外来旅游者大多来自于经济发达、收入水平高、物价也相对较高的国家和地区，因此其消费能力和支付能力会明显高于目的地的居民，因而他们在“食、住、行、游、购、娱”等方面表现出明显

的高消费倾向。当大量的旅游者涌入旅游目的地地区后，旅游者的消费行为打破了当地的供需平衡，导致该地区物价上涨，最终引发通货膨胀。这种通货膨胀会涉及食品、服装、交通、住房等生活必需品，甚至是旅游接待地区的地价。很多国家的大量事实证明，在某些最初来访游客不多的地区兴建旅馆时，对土地的投资只占全部投资的1%。但是在这一地区旅游业发展起来之后，兴建旅馆的地皮投资很快上升到占全部投资的20%。

（三）引起目的地产业结构发生不利变化

新兴产业的兴起会影响一个国家或地区的产业结构，这种影响可能是产业结构优化升级的积极作用，也可能是导致结构性矛盾突出的消极作用。例如，在有些原先以农业为主的国家或地区，如果单纯从个人收入来看，随着旅游业的发展，从事旅游业的收入高于务农收入，高收入导致大量的劳动力放弃农业转而从事旅游业。这样导致：一方面，旅游业的发展扩大了对农副产品的需求；然而另一方面，却是农副产品产出能力的下降。当地居民失去了赖以生存的基本生产方式，一旦旅游业的收入由于种种原因不能满足他们生活的基本需要，如果再加上农副产品价格上涨的压力，就会产生社会问题，甚至会影响到社会和经济的安定。

（四）影响目的地经济的稳定性

旅游业自身的季节性和其旅游需求的依附性决定了旅游业的发展具有很大的不稳定性。首先，旅游业具有较强的季节性，旺季时旅游需求旺盛，会吸引大量劳动力进入行业，而淡季时旅游需求下降，如果旅游目的地把旅游业作为基础产业的情况下，就会导致大量的失业现象，这给目的地地区的经济和社会造成不利影响。其次，旅游需求在很大程度上取决于客源地居民的收入水平、闲暇时间和有关旅游度假的流行时尚，而这些因素都是旅游目的地所不能控制的。如果客源地出现经济危机、战争、疾病、恐怖活动、自然灾害等，或者客源地居民的兴趣发生转移，则其居民外出旅游的需求势必会下降。因此，任何一个国家或地区的旅游业发展都应适应其经济发展的需要，而不能盲目开发。

第三节 旅游的社会文化影响

旅游的社会文化影响涉及很多方面，包括社区参与、人际关系、社会组织、社会生活节奏、移民、劳动力分工、社会分层、权力分配、异化、传统与艺术等。但无论哪个方面，同旅游的经济影响一样，旅游活动的发展对旅游目的地的社会文化的影响既有积极的一面，也有其消极的一面。

一、旅游对目的地社会文化的积极影响

（一）有助于提高国民素质，培养爱国主义情感

旅游活动的开展对于提高国民素质，培养爱国主义情感这一积极影响主要表现在四个方面：第一，旅游活动的开展具有促进身心健康的作用。长期生活在现代都市中的人们每天面对紧张的生活和高强度的竞争、工作压力，使人们非常向往能够放松身心、调节精神、舒缓压力的大自然，旅游能够为人们提供“充电”、恢复体力和焕发精神的机会，从而增进人们的身心健康；第二，旅游活动的开展有助于人们增长见闻，开阔眼界，增长知识。“读万卷书，行万里路。”正是这个含义；第三，旅游活动的开展有助于培养人们的爱国主义情感。旅游目的地居民无论是听到外国游客对其国家和民族的称赞，还是在国内旅游中目睹祖国河山、文化名胜和建设成就，都会激发、启迪和提高其民族自豪感，增强对国家的热爱；第四，旅游目的地可以通过模仿和学习旅游者的文明行为、卫生习惯、先进思想等，使自身的举止行为、文化修养得到改善和提高。

例如，在1996年，戴凡和保继刚通过调查云南省大理古城居民对学英语的态度和掌握英语的程度研究旅游开发的社会影响。总的来说，这次调查表明，对英语的需求，从“洋人街”的生意人辐射到复兴街的生意人，再辐射到古城绝大部分的年轻人，这种需求源于经济利益的需要，又逐渐地被认为是提高自身文化水平的一种途径。更重要的是，学英语的愿望从“洋人街”辐射到居民，而居民的学习愿望并没有因为辐射的“距离”而在强度上有所减弱，反而变得更为强烈。这说明英语已渗透到大理人的生活中，外国游客的不断涌入开阔了他们的眼界，他们不但学会从旅游业中获益，更懂得了通过学英语为将来的事业铺路。可以预见，随着更多的外国游客到大理观光，他们与大理人的交流也会更多，本次调查显示，当地人有强烈的学习英语的愿望，英语已经成为青年人教育的一部分。

（二）有助于国际间的相互了解，促进世界和平

国际旅游活动的开展客观上具有民间外交的积极作用。现代旅游是不同国家、不同民族、不同信仰、不同地域人们之间大规模的直接交往，在旅游活动中，旅游者亲身感受旅游目的地国的生活，并与当地居民直接进行交流和沟通。旅游的交往形式往往打破了人与人之间的身份界限、利益关系，是一种“暂时自由”的民间交往形式。这为人们提供了较为坦诚、灵活的交往方式，有利于人们了解旅游目的地的真实情况。

并且，旅游是人类寻求愉快的外出活动体验的过程，旅游交往过程中，人们互相善待，关系融洽。旅游向人们提供了充分表现自己善良品质的机缘。因此，对于一个旅游接待国来说，发展旅游业是树立国家形象的有效手段。再加上旅游者在接待旅游过程中亲眼目睹了真实情况，外界很少会有人对他们所做的情况介绍表示怀疑。不仅如此，他们的访问观感和体会还会通过他们的亲友传递到更大范围。所以，国际旅游的开展在这些方面所起的作用比传统的外交手段要有效得多。

（三）有助于促进民族文化的保护和发展

民族文化是一个国家或地区重要的旅游资源。由于旅游业的发展和吸引外来旅游者的需要，很多原先已经被人们遗忘了的传统习俗和文化活动重又得到恢复和利用；传统的手工艺品、民间艺术因市场需求的扩大而重又得到重视和发展；传统的音乐、舞蹈、戏剧等重又受到发掘；濒临毁灭的历史文物、历史建筑得到修复和维护，等等。所有这些原先几乎被抛弃的文化遗产不仅随着旅游的开发而获得了新生，而且成为旅游目的地的独特文化资源。它们不仅受到旅游者的欢迎，而且使当地人对自己的文化增添了新的自豪感。旅游需要民族文化，具有个性特征的民族文化构成了旅游吸引物。而旅游又反过来促进不同民族文化的融合，促进各民族文化的保护与发展。目前，我国的旅游相关管理部门已充分认识到了民族文化保护和发展对发展旅游业的重要性。例如2008年调整后的休假制度，经国务院批准，将中秋节、端午节和清明节3个传统节日像春节、五一、十一、元旦一样纳入到国家的法定节假日中，这必将对中国传统文化起到传承和发扬的作用。

二、旅游对目的地社会文化的消极影响

（一）引起旅游地本土文化的变迁

“文化采借”（Cultural Borrowing）是文化发展的普遍现象，即两种文化相互接触后，在传播过程中，都会产生相互借鉴的过程的现象。反之亦然，旅游者也接受来自于旅游目的地居民的异质文化的影响。

不过，虽然理论上“文化采借”是相互的，但实际上这种“采借”并不是完全对等的。文化采借大多是相对落后的社会采借发达社会中的先进文化元素，而相反的情况十分少见。旅游接待地往往是在经济上十分落后的国家，而它们则主要依托经济上最有实力的西方发达国家作为其旅游市场，这种“主人”与“客人”之间的交往所引起的文化采借就会呈现不均衡的局面。因为，这些目的地要在一年当中的较长时间里遭受外来文化的冲击，而每个旅游者在旅游目的地的活动相对于其日常生活而言仅仅

是一个很短暂的阶段，因此他对目的地文化的体会就只是蜻蜓点水，很难使当地文化对其日后的生活方式真正产生影响。因此这些旅游目的地国家或地区的文化相对西方文化来说，往往成了弱势文化，在整个旅游文化交往过程中，他们向游客采借得多，而向游客传输得少。这意味着本土文化在采借的过程中将被逐渐调和，以致本土文化的丧失。从长期的角度来看，则意味着全球文化的单一倾向。

（二）引起不良的“示范效应”

旅游者将自身的生活方式引入到旅游目的地社会中，引起当地居民思想的变化，对当地居民的意识形态、生活方式、价值标准和道德观念产生各种影响，这种作用称为“示范效应”。

在文化采借的过程中，旅游目的地的人们通过对来访旅游者行为的观察，开始逐步产生崇洋媚外的思想，开始对自己的传统生活方式感到不满，从而先是在装束打扮和娱乐方式等方面盲目模仿，继而发展到有意识的追求，从而导致一系列的社会病态现象的产生，如赌博、卖淫、走私、贩毒、诈骗、盗窃、抢劫等，给当地的社会秩序带来极大的困扰。并且，受外来性自由思想的影响，当地传统道德观念受到冲击，导致当地社会婚姻破裂家庭增多，离婚率上升。

（三）影响目的地居民的正常生活

任何一个旅游目的地的承载力都是有限的。随着大量旅游者的涌入和游客密度的增大，当地居民的生活空间受到压缩，交通堵塞、旅游景点（区）拥挤、公共设施紧张等现象频发，严重干扰了居民的正常生活，引起居民对旅游者的抱怨、不满情绪。另外，部分旅游者保留了旧时洋人特权、高傲自大、种族优越性的遗毒，不尊重当地居民的生活习惯、政治观点以及种族和民族的信仰等，都会激发当地居民的怨恨和愤怒，进而造成旅游者和当地居民之间的紧张关系，甚至引发居民与旅游者之间的矛盾冲突。

（四）旅游地本土文化“原真性”丧失

旅游的开发在促成本土文化复兴的同时，也引起本土文化“原真性”的丧失。拿手工艺品来说，旅游者每到一地，购买纪念品是他们的一件重要事情。从这一点来看，正如上面所述，旅游可能成为促使当地艺术形式复兴的一个外力。但是，如果旅游者对该地旅游文化、历史知之甚少，那么旅游者往往仅能用根植于自己的文化土壤的标准进行判断。那么，当地人为了使自己的商品销售出去，就有可能将一些与传统不协调的、献媚于旅游者的东西植入作品当中。并且为了达到旅游者需求的数量，当地的手工艺品会转为大批量生产，很多粗制滥造的产品充斥于市，从而使工艺品原有的艺术价值和人文气息被大大降低和淡化了。甚至我们还能在不同的目的地看到似曾相识的手工艺纪念品。一旦旅游者误以为他们所购买的这些商品，就是反映当地传统工艺和地方特色的真正艺术品，并将其展示给其他亲友时，当地文化的形象和价值便受到了损害和贬低，旅游地的吸引力也将逐渐下降。

此外，为了满足旅游者的好奇心和吸引旅游者的需要，旅游地只好把他们的真实性搬上舞台，从而使这些文化活动成为追求经济目的的手段而失去了其原始的意义。作为传统文化的表现形式，民间习俗的展现和庆典活动的举办都有其传统特点的时间、传统特定的地点和传统规定的内容。然而，被搬上舞台后的这类活动，为了迎合旅游者的观看兴趣，活动内容被大大压缩，表演的节奏也明显加快，时间和地点也按商业化模式进行编排。因为本土原始文化往往是与环境相依存的，是历史的和社会的产物，而搬上舞台的节目孤立于社会，成了一座座孤岛，早已失去了其传统上的意义和真正的文化价值。例如，位于云南宁蒗和四川盐源交界处的泸沽湖以传奇的母系社会吸引着众多游客前往，其中走婚习俗是最神秘的。然而随着旅游业的快速发展，本土文化不断受到冲击，走婚习俗已经逐渐成为一种表演形式，而当地的居民大多数已实行一夫一妻的婚姻制度。

第四节 旅游的环境影响

在有关环境影响研究的国际旅游文献中，所谓“环境”既包括旅游目的地的自然环境，也包括该地经过人工建造的社会生活环境。旅游项目的开发和旅游活动的开展在导致当地环境发生变化方面，既存在积极的影响，也存在消极的影响；既存在直接影响，也存在间接影响和诱导性影响。

一、旅游对目的地环境的积极影响

（一）促进了景观的保护与修整

为了造就和维持良好的旅游环境以吸引旅游者前来访问，许多自然景区和历史古迹的环境保护问题都受到高度关注。虽然出发点是为了经济目的，但客观上确实可以起到保护旅游地自然和人文环境的作用，并且旅游业的收入又可以进一步用于景区和古迹的整修和保护。例如，贵阳市在2008年11月出台的《关于促进服务业加快发展的若干政策措施（试行）》中规定，贵阳市内的景区（点），凡是利用文物设施开展旅游项目的单位，必须从每年经营收入中安排不低于10%的资金，用于本景区（点）的文物保护。

（二）推进了环保意识的复苏，促进了环境美化和环境质量的提高

在全球环境问题日益受到关注的大背景下，人们已经意识到没有高质量的生态环境，就不能很好地发展旅游业。为了发展旅游业，今天人们比以往任何时候都更加注意保护和改善环境质量。由于有了这种共识，旅游地的旅游开发越来越强调科学规划，注重环境保护，减少对环境的破坏和污染。旅游地通过植树造林、开发园林景观、或设计建设生态化环保建筑来扩大绿化面积，并且通过控制空气污染、水污染、噪声污染、垃圾和其他环境问题，促使环境全面净化。同时旅游活动也为旅游者增加了科学文化知识，保护环境科学知识，更新了环境保护观念，提高了自觉维护生活环境的意识。当今，保护旅游资源、美化自然环境已成为旅游业发达国家最重视的两项任务。例如，新加坡通过广泛植树种花，加强园林建筑，赢得了“花园城市”的美誉，这本来是在很大程度上是基于旅游业而发展起来的，但今天这一结果同时又反过来进一步推动了新加坡旅游业的大力发展。

（三）改善了基础设施和服务设施

旅游业的发展不仅带动了旅游目的地景区的规划建设、环境的保护和改善，同时还促进了当地基础设施和旅游接待设施的建设，包括机场、火车站、道路交通、网络通信、供水系统、污水处理系统、垃圾处理设施、金融系统以及餐饮、住宿、娱乐、购物等。

二、旅游对目的地环境的消极影响

（一）旅游造成环境污染

旅游业的发展过程中，不当的旅游开发会对旅游地的环境造成多方面的污染，主要表现为空气污染、噪声污染、水质污染和视觉污染等。

空气污染主要来自于旅游交通运输量的增大和机动交通工具废气排放的增多，以及因旅游接待设施（如空调设备）用电量的增大而导致的发电燃油废气排放量的增多。

噪声污染则主要来源于旅游交通（尤其是汽车、火车和飞机）运输量的增大、娱乐场所（如游乐场、夜总会、舞厅等）以及手提音响、水上快艇等设施的增多。

水质污染是受旅游活动影响最为广泛而严重的。在旅游地和旅游城市中，最普遍的问题便是对流出物处理不当而发生的水质污染。那些为游客提供服务的饭店、餐饮

和其他旅游企业如果唯利是图，采用非环保的经营方式，没有安装科学的污水处理设备，那么他们产生的“三废”（废气、废水、废物）就很可能污染附近的地下水、湖泊、河流甚至海域，而一旦污染，旅游地往往为此付出极为沉重的代价。例如：墨西哥南部的阿卡普尔科海滨浴场，曾备受游客的青睐。但因游客众多，每日倾入海湾的污水达 30 万立方米，工业用油 560 吨，硝酸硼 170 吨，使美丽的海滩变成了垃圾场，给海滨浴场带来了极大的危害。再有张家界景区就曾经因为金鞭溪水体污染而花费近 3 亿元用于景区内数十家宾馆饭店的搬迁。

视觉污染来源于旅游景区建设缺乏整体规划，导致旅游接待设施的过度开发建设，给原有景观带来的严重破坏。例如，20 世纪 80 年代，大多数欧美国家都在滨海沙滩的近水地段建造高层饭店，从而对海滨景观的观赏性造成极大破坏，成为当时媒体批评和报道的热点问题。后来，这一问题又蔓延到发展中国家，致使很多国家的政府不得不对此采取严格的控制措施，才使这一问题得以缓和。比如在毛里求斯，政府规定在海滩地区修建旅游接待设施时，建筑物的高度不得超过当地椰树的高度。再比如在印度的滨海地区，当地政府规定建筑物的兴建必须退后于海滨沙滩一定的距离。

此外，由于游客缺乏环保意识而随手扔弃废弃物也对环境造成很大的危害。例如，每年国庆节都有众多游客来到北京天安门广场观看升国旗仪式，但每年仪式结束时，广场都留下数以吨记的垃圾，严重影响了天安门的正常景观秩序。据统计，2013 年国庆节当日，来自全国各地的约 11 万名游客，冒雨在北京天安门广场观看升国旗仪式后，现场遗留大量游客随手扔下的塑料袋、废纸等垃圾多达 5 吨，环卫部门派出 150 名保洁员用了 30 分钟才把垃圾全部清除。在山地旅游区，垃圾污染更令人棘手，游客丢弃的包装物、矿泉水瓶等垃圾，由于山高林密，无法清扫外运。一旦污染超过环境自净能力，则会使环境恶化，动摇旅游业赖以生存和发展的景观与环境基础。

（二）旅游造成历史古迹被损害

由于部分旅游者的不文明行为（如触摸攀爬、乱涂乱画等）以及目前我国大多数旅游管理者片面追求经济效益，而无视旅游目的地景观的脆弱性和不可再生性的经营方式，使当地历史古迹遭到损害，甚至使其存在寿命受到威胁。比如有的经营者通过承包、租赁、转让景区部分经营权或使用权来提高经济效益，导致历史古迹被损害的案例屡见不鲜。2015 年 1 月 3 日，云南省大理州巍山县拱辰楼发生火灾，过火面积约 300 平方米，600 多年历史古迹全被烧毁。而这个城楼在火灾前被巍山县南诏古乐团作为洞经演奏场所进行管理和使用，并允许私人开设茶馆，楼内大量人员聚集，电路众多，电线混乱，最终酿成这起不可挽回的惨剧。还有作为世界文化遗产的明代长城——金山岭长城，曾经连续几年向外出租场地举行狂欢，人数最多时达1300多人，这些参加者在长城上烧烤、跳舞、彻夜狂欢，对长城城墙和环境造成了极大的破坏。

（三）旅游造成生态环境恶化

旅游地接待过度，将造成环境拥挤，即旅游接待人数超过旅游环境承载力，由此导致旅游生态环境的恶化。旅游承载力亦称旅游容量，是指一个旅游目的地在不至于导致当地环境和来访游客旅游经历的质量出现不可接受的下降这一前提下，所能吸纳外来游客的最大能力。它包括旅游用地和接待设施的承载力、物质环境承载力、生态环境承载力和社会心理承载力。其中，生态环境承载力是指在不至于导致当地生态环境和生态体系发生不可接受的变化这一前提下，该地所能接纳来访游客的最大数量。

目前，我国有一些景区无视景区承载力的大小，而一味通过提升旅游者人数来增加旅游目的地经济效益，而一旦旅游者的人数超过环境的承载能力，旅游所带来的消极影响就会突破当地的环境和社会文化的自净或免疫能力，从而使短暂的问题变成严重的、持续性的问题。2012年，十一黄金周期间，全国景区爆棚。南京中山陵接待游客为最佳接待量10倍，鼓浪屿景区接待量为最佳接待量9倍。泰山岱顶0.6平方千米的地方也曾在往年黄金周期间在同一时间段内达到6万人的游客量，是规划设计量——同时最多只能容纳1万人的6倍。这些激增的游客所带来的影响对景区的生态环境均构成巨大挑战。

第五节　旅游业的可持续发展

一、可持续旅游发展的含义

可持续旅游发展源于可持续发展思潮，是人们对经济发展与其环境影响的关系进行思索的产物。“可持续发展”一词首次将有关协调和管理人类活动的两种基本思路——追求发展和控制人类活动对环境造成的有害影响——结合在一起。追溯可持续发展思想的历史，实际上这一思想在西方国家实际上经历了自然发生、与经济发展的矛盾、回归到可持续发展这样一个过程。Stephen W. Boyd在其“旅游、国家公园与可持续性”一文中，对这个过程进行了回顾，详见表8-1。

表 8-1 可持续性思想在历史上的演化过程

阶段	描述
第一阶段	可持续状态
时间	• 前工业化社会时期
原因	• 人们很自然地生存在可持续状态，因为过度使用要导致迁徙和饥荒，或者，由于人口稀少而影响甚微，或者，由于技术水平的限制而遏制了发展的水平（生存是第一动力）
结果	• 发展与自然之间是一种共生关系
第二阶段	有限的可持续状态
时间	• 工业化社会时期
原因	• 认为不必对人类、对自然的作用加以限制（经济是第一动力）
结果	• 尚未过分强调经济增长，发展的同时强调保护
第三阶段	非可持续状态
时间	• 后工业化社会时期
原因	• 过渡强调经济增长，不计环境成本
结果	• 经济是明确以增长为导向的。进一步损害后代赖以生存的自然资源基础
第四阶段	回归到可持续状态
时间	• 目前及不远的将来
原因	• 需要向后代承担经济与道德责任，而且，环境问题也已经严重到不可忽视的程度
结果	• 在生态限制范围之内实现经济增长与发展：环境保护与经济发展互惠

资料来源：谢彦君．基础旅游学（第三版）．北京：中国旅游出版社，2011。

迄今为止，最具权威性的可持续发展的概念是由挪威首相布伦特兰夫人提出的。1987 年，在由她担任注协的联合国世界环境与发展委员会的一份题为《我们共同的未来》的报告中指出，可持续发展是指既满足当代人的需求，又不对后代人满足自身需求的能力产生威胁的发展。这个概念主要强调了两个方面的内容：首先，可持续发展的目的还是要满足当代人的各种需要，这些需求应放在第一位来加以考虑；其次，可持续发展不能以破坏后代人满足自身需求的能力为代价，要切实做到代际平衡。

与此同时，20 世纪 90 年代初，伴随着旅游业的快速发展，各种因过度开发而导致的消极影响也开始在全球尤其是发展中国家出现并显示出其潜在的威胁。人们越来越强烈地意识到，由于经济的驱动力而在旅游开发中对旅游资源进行过度开发甚至掠夺性开发，对旅游区点的粗放式管理，旅游设施建设的病态膨胀等行为，迅速损害着旅游业赖以存在的环境质量，严重威胁着旅游业的可持续发展。这种关注促成了宏观旅游管理领域中的一种新观念的产生：可持续旅游发展（Sustainable Tourism Development）。1993 年，一本名为《可持续旅游业杂志》（Journal of Sustainable Tourism）的刊物在英国诞生，标志着这一思潮在学术界形成规模。此后，这一思潮在全世界范围内广泛兴起。

事实上，可持续发展观的提出正值人们对旅游的作用和影响进行全面评价之时，因而很快为旅游学界和业界所接受，并成为人们对旅游发展进行重新评价的中心议题。

二、可持续旅游发展的内容

尽管目前对可持续旅游发展的概念还没有统一的表述，但 1990 年在加拿大召开的 Globe’90 国际大会对可持续旅游发展的目标所作出的表述已基本全面地反映了可持续旅游发展的内容：

（1）增进人们对旅游所产生的环境影响与经济影响的理解，强化其生态意识；

（2）促进旅游的公平发展；

（3）改善旅游接待地区的生活质量；

（4）向旅游者提供高质量的旅游经历；

（5）保护未来旅游开发赖以存在的环境质量。

从这些目标可以看出，可持续旅游发展的含义是多层面的，但最核心的一点，是要保证在从事旅游开发的同时不损害后代为满足其旅游需求而进行旅游开发的可能性。这个战略性主题的提出，在建立人类与地球的新型关系以及确立当前人类对子孙后代的生态责任观方面，无疑具有十分重要的意义。

三、可持续旅游发展的实现途径

可持续旅游发展作为人类在新的历史时期的发展观，已经得到世界各国政府、学术机构、民间团体和公众的重视。1995 年 4 月 27 日至 28 日，联合国教科文组织、环境规划署和世界旅游组织等联合在西班牙召开了“可持续旅游发展世界会议”，通过了《可持续旅游发展宪章》和《可持续旅游发展行动计划》两个纲领性文件，作为全世界都应该共同遵守的准则，对指导 21 世纪全球旅游发展具有十分重要的意义。

在目前阶段，可持续旅游发展的实现还任重而道远。从宏观角度而言，可持续旅游发展必须与整个国家的社会、经济发展战略联系在一起，通过加强国际合作、消除贫困、改变消费模式、控制人口增长、保护和促进人类健康、改善居住环境、加强资源的保护和管理等策略性措施的实施，为可持续旅游发展创造一种积极的、富有建设性的宏观发展条件。从微观角度而言，可持续旅游发展则需要通过以下途径才能有效地发挥作用。

（一）要筹集资金发展可持续旅游

对于任何一个国家来说，发展都是不可阻挡的潮流。但与此同时，发展又不可避免的伴生资源耗竭、环境污染等现象。因此，世界上大部分国家都采取现实的态度和策略，就是在发展的同时力求最大限度地减少不可再生资源的消耗，减轻对环境的污染，减少对废物的排放，维护地球环境和生态平衡。要达到这个目的，有三种方法：第一，不发展；第二，改变发展的途径；第三，对发展所带来的消极影响进行技术处理。上述任何一种方法（除了不发展，但是不发展是不现实的）都必须有资金的支持才能得以落实。比如有了足够的资金，就可以通过开发邻近地区的旅游资源以缓解对原有景区的压力，就可以开发对旅游垃圾的处理技术等。

对于贫穷、落后的发展中国家而言，筹集资金的方式方法有很多种，如依赖外援、吸引外资、合资合作经营、进入自由贸易的全球市场等，都是不可忽视的手段。

（二）鼓励发展符合可持续旅游思想的新旅游方式

当前，有很多符合可持续旅游发展哲学思想的旅游方式出现，旅游地应积极鼓励并借助于这些方式来促进可持续旅游的发展。这些旅游方式包括：生态旅游、替代旅游、负责任旅游、绿色旅游、软旅游等。其中，“生态旅游”是我国当前主要发展的一种方式。

“生态旅游”一词出现于 20 世纪 80 年代。1983 年，国际自然保护联盟（IUCN）特别顾问、墨西哥生态学家谢贝洛斯·拉斯喀瑞（Cebalos Lascurain）首次使用西班牙文的“ecoturism”作为生态旅游的称谓。1985 年，英文词汇“eco-tourism”首次出现在罗玛丽（Romeril）的文章中。此后，这个新词汇迅速被学术界及旅游开发者所接受，并被用来描述以环境为中心或是对环境负责任的旅游。

自生态旅游（ecotourism）问世以来，至今尚无一个能够得到广泛认可的基本定义。不同的人往往从不同的角度试图对其加以界定，定义众说纷纭。我国明确引入“生态旅游”概念并加以研究开始于 20 世纪 90 年代初，且在其发展过程中，国内学者结合我国的实际情况，赋予了生态旅游以中国特色的内涵，不断推动生态旅游在中国理论与实践的发展。尽管如此，但由于生态旅游作为一个概念、一种实践，都还处在起步阶段，远未达到成熟状态，因此，生态旅游的定义在国内也始终未能达成一致意见。

目前，根据国内外研究现状，总的来说，生态旅游是一种以保护生态环境为导向的旅游方式。

生态旅游应该最终导致对自然的保护并对地方经济有利。不管是公共的还是私人的生态旅游经营者，都应该坚持一种环境战略，并配备相应的环境官员。必须保证员工受到良好的相关培训。旅游经营者和旅游者应该向其合作者、饭店、交通部门和旅游目的地提出高标准的环境质量要求。

生态旅游管理的基本原则可以概括为以下几点①。

（1）必须坚持一种对社区的文化和经济予以关注的发展态度；

（2）生态旅游的目标要能够使当地社区在经济上、社会上和环境上有所受益；

（3）高质量的信息和服务是必不可少的。还要有训练有素的导游人员；

（4）要想获得长期的成功，还必须有规划和管理能力；

（5）环境保护是建立在公共和私人部门管理的财力的基础之上的；

（6）生态旅游和环境保护要求管理结构的发展，以便能处理脆弱生态环境的使用问题。

（三）通过教育、培训提高公众的环境意识

现代旅游和旅游业是一种大众参与的活动，因此，公众的自觉环境意识在实施可持续旅游发展时显得尤为重要。由于当前还有很多人，包括旅游者、当地居民和旅游从业人员，甚至旅游管理者在内，都缺乏基本的环境保护常识和环境保护意识，从而给环境带来人为破坏。因此，只有通过教育和培训，使人们在环境意识、环境道德、环境价值观、环境态度、环境行为和环境问题处理的技能方面有所发展。要推动这种教育战略，应做到如下几点。

（1）使环境与发展教育能为各种年龄的人所获得；

（2）将环境和发展的概念纳入所有教育项目当中；

（3）在当地和地区的环境健康研究（包括饮用水、卫生、食物安全和资源利用的环境与经济影响等）中吸收在校儿童参加；

（4）为高等院校学生建立培训项目，帮助他们建立环境意识和技能；

（5）鼓励社会各界（包括产业部门、大学、政府、非政府组织和社区组织）对人们进行环境管理方面的培训；

（6）与媒体合作，推动全社会对环境问题的大讨论；

（7）将当地人在保护环境方面的经验以及当地人对可持续旅游发展的理解吸收到教育与培训计划当中。

只有经过面向全社会的环境教育与培训的充分发展，才是实现旅游可持续发展目标的根本途径。

（四）加强法规建设

目的地政府和旅游行政部门要建立和健全有关的法律和法规，落实执法和管理的

① 转引自：谢彦君．基础旅游学（第三版）．北京：中国旅游出版社，2011，441.

责任，将旅游企业和旅游者有损环境的行为置于法律和法规的监督之下。2013 年 4 月 25 日我国正式颁布了我国首部旅游法——《中华人民共和国旅游法》（以下简称《旅游法》），为维护旅游者和旅游经营者权益、规范旅游市场秩序提供了法律保障。《旅游法》的颁布标志着中国旅游业进入了全面依法兴旅、依法治旅的新阶段。

（五）鼓励社区参与，重视利益平衡

尽管旅游发展在当今被很多发展中国家视为推动经济发展、改善人民生活的重要途径，但在世界各国，大量的例子说明，如果不能在旅游发展过程中充分考虑到各方的利益并努力求得这种利益的平衡，旅游的可持续发展就会受到威胁。

（六）重视科学技术的应用

从全球来看，环境的变化在最近几个世纪要比以往任何时候都更为快速而激烈。当前，人类对能源、洁净的淡水和不可再生的资源的消费正在增加，世界的许多地区已经开始出现这些资源的短缺。所以，要想在环境和资源管理方面做到富有成效和远见，要想保证人类的日常生活和未来发展，科学知识就变得十分重要。科学家对诸如气候变化、资源消费的增长、人口趋势和环境退化等问题的理解已经日益深刻，这些信息将有助于长期目标的可持续发展战略的形成。因此，对于政府部门而言，就需要积极支持有关环境问题的科学研究，从而为制定产业发展政策时提供相应的依据。为了达到这样的目的，各国都需要建立相应的政策机制，其中包括：完善用以衡量人类生活质量的指标体系，这些指标应涵盖健康、教育、社会福利、环境和经济状态等方面；建立旨在鼓励改进资源管理的经济刺激机制；鼓励可以减少环境污染和资源消耗的技术的开发和应用。

“原真”的丽江哪儿去了

丽江大研古镇已经有 800 年的历史，沿着青色石板路向着镇子中心走去，街道两边原先安静整洁的民宅已经不复存在，取而代之的是鳞次栉比、游人如织的商铺和酒吧，青砖老瓦淹没在喧闹的叫卖声和游客的喧嚣中。

据有关部门统计，2006 年，丽江古城共接待了 460.9 万人次海内外游客，同比增长 13.82%。随着丽江旅游业的开发，商业化的经营模式为丽江带来了更多的游客和商业机会，同时，也付出了高昂的文化成本。

古城里原来居住着6000多户纳西族居民，当地旅游业发展起来后，主要街道上的1600多家户主纷纷开起了店铺和客栈。据政府部门统计，其中有70%以上都是外来人口在经营。

“我家的房子租给了上海的一个老板，他要在我们那里开客栈，一年给我们租金5万元，租10年，我们家原本就在城里有房子，所以去年就搬到城里去了。”今年20岁、土生土长在丽江束河古镇的和丽宝说。

这样的现象在丽江并不少见。在古镇的小巷里，随处可见写有房屋“出租”“转让”字样的广告，有些房屋已经几次易主。

据了解，丽江老宅大多数是土木结构，房屋的框架完全是由16根柱子支撑，最怕受到外力的冲击或者水的侵蚀。“有些经营者把二楼的房间改造成标准间，也就是带独立卫浴的结构。这样做对房子极其不负责任，一旦排水设施出现问题，房间木结构受潮，那么对老房子的损害是很大的。这让我很担心也很无奈。”祖孙7代居住在古城中的纳西族原住居民易晓涛说。

对于控制外来人口租赁房屋转为商用，丽江市古城保护管理局道出了他们的难处：有些外来商人私下与原住居民签订协议，假借本地居民的名义领取“准营证”开店经营，遇到相关部门的检查又以各种理由和借口逃避责任。而政府由于缺乏适用的法规深入管理，在开展监管工作的时候也是困难重重。

就这样，在一段时间里，丽江古城里迅速冒出了许多与古城环境不相协调的建筑和现象，严重威胁着古城固有的风貌。

云南师范大学旅游学院明庆忠教授就此表示：“旅游开发对丽江原住居民的生活影响显而易见，人口置换导致很多原住居民迁移到古城以外甚至更远的地方，房屋作为丽江文化的重要构成部分遭到不同程度的改变和破坏，这些都使当地民族文化的‘原真性’不可避免地遭到了严重的损害。”

目前，丽江古城的现状已经引起了当地政府的高度重视。为了鼓励丽江的原住居民留住在古城内，保持古城内原住居民的人口组成比例，丽江市政府实施了相应的惠民政策：凡是常年居住在古城中的原住居民，每人每月发放10元补助，每半年统一结算一次。按照原住居民20000多人的规模，政府每年用于这部分的开支有200多万元。此外，本地年收入低于2万元的原住居民若想修缮房屋，只要不用于商业经营，政府都一次性给予5000元到20000元的补助金。

在保护古建筑风貌方面，丽江古城内已有40多个宅院被政府列为重点保护民居，严禁破坏、拆迁。对于大量普通民居，以古城管委会制定的《丽江纳西民居修缮指导手册》为修复标准，工匠基本上是擅长建造土木结构传统民居的当地纳西族或白族艺人，以使丽江古城民居能够尽量保存自己独特的风格。

有关专家指出，丽江市为保护古城文化所作的努力值得肯定，但其力度同商业破坏的力度相比还差了很多。比如，丽江古城老屋出租价格普遍很高，政府拿出的补助金则由于财政局限不可能太高，吸引力也就不会太大。诸如此类的问题还很多，丽江古城文化保护任重而道远。

资料来源：刘敏，“原真”的丽江哪儿去了?，http：//www. yn. xinhuanet. com/newscenter/2007 - 07/20/content_10633199. htm，2007 - 07 - 20.

思考题

1. 什么是旅游影响？旅游影响有哪些类型？
2. 旅游开发对旅游地有哪些积极和消极影响？试举例说明。
3. 试述旅游开发对目的地经济产生的影响。
4. 有观点认为，对于一个大国来讲，其经济不宜过重依赖旅游业。你在何种程度上赞成或反对这种观点？为什么？
5. 试述旅游开发对目的地社会文化产生的影响。
6. 试观察和归纳旅游对目的地环境产生的影响。
7. 试述可持续旅游发展的概念及其主要内容。
8. 结合中国的实际情况分析，如何实现可持续旅游发展。

参考文献

［1］李天元．旅游学概论［M］．6 版．天津：南开大学出版社，2009.

［2］谢彦君．基础旅游学［M］．3 版．北京：中国旅游出版社，2011.

［3］董观志，张巧玲．旅游学基础教程［M］．北京：清华大学出版社，2008.

［4］丁林，潘莉．旅游学概论［M］．北京：机械工业出版社，2013.

［5］姜德源，韩燕平．旅游学概论［M］．北京：北京理工大学出版社，2010.

［6］李云霞，李洁，董立昆，等．旅游学概论——理论与案例［M］．北京：高等教育出版社，2008.

［7］傅云新，宋焱琼，郭媛．旅游学概论［M］．2 版．广州：暨南大学出版社，2011.

［8］王洪滨，高苏．旅游学概论［M］．2 版．北京：中国旅游出版社，2010.

［9］张凌云，刘宇．旅游学概论［M］．北京：北京师范大学出版社，2012.

［10］戴凡，保继刚．旅游社会影响研究——以大理古城居民学英语态度为例［J］．人文地理，1996，11（2）：37－42.

［11］张宏梅，陆林．近 10 年国外旅游动机研究综述［J］．地域研究与开发，2005（2）：64.

［12］臧良运．旅游学概论［M］．北京：电子工业出版社，2009.

［13］罗伯特·W. 麦金托什，夏希肯特·格波特．旅游学——要素、实践、基本原理［M］．上海：上海文化出版社，1985.

［14］刘伟．旅游概论［M］．北京：高等教育出版社，2004.